ULLSTEI

W0368950

Das Buch

»Jeder von uns kannte dieses Geräusch. Es wurde verursacht von einem russischen Bomber, von dem man sagte, dass er nur eine einzige Bombe an Bord tragen könne. Instinktiv wusste ich – jetzt passiert es. ... Ein nervtötendes Pfeifen durchzog die Luft, ich steckte den Kopf zwischen die Knie, presste beide Hände auf die Ohren und hielt den Atem an. Es folgten ein, zwei Sekunden absolute Stille, dann riss eine Explosion die Welt aus den Angeln.«
Ende April 1945: Die 15-jährige Waltraud Süßmilch wurde im Luftschutzkeller ihres Wohnhauses verschüttet. Sie überlebte. Um dem Bombenhagel über Berlin zu entfliehen, suchte sie nun Zuflucht im Bunker am Anhalter Bahnhof – trotz der Angst, aus diesem »Betonsarg« nicht wieder lebend herauszukommen. Zusammen mit vielen Tausenden Menschen wartete sie in der beklemmenden Atmosphäre dieser unterirdischen Schutzräume auf das nahe Kriegsende – bis das Kommando kam: »Der Bunker muss geräumt werden.« Durch die bereits veranlasste Sprengung des Landwehrkanals stand die Flutung des düsteren Zufluchtsorts bevor. Eine Massenflucht durch die Berliner Unterwelt begann, in der das Wasser unaufhaltsam höher stieg.
Bewegend schildert Waltraud Süßmilch nach ihren damaligen Tagebuchaufzeichnungen ihre Erlebnisse der letzten Kriegsmonate in Berlin: eine grausame Welt voller Unvorstellbarkeiten.

Die Autorin

Waltraud Süßmilch wurde 1930 in Berlin geboren. 1949 ging sie nach England und arbeitete dort als Krankenschwester in einer Tbc-Heilanstalt. Fünf Jahre später kehrte sie nach Deutschland zurück, schlug sich als Akkordarbeiterin durch und wurde schließlich Sekretärin und Übersetzerin. Waltraud Süßmilch ist Mutter von drei Söhnen, lebt heute zusammen mit ihrem Mann in Berlin und arbeitet zurzeit an ihrem zweiten Buch.

Waltraud Süßmilch

Im Bunker

Eine Überlebende berichtet vom Bombenkrieg in Berlin

Ullstein

Besuchen Sie uns im Internet:
www.ullstein-taschenbuch.de

Umwelthinweis:
Dieses Buch wurde auf chlor-
und säurefreiem Papier gedruckt.

Ullstein Verlag
Ullstein ist ein Verlag der Ullstein Buchverlage GmbH, Berlin.
Originalausgabe
1. Auflage August 2004
© 2004 by Ullstein Buchverlage GmbH, Berlin
Redaktion: Regina Carstensen
Umschlaggestaltung: Thomas Jarzina, Köln
Titelabbildung: Senatsverwaltung
für Stadtentwicklung Berlin, Referat X OA –
Kampfmittelräumdienst, Sammlung Janick
Gesetzt aus der Stempel Garamond
Satz: Pinkuin Satz und Datentechnik, Berlin
Druck und Bindearbeiten: Ebner & Spiegel, Ulm
Printed in Germany
ISBN 3-548-25870-0

Meinen Kindern und Enkelkindern
Mögen sie stets in Frieden leben dürfen.

Januar 1945 · Bahnhofsdienst

»Alle vierzehn- bis sechzehnjährigen Mädchen sind ab sofort zum Bahnhofsdienst abkommandiert!« Die Stimme von Rektor Borchardt hallte durch das Klassenzimmer. Zuvor hatte er mit uns auf dem Schulhof die Fahne hochgezogen, das Horst-Wessel-Lied »Die Fahne hoch« gesungen und den Wehrmachtsbericht aus dem *Völkischen Beobachter* vorgelesen. Von einer »Wunderwaffe« war da die Rede, von einem »Endsieg«, und die letzte Parole lautete »Sieg oder bolschewistisches Chaos«.

Meine Mitschülerinnen und ich wussten nicht mehr, was wir glauben sollten. Zu viel Schreckliches hatten wir in den vergangenen Monaten erlebt. Einige von uns Mädchen der Martin-Luther-Mittelschule waren bei Luftangriffen ums Leben gekommen oder ausgebombt worden und mussten in andere Gegenden umziehen. Freundschaften wurden zerrissen, Gedanken über den Tod ließen uns nicht mehr los. Wenn ich Erwachsene vom nahen »Ende« reden hörte, wusste ich nicht, ob der Krieg damit gemeint war oder das Ende der Welt überhaupt.

Ganze Schulklassen wurden in den letzten Monaten evakuiert, hieß doch eine von Hitlers schlagkräftigen Parolen »Rettet die Kinder«. Immer und immer wieder bekamen wir zu hören, die Jugend sei die Zukunft Deutschlands und müsse gehütet werden. Also waren kaum noch Schüler in Berlin zurückgeblieben. An meiner Schule am Tempelhofer Ufer waren es nur noch so wenige Mädchen, dass alle zwischen elf und sechzehn Jahren in einer einzigen Klasse zusammengefasst waren, noch dazu mit Schülerinnen aus verschiedenen Volks- und Oberschulen der Kreuzberger Umgebung. Der tägliche Morgenappell von Rektor Borchardt war somit auch eine Art Inventur. Es wurde festgestellt, wer noch lebte und was aus denen geworden war, die diesem nicht mehr beiwohnten. Mit der Evakuierung der Schüler waren ebenfalls die Lehrer weggeschickt worden. So blieb für uns etwa zwanzig Mädchen nur noch Herr Borchardt übrig.

Streng blickte der Schulleiter uns durch seinen randlosen Kneifer an. Seine Augen besaßen kaum Farbe. Nie zuvor in meinem Leben hatte ich hellere gesehen, fast durchsichtig waren sie und sahen aus wie Wasser. Ich konnte nie lange in diese Augen sehen, sonst wäre ich noch darin ertrunken. Stattdessen schaute ich auf das tiefe Grübchen in seinem Kinn und versuchte krampfhaft, diese eher kleine Gestalt mit den schütteren Haaren für unmännlich zu halten. Aber es gelang mir nicht.

»Ihr meldet euch sofort nach Schulschluss am Stettiner Bahnhof. Und zwar am dort angrenzenden Postbunker beim Roten Kreuz. Vor Ort erhaltet ihr eure weiteren Befehle.« Der Brustkorb des Schulleiters hob und senkte sich bei seinem Kommando, die diversen Metallorden an der Parteiuniform, darunter aus dem Ersten Weltkrieg das Eiserne Kreuz I und eine Nahkampfspange, schienen leise zu klirren. Max Borchardt war ein überzeugter Nationalsozialist.

Wir Schülerinnen hatten großen Respekt vor unserem Rektor. Wehe, wir wagten es, während der Verlesung des Wehrmachtsberichts oder beim Singen des Horst-Wessel-Lieds zu gähnen, sofort jagte er uns auf den Schulhof. Im Dauerlauf oder im Marschschritt mussten wir in der nächsten Stunde unsere Runden absolvieren, begleitet von seiner Lieblingsformel: »Die deutsche Jugend hat wach zu bleiben, links, zwei, drei, vier.« Einmal richtete er seine Strafpredigt direkt an mich: »Ein deutsches Mädchen gähnt nicht, während unsere Truppen an der Front kämpfen.« Anschließend ließ er mich auf dem großen Schulhof zwanzig Runden drehen, meine Mitschülerinnen durften die Strafe mit mir teilen. Ich war wütend, denn meine Füße schmerzten vom Laufen. Wie die meisten meiner Klassenkameradinnen trug ich Klappersandalen, den damals üblichen Schuhersatz. Die Sohlen bestanden aus schmalen Holzleisten, die auf einem derben Gurtband befestigt waren. Auf diese Weise waren sie beweglich, klemmten aber beim schnelleren Gehen die Haut der Fußsohlen ein. Das tat weh und verursachte Blasen. Ich konnte und wollte nicht mehr weiter wie ein Pferd an der Longe im Kreis herumtraben. Wozu auch? Diese Anordnung war pure Schikane. Der Schulleiter wusste, dass wir kaum noch eine Nacht ungestört schlafen konnten. Permanent weckte uns Fliegeralarm, wenn wir gerade eingenickt waren. Dann hieß es schnell anziehen, falls wir uns nicht schon in unseren Kleidern ins Bett gelegt hatten. Die nächsten beiden Stunden mussten wir mit Sicherheit im Luftschutzkeller verbringen. Aus der Fassung brachte das 1945 längst keinen mehr, aber der Schlafmangel machte sich deutlich bemerkbar.

In den letzten Wochen hatte sich der Fliegeralarm verschärft, jetzt gab es sogar zwei bis drei Angriffswellen pro Nacht. Wenn im Radio verkündet wurde: »Feindliche Bomberverbände sind im Anflug auf die Reichshauptstadt«, setzte manchmal fast gleichzeitig der gefürchtete Heulton der Sirenen ein. Immer häufiger trafen Bomben die Häuser in der Nachbarschaft. Deshalb mussten wir Jugendlichen nach der Entwarnung bei den Aufräumarbeiten helfen, wenn in der Nachbarschaft Brand- oder Sprengbomben gefallen waren. In langen Ketten reichten wir Eimer, gefüllt mit Wasser oder Sand, an den Nächsten weiter. Und zugleich wurde erwartet, dass wir pünktlich zur Schule kamen. Wer würde da nicht müde sein!

Ich setzte mich aus Protest auf die Stufen vor der Turnhalle, die Arme verschränkte ich trotzig vor der Brust. Einige meiner Klassenkameradinnen liefen weiter, andere blieben neugierig stehen. Der Schulleiter kam mit Schritten auf mich zu, die in ihrer Nachdrücklichkeit auf die unvermeidlich folgende Standpauke hinwiesen. Kurz vor meinen Schuhspitzen blieb er stehen, die Beine leicht gespreizt, die Daumen hinter dem Koppelschloss. Ungerührt sah mich Rektor Borchardt an. Schließlich sagte er mit ruhiger Stimme, die in solchen Fällen immer etwas zischend klang: »Wir sprechen uns nach Schulschluss im Dienstzimmer.« Anschließend drehte er sich zackig um und rief den anderen Mädchen zu: »In die Klasse, aber dalli!«

Die nächsten Unterrichtsstunden waren ein Albtraum. Hätte mich der Rektor sofort angebrüllt, die ganze Angelegenheit wäre schnell vergessen gewesen.

Ständig musste ich nun daran denken, welche Gemeinheit sich Rektor Borchardt für mich ausgedacht haben könnte. Schläge? Seine Hiebe mit dem Rohrstock waren gefürchtet. Die Schule schrubben? Auch das war möglich.

Der Unterricht zog sich endlos in die Länge. Nicht einmal durch Sondermeldungen wurde er unterbrochen, sie hätten wenigstens für eine kurze Ablenkung gesorgt. Einmal hieß es, Rudolf Heß, der Stellvertreter des Führers, sei in völliger geistiger Umnachtung nach England geflogen, um Frieden zu stiften. Der Mann tat uns Leid, denn es war klar, dass Heß den Rest seines Lebens in der Irrenanstalt zubringen würde. Ein anderes Mal wurde die Meldung ausgegeben, Adolf Galland, ein Held der Luftwaffe, sei von einem Feindflug nicht mehr zurückgekehrt. Im Anschluss daran gab es ein Staatsbegräbnis – wir sahen es im Kino in der *Wochenschau* – und in unserer Schule eine Gedenkfeier. Wir Mädchen trauerten um den schönen Mann, doch später stellte sich heraus, dass Galland zu den Briten übergelaufen war und den Krieg in Argentinien überlebt hatte.

An diesem Tag aber passierte nichts Außergewöhnliches, nichts brachte mich auf andere Gedanken. Auch meine Hoffnung, dass Fliegeralarm das Gespräch mit dem Rektor durchkreuzen könnte, erfüllte sich nicht. Dann endlich waren die Stunden vorbei und ich stand vor der Tür zum Dienstzimmer. Lange Zeit wagte ich es nicht, anzuklopfen. Schließlich hob ich die Faust, mein Herz pochte wie wild.

»Komm rein!« Der Befehl klang selbst durch die Dicke der Holztür scharf und unheilschwanger.

»Heil Hitler«, sagte ich zaghaft, nachdem ich in das Dienstzimmer eingetreten war.

Der Rektor saß hinter dem Schreibtisch und schien eine Klassenarbeit zu korrigieren. Er erwiderte meinen Gruß nicht, was sehr ungewöhnlich war, noch hob er bei meinem Eintreten seinen wässrigen Blick. Unbeachtet ließ er mich mitten im Zimmer stehen, eine Minute nach der anderen verstrich.

»Konntest du wirklich nicht mehr laufen?«, fragte er mich in die Stille hinein. Seine Stimme klang, als spreche er mit zusammengebissenen Zähnen, und nach jedem Satz zog er die Spucke durchs Gebiss.

Die schlichte Frage brachte mich völlig aus der Fassung. Alle meine mutigen Sätze, die ich mir zurechtgelegt hatte, konnte ich nicht anbringen. Ich hatte ihm erklären wollen, wie unsinnig diese Dauermärsche waren, und unsere Müdigkeit angesichts der vielen Fliegeralarme. So aber stammelte ich lediglich: »Doch, die Füße taten mir nur weh.«

Gekonnt zog Max Borchardt die linke Augenbraue hoch, sie war buschiger als sein Haupthaar in besten Zeiten. Diese Geste sollte ihm Respekt erheischen, sicher hatte er sie einige Zeit vor dem Spiegel einstudiert. Ohne zu überlegen fügte ich dann doch bockig hinzu: »Außerdem ist dieses Marschieren albern.«

Wieder war kein Laut des Rektors zu hören. Nur seine Augen hatten sich zu schmalen Schlitzen verengt. Fast sah es so aus, als würden sie angesichts von zu viel Wasser überlaufen. Vor einem solchen Mann konnte ich doch keine Angst haben! Im Grunde war er eine lächerliche Figur. Dennoch blieb ich achtsam. Lehrer dieser Art konnten unerwartet brutal und gefährlich werden. Wir Schülerinnen vermuteten, weil sie aus Altersgründen oder körperlichen Unzulänglichkeiten nicht zur Wehrmacht durften und auf diese Weise ihren Frust zum Ausdruck brachten. Da half es auch nichts, dass man ihnen gesagt hatte, stramme Parteigenossen, so genannte PGs, brauche man an der »Heimatfront« genauso nötig wie Soldaten an der Kriegsfront. Rektor Borchardt war einer von diesen PGs. Er hatte die Jugend zu erziehen, natürlich im Sinne der Nationalsozialisten, und außerdem den entsprechenden Stellen zu vermelden, wer »zersetzende« Reden führte, wer ein »Energieverschwender« war, also Kohlenklau betrieb, oder wer Feindsender abhörte. Aber nicht nur Lehrer waren bevorzugte Zuträger derartiger Informationen, sondern auch Luftschutzwarte, Portiers und Ladeninhaber.

Langsam stand jetzt der Rektor auf und setzte sich auf die Kante des Schreibtischs.

»Soso, Waltraud, du bist also der geborene Rebell. Da gebe ich mir die größte Mühe, aus euch zimperlichen Mädchen gesunde und widerstandsfähige Frauen zu machen, und du findest das albern. Hast du wirklich gedacht, dass ich euch nur zum Spaß herumscheuche? Wir haben schließlich Krieg, und niemand weiß, was uns noch bevorsteht. Wer diesen Krieg überleben will, muss hart im Nehmen sein, muss vor allem in jeder Situation Disziplin wahren und darf nicht gleich bei der geringsten Überforderung aufgeben. Du warst ein schlechtes Beispiel für die anderen Mädchen. Treu wie Gold, zäh wie Leder, flink wie Windhunde und hart wie Krupp-Stahl will unser Führer seine Jugend haben. Hast du das verstanden, du Rebell?«

»Jawohl«, sagte ich kleinlaut.

»Morgen früh wirst du dich vor deinen Mitschülerinnen entschuldigen. Als Strafe darfst du die nächsten vier Wochen die Straßenbahnen am Belle-Alliance-Platz putzen. Ich habe bereits veranlasst, dass du dich jeden Tag nach Schulschluss dort melden wirst. Und jetzt wegtreten!«

Ich war erleichtert, den Raum des Rektors verlassen zu dürfen. Der Belle-Alliance-Platz, heute Mehringplatz, war nicht weit von unserer Wohnung in der Saarlandstraße entfernt. Wir nannten ihn nur »Belle«. Der Belle war eine Endstation, mehrere Linien fuhren von hier die großen Straßen zur Innenstadt entlang. Doch dieser einstmals lebendige Platz wurde von Tag zu Tag trostloser. Von einem großstädtischen Brennpunkt war kaum noch etwas zu spüren. Die Straßenbahnen fuhren immer seltener, standen häufig nur unbewegt auf ihren Gleisen herum. Auch die von Pferden gezogenen Milch- und Bierwagen waren aus dem Stadtbild nahezu verschwunden. Man sah überhaupt kaum noch Pferde – selbst sie waren eingezogen worden. Unabhängig davon, ob noch mehr Straßenbahnen aus dem Verkehr gezogen wurden, nach meiner Wischaktion sollten sie vor Sauberkeit blitzen. Das hatte ich mir mit meinen vierzehn Jahren geschworen.

In den letzten Monaten gab es kaum noch normalen Unterricht. Ständig machten sie mit uns Luftschutz- und Feueralarmübungen oder wir mussten Pakete für Ausgebombte packen. Immer häufiger schickten sie uns auch ins Lazarett. Mindestens einmal in der Woche sollten wir Jungmädchen verwundete Soldaten betreuen. Für diese Kranken wurden extra Abteilungen in den verschiedenen Krankenhäusern eingerichtet. Ich war noch nicht alt genug für den BDM, den Bund Deutscher Mädel – dazu musste man fünfzehn sein –, somit wurde bei diesen Lazarettbesuchen auch kein Zwang ausgeübt. Dennoch sah es Rektor Borchardt gern, wenn wir dorthin gingen. Meine Freundin Ilse hatte Angst vor den blutigen Verbänden und blieb lieber zu Hause und hörte Musik. Mir machten sie nichts aus.

Letzte Weihnachten verschenkte ich eines von meinen Büchern. Ich legte es einem Soldaten im Wartburg-Lazarett auf den Nachttisch und wünschte »gute Besserung«. Anschließend sangen wir Mädchen den Kranken ein Lied vor oder sagten ein Gedicht auf. Da ich nicht gut singen konnte, war ich immer diejenige, die Verse aufsagte, beispielsweise »Der Bäcker bringt ein Brot ins Haus, ein Brot, das ist soooo groß. Die Mutter nimmt ein Messer raus und schneidet frisch drauflos«. Oder wir führten einstudierte Sketche auf, die die Kranken zum Lachen bringen sollten. Die Soldaten haben hinterher immer Beifall geklatscht.

Jetzt wurden wir also zum Bahnhofsdienst abkommandiert. Im Anschluss an Rektor Borchardts Morgenappell bekamen wir wie üblich zwei Vitamintabletten und außerdem Freifahrscheine für die S-Bahn ausgeteilt. Damit war auch der Unterricht für diesen Tag beendet. Später brauchten wir übrigens keine Fahrscheine mehr, da erhielten wir Armbinden mit der Aufschrift »Bahnhofsdienst«. Diese mussten wir über den rechten Jackenärmel ziehen.

Zu Fuß gingen wir nun zum Anhalter Bahnhof, immer zwei Mädchen nebeneinander. Ilse und ich bildeten ein Paar. Wir waren seit vielen Jahren unzertrennlich. War ich eher eine Bohnenstange, so war Ilse zwar nicht pummelig zu nennen, aber sie hatte doch mehr Rundungen als ich. Zudem war sie einen halben Kopf kleiner als ich, hatte einen Bubikopf mit etwas Naturkrause, ein paar Sommersprossen, und an einem Vorderzahn fehlte eine winzige Ecke, die sie sich beim Rollschuhlaufen ausgeschlagen hatte. Sie war immer unternehmungslustig und wollte unbedingt Schauspielerin werden. Aufgeregt überlegten wir, was uns am Bahnhof erwarten würde.

»Der Rektor hat ja gesagt, dass wir uns um die eintreffenden Flüchtlinge kümmern sollen. Aber was stellen die sich vor? Was sollen wir mit ihnen machen?«, überlegte Ilse.

»Eine Nachbarin von uns ist auch mit einem Flüchtlingstreck auf dem Stettiner Bahnhof angekommen. Sie hat erzählt, dass Hitlerjungen sie in ein unterirdisches ›Lokal‹ geführt hätten, wo sie anschließend mit Essen versorgt wurden. Meine Mutter hat in diesem Zusammenhang von dem Postbunker am Stettiner Bahnhof gesprochen, glaub ich wenigstens«, antwortete ich.

»Hoffentlich bekommen wir auch was zu essen. Eine heiße Suppe, das wäre lecker. Ich habe mir nichts eingesteckt. Wir sollten ja mittags wieder zu Hause sein. Aber daraus wird bestimmt nichts.«

Ilse, die anderen Mitschülerinnen und ich hatten den Anhalter Bahnhof erreicht. Schnellen Schrittes liefen wir durch die Halle des riesigen Kopfbahnhofes, der aussah wie ein Palais, und stiegen die Treppen zu den Gleisen hinauf. Auf dem Bahnsteig hielten wir Ausschau nach Theo Lingen, der erfahrungsgemäß mit der Hochbahn oder mit der S-Bahn zu Proben oder zu Aufführungen ins Saarlandtheater fuhr, heute heißt es Hebbeltheater. Die Schaubühne befand sich an der Ecke Saarlandstraße 29 und 29a, jetzt Stresemannstraße, unmittelbar neben der Wohnung, in der ich mit meiner Mutter und meinem zwei Jahre älteren Bruder Heinz wohnte. Wo immer man Theo Lingen in der Öffentlichkeit begegnete, stets hatte er das lustige Gesicht, das ich aus Filmen kannte. Wenn ich auch nicht viel von Schauspielkunst verstand, mich überzeugte sein Verhalten sehr. Doch heute sahen wir nur Frauen mit hochgeschlagenen Kragen und einige Soldaten mit ernsten Gesichtern. Theater wurde wohl nicht mehr gespielt, überlegten wir, zu häufig gab es Fliegeralarm.

Die erste Station nach dem Anhalter Bahnhof war der Potsdamer Platz, dann kam Unter den Linden, anschließend der Bahnhof Friedrichstraße. Nach diesen drei Haltestellen hatten wir den Stettiner Bahnhof erreicht. Von diesem Kopfbahnhof an der Invalidenstraße mit der großen Empfangshalle aus gelbem und rotem Backstein und den beiden Türmen auf jeder Seite fuhren die Züge nach Danzig und Rostock ab. Das Bahnhofsgebäude war nicht verschont geblieben und durch die vielen Löcher in den Mauern zog es gewaltig.

Wir meldeten uns bei den Schwestern der Nationalsozialistischen Volkswohlfahrt (NSV), die uns auch einteilten. Einige Mädchen aus unserer Klasse mussten bereits abgefertigte Flüchtlinge zu anderen Bahnhöfen bringen, je nachdem, ob sie nach West-, Süd- oder Mitteldeutschland weiterfahren sollten. Ilse und ich wurden direkt am Stettiner Bahnhof gebraucht.

»Gleich kommen Züge an«, sagte eine Schwester mit einer merkwürdig flachen Nase zu uns. »Voll gestopft mit Flüchtlingen aus den Ostgebieten, Schlesien und Ostpreußen. Kümmert euch um die Leute und bringt sie zum Postbunker. Aber tragt keine schweren Koffer, das ist Aufgabe der Jungen.«

Eine fauchende und schwitzende Lok mit vielen Waggons kam auf Gleis vier zum Stehen. Sofort gingen die Türen auf, Menschen mit Koffern und Körben füllten schnell den Bahnsteig. Ich staunte, wie viele Personen dieser Zug aufgenommen hatte. Tausende, dachte ich. Überall hilflose Greise, schreiende Säuglinge, quengelnde Kinder und verzweifelte Mütter. Ilse und ich liefen los. Ich sah, wie eine Mutter mühsam zwei anscheinend sehr schwere Koffer auf den Bahnsteig abstellte, unter den Armen hatte sie Decken und Taschen an sich gedrückt, drei kleine Mädchen hingen an ihrem schmutzgrauen Mantel, ein Baby war auf den Rücken gebunden. Es folgten noch weitere Gepäckstücke, die ihr hinausgereicht wurden. Als ich diese Szene beobachtete, rief ich sofort einen groß gewachsenen Jungen in Hitlerjugend-Uniform herbei – wir Mädchen sagten auch »Braunhemd« –, der sich um die Koffer kümmern sollte. Ich wollte der Mutter die Kinder abnehmen, aber sie wollten sich nicht von ihr trennen, sodass ich der Frau nur die Taschen und ein paar Decken abnehmen konnte. Dankbar sah sie mich aus ihren dunklen Augen an. Sie war zu erschöpft, um noch lächeln zu können. Die Familie kam aus Ziegenhals in Oberschlesien, wie ich später herausfand.

Ilse griff sich den Henkelkorb und wir zeigten der Frau und ihren Töchtern den Weg zum Postbunker. Dazu mussten wir den Bahnhofsbereich verlassen und in eine kleine Seitenstraße einbiegen. Das Gebäude war ehemals ein Postamt gewesen, nun aber zu einem Luftschutzbunker umfunktioniert worden. Die oberen Etagen wirkten vollkommen verlassen, wir hatten jedoch die Anweisung bekommen, die Flüchtlinge über eine Seitentreppe in den Keller zu bringen. Unten waren an einer Wand mehrere Tische hintereinander aufgestellt, hinter diesen saßen NSV- und Rote-Kreuz-Schwestern. Sie notierten sich die Angaben aus den Ausweisen und Flüchtlingskennkarten. Ilse und ich führten »unsere Familie« durch die zahlreichen Menschen, die überall zusammengedrängt saßen, in einen der vielen Nebenräume, wo sie sich auf dem Boden ausruhen konnte. Den Säugling legte ich der Mutter in den Arm, nachdem sie uns ihre Papiere übergeben hatte. Sie war nach der langen Reise nicht mehr dazu in der Lage, sich noch vor den Tischen anzustellen, wo sich lange Schlangen gebildet hatten. Außerdem gehörte das ja zu unseren Aufgaben.

Eine NSV-Schwester gab mir, nachdem sie die Personalien aufgenommen hatte, einige Essensmarken. Ilse war bei der Frau geblieben, um für sie den Weg zur Toilette ausfindig zu machen. Mit den Marken ging ich zu einem anderen Tisch und bekam dafür eine große Schüssel mit Erbsensuppe, Malzkaffee, den so genannten Muckefuck, und belegte Brote. Den Teller mit Broten stellte ich auf die Suppenschüssel, den Henkel der Kaffeekanne streifte ich mir übers Handgelenk, damit ich mit beiden Händen die Suppe tragen konnte. Ohne dass ein Tropfen überschwappte, war ich wieder bei der Familie aus Ziegenhals angelangt. Ilse hatte in der Zwischenzeit die sanitären Anlagen gefunden, sie rümpfte die Nase, als sie davon erzählte. Überhaupt war die Luft im Bunker zum Ersticken. Das war auch ein wesentlicher Grund, warum wir lieber den »Außendienst« verrichteten, als im Postbunker zu helfen.

Die Mutter stellte uns ihren kleinen Sohn Franz vor, den eine NSV-Schwester inzwischen mit einer frischen Windel versehen hatte, sodass er jetzt recht appetitlich roch. Sie selbst hieß Maria, die Kinder Heidemarie, Klara und Ingrid.

»Wir möchten so schnell wie möglich raus aus Berlin«, sagte Maria, die ihr dunkles Haar zu einem dicken Zopf geflochten und ihn wie eine Schnecke an ihrem Hinterkopf mit Nadeln befestigt hatte. »Ihr macht euch gar keinen Begriff davon, was die Bolschewiken mit Frauen und jungen Mädchen anstellen. Geht weg! Geht nur rasch weg aus Berlin.«

Ilse und ich schauten uns an. Bevor wir etwas erwidern konnten, riefen die Schwestern, dass wir Bahnhofsdienstler zurück zu den Gleisen müssten, der nächste Zug sei angekommen. Wir eilten gleich los, schließlich wollten wir unsere Aufgabe gut machen und keine Minute verlieren. Um das Schicksal all der Menschen machten wir uns keine Gedanken.

»Viel Glück!«, riefen wir der Familie noch zu, dann rannten wir die Stufen nach oben in die winterliche Kälte. Zum Glück hatte ich meine Handschuhe heute Morgen nicht vergessen, was häufiger vorkam.

»Weißt du, was passiert, wenn die Bolschewiken

kommen?«, fragte mich Ilse auf dem kurzen Weg zum Bahnhofsgebäude. Sie wirkte verängstigt.

»Ich kann mir nicht einmal vorstellen, wie die aussehen«, sagte ich. »So wie die beschrieben werden, können sie keine Menschen sein.« Weitere Gedanken über die Horden von Bolschewiken, die über uns herfallen würden, schob ich einfach beiseite. »Lass uns an was anderes denken, Ilse. Vielleicht kriegen wir bald auch einen Teller heiße Suppe, ich habe Hunger.«

Unter den nächsten Flüchtlingen war auch eine Gruppe von ungefähr zwanzig Leuten, die aus einem Ort kamen, der nach Sommer und Obst klang – wie nach Brombeeren. Sie hatten Angst vor den Russen, und es sprach sich herum, dass sie geschlossen nach Dänemark gebracht werden sollten.

Wir aber sorgten uns um eine junge Frau, die völlig apathisch auf dem Bahnsteig stand. Sie hatte überhaupt kein Gepäck bei sich. Ohne Widerstand ließ sie sich von uns in den Bunker führen, wo wir sie zu einer Bank begleiteten. Auf alle Fragen, die wir ihr stellten, wiederholte sie immer nur das letzte Wort, das man zu ihr gesagt hatte. »Gepäck?« »Gepäck.« »Papiere?« »Papiere.« »Name?« »Name.« Nachdem sie auch nicht die Brühe anrührte, die ich ihr in die Hände gedrückt hatte, holte ich eine Krankenschwester herbei, die die Frau in die Arme nahm, sie streichelte und weitere Fragen stellte.

»Wir wollen Ihnen doch helfen. Sie müssen uns schon sagen, woher Sie kommen und wie Sie heißen. Haben Sie denn keine Angehörigen? Vater, Mutter, Bruder oder Schwester?«

Bei dem Wort »Schwester« zuckte die Frau zusammen wie unter einem Peitschenhieb. Es sah aus, als würde sie gleich anfangen um sich zu schlagen oder sonst etwas Verrücktes zu tun. Aber stattdessen wiederholte sie nur mit der gleichen Erstarrtheit in der Stimme wie zuvor: »Schwester. Schwester.« Doch zum ersten Mal sprach sie weiter. »Annemarie«, sagte sie tonlos. »Annemarie. Schwanger. Geschlachtet. Sie haben sie geschlachtet. In der Scheune. Wie bei einem Schlachtfest, auf die Leiter gebunden und aufgeschlitzt. Alles fiel heraus, so viel Blut, und die Leibesfrucht bewegte sich noch eine Weile.« Sie sagte nicht das »ungeborene Kind«, sie sagte »Leibesfrucht«. Je länger die Frau sprach, desto größer wurde mein Grauen. Ich konnte nicht einmal weglaufen. Ich saß wie hypnotisiert da und lauschte dieser Stimme, die bald nicht mehr regungslos klang, auch nicht aufgeregt oder entsetzt, eher erstaunt, als wundere sie sich über das, was sie da erzählte und nicht fassen konnte. Glücklicherweise brachte die Schwester die Frau fort. Ich wusste nicht wohin, aber ich hoffte, in eine Krankenabteilung, wo sie mehr Zuwendung bekam.

Ich wollte mir diese furchtbare Tat nicht vorstellen, sie machte mir Angst. Ich dachte nur daran, dass es für mich das Schlimmste wäre, wenn ich meine Mutter oder meinen Bruder Heinz verlieren würde. Auf keinen Fall wollte ich mir weiter ausmalen, was ihnen alles in diesen Zeiten zustoßen konnte. Nur einen Gedanken ließ ich zu: Solange die beiden um mich waren, war die Welt für mich in Ordnung.

Ohne Unterbrechung sorgten wir uns den ganzen Tag um die ankommenden Flüchtlinge und brachten sie in den Postbunker, der kaum noch Menschen fassen konnte, so voll war er. Maria mit ihren Kindern konnten wir nirgends mehr entdecken. Entweder sie waren schon auf dem Weg nach Westen oder die Schwestern hatten die Familie in einen der hinteren Räume umquartiert. Unendlich traurige und grausame Geschichten bekamen wir zu hören, vielfach hatten Menschen ihre Angehörigen zurücklassen müssen, weil sie zu krank für die Flucht waren, oft ging es aber auch um den »bestialischen Iwan«. Die Engländer und Amerikaner seien zwar auch Feinde, dieser Satz drang mehrmals an unsere Ohren, aber gegen die Roten Horden wären das völlig normale Menschen. Zwischendurch sprang ich immer wieder über die Barrieren aus Holzbalken, die neben den Bahnwärterhäuschen zur Steuerung des Menschengedrängels aufgestellt worden waren. Die Jungen konnten es sehr elegant und ich wollte es ihnen nachmachen. Einmal flog ich der Länge nach hin und alle lachten. Auch ein Eisenbahner, was mir besonders peinlich war. Aber ich war darüber nicht wütend, ihr Lachen lenkte mich für einen Augenblick ab.

Am Abend wurden wir von älteren BDM-Mädchen abgelöst, die zusammen mit neu angekommenen HJlern die Nachtschicht übernehmen sollten. Ilse und ich durften nach Hause fahren. Zurück blieben die Menschen im Bunker, die ihr Heim aufgegeben hatten und denen wir nicht weiter helfen konnten. Erschlagen ließen wir uns auf den Sitzen der S-Bahn nieder.

Zwischen den Bahnhöfen Unter den Linden und Potsdamer Platz wurde das ausgelöst, was wir immer befürchteten, worüber 1945 allerdings längst keiner mehr aus der Fassung geriet – nämlich Fliegeralarm. Wir merkten es daran, dass das Zuglicht ausging und sich die Notbeleuchtung einschaltete. Eine Sirene konnten wir im Tunnel ja nicht hören. Der Zug kam einfach zwischen den Bahnhöfen zum Stehen. Aus Erfahrung wussten wir, dass wir nun auf den Plätzen sitzen bleiben mussten, bis das Zugpersonal, das immer im vordersten Wagen saß, uns holte. Angst hatten wir keine, doch unangenehm war die Situation jedes Mal aufs Neue. Über unserer Tür – wie über jeder Tür – hing ein Schild mit folgendem Wortlaut: »Den Anweisungen des Personals ist unbedingt Folge zu leisten.« Ilse und ich kannten den Satz auswendig. Im nächsten Moment waren die Zugbegleiter auch schon zur Stelle. Gemeinsam mit Soldaten, die sich im Zug befunden hatten, lotsten sie uns über die Gleise zur Station Potsdamer Platz. Niemand durfte in den Waggons zurückbleiben, da bei einem Brand Erstickungsgefahr drohte.

Normalerweise mochte ich es nicht, wenn einfache Soldaten in der Bahn waren. Immer wirkten sie angestrengt, der ganze Körper strahlte Unruhe aus. Mit unruhigem Blick waren sie ständig am Suchen, ob ein Ranghöherer auf dem Bahnhof zu sehen war, wenn der Zug in die Station einfuhr. Meistens standen die Soldaten, und wenn sie doch saßen, mussten sie wie von der Tarantel gestochen aufspringen, sobald ein Offizier einstieg, und eine Hand an die Mütze führen, um zu salutieren. Ich fand das ewige Auf und Ab der Hand an die Mütze nervig. Aus demselben Grund durften Soldaten auf der Straße auch keine gebrechliche Frau unterhaken oder ein Kind tragen, ihre Rechte musste unbedingt für den Gruß frei sein. Jetzt erwiesen sich die Soldaten aber als äußerst nützlich, weil sie bei Fliegeralarm automatisch im Dienst waren. Sie sorgten für Ruhe und trugen Gepäckstücke wie auch Kinderwagen, die wegen der Schwellen nicht geschoben werden konnten.

Am Potsdamer Platz mussten wir noch über eine Stunde in einem der zahlreichen über die ganze Stadt verteilten öffentlichen Luftschutzkeller verharren.

»Wären wir doch nur zu Fuß gegangen«, sagte Ilse. »Wir wären mit Sicherheit schneller gewesen.«

»Dann hätten wir auch einen Bunker aufsuchen müssen«, entgegnete ich. »Die Bomben sind zielgenauer geworden. Ich traue mich nicht mehr, bei Fliegeralarm durch die Straßen zu gehen.«

»Stimmt auch wieder.«

Die restliche Zeit saßen wir schweigend nebeneinander. Auch als wir wieder in die S-Bahn einsteigen durften und endlich am Anhalter Bahnhof ankamen, sprachen wir kein Wort miteinander. Jede von uns hing ihren eigenen Gedanken nach. Vor dem Saarlandtheater verabschiedeten wir uns. Der Eingang zum Theater war dunkel, kein Licht erleuchtete den Baldachin, an dessen Stangen wir früher oft herumgeturnt hatten – sehr zum Ärger des Theaterportiers. Wir hatten Recht mit unserer Annahme, es gab keine Aufführungen mehr.

»Bis morgen«, sagte Ilse knapp.

»Ja, bis morgen«, erwiderte ich.

»Halb acht?«

»Ja, halb acht, wie immer zum Morgenappell.«

»Und dann wieder zum Stettiner Bahnhof.«

»Das kann noch lange so weitergehen.«

Es waren nur noch wenige Schritte bis zu unserer

Haustür, dabei kam ich an dem Seiteneingang des Saarlandtheaters vorbei. Wie oft hatten Ilse und ich hier gestanden, um von einem der Schauspieler in einer Probenpause ein Autogramm zu erhalten. Da im Theater nicht geraucht werden durfte, zog es die Schauspieler nach draußen in die Nähe des Ahornbaums, der gegenüber unserer Wohnung stand. Die meisten Mädchen in unserer Nachbarschaft waren verrückt nach René Deltgen und himmelten ihn an. Ich aber war von ihm enttäuscht, als ich ihn das erste Mal zu Gesicht bekam. Er war von ziemlich kleiner Statur. Kleiner als ich! Sobald man ihn fotografieren wollte, zog er seinen braunen Hut tief ins Gesicht. Er hasste es, wenn man eine Kamera auf ihn richtete. Autogramme gab er jedoch reichlich. Ich schwärmte für Josef Sieber, einen silbergrauen Herrn, der zu mir »meine Tochter« sagte. Mir gefiel das sehr, da ich ohne Vater aufgewachsen war.

Nun stand ich vor unserem Wohnblock mit den Eingängen 29b und 29c. Beide Mietshäuser, die zu einem Wohnkomplex in U-Form gehörten, hatten einen gemeinsamen Hof, gemeinsame Mülltonnen, einen gemeinsamen Luftschutzwart und einen gemeinsamen Blockwart, jedoch getrennte Waschküchen und Trockenböden. Da die Waschküchen seit 1940 zu Luftschutzkellern umfunktioniert worden waren, hatten wir auch getrennte Luftschutzkeller. Seitdem mussten wir unsere Wäsche, die zuvor mit Scheuermittel eingeweicht worden war, in der Wohnung in einem großen Kochtopf waschen.

Ich ging hinauf in den dritten Stock und öffnete die Tür zu unserer Wohnung mit meinem Schlüssel. Wenn man sie betrat, stand man zunächst in der Küche, von wo man die hintereinander liegenden Zimmer erreichte. Ich ging ins Wohnzimmer, wo die braune Decke mit den Goldfäden ordentlich zusammengefaltet auf der Couch lag. Niemand war da, weder meine Mutter noch Heinz. Mein älterer Bruder musste sicherlich auch noch irgendeinen Dienst verrichten, meine Mutter anscheinend wieder Überstunden im Reichsnährstand machen. Dort arbeitete sie seit Kriegsbeginn in der Dessauer Straße, gleich beim Potsdamer Platz. Hitler hatte die Absicht gehabt, mit dieser Organisation die gesamte Landwirtschaft gleichzuschalten, um eine Autarkie gegenüber dem Weltmarkt zu erzielen. Meine Mutter war aber weniger mit der Produktivitätssteigerung landwirtschaftlicher Erzeugnisse oder den Einfuhrregelungen beschäftigt, sie war dort Mädchen für alles, putzte die Räume, vertrat die Telefonistin im Krankheitsfall, verteilte die Rohrpost, legte Akten ab oder suchte welche heraus. Sie hatte mir erzählt, dass der größte Teil des Reichsnährstandes aus der Dessauer Straße ausgelagert worden war, Süddeutschland wurde als neuer Ort genannt und auch das Saarland – aber keiner wusste es genau. In dem grauen Gebäude aus großen Quadersteinen mit den riesigen Doppelschwenktüren existierte im Januar 1945 nur noch eine Art Notdienst. Für meine Mutter fiel dabei mehr Arbeit an. Ich bedauerte, dass ich ihren Chefs, dem netten Dr. Petersen und Herrn Degenhardt, keine Tasse Kaffee mehr in ihre Büros bringen konnte, wofür ich meistens einen Groschen bekam.

Soll ich Mutti abholen?, überlegte ich. Die Büroräume mit den spiegelglatt gebohnerten Fußböden und den Schreibtischen mit den schwenkbaren Telefonen mochte ich sehr. Verwundert war ich nur darüber, dass in keinem der Räume jemals ein »Führerbild« an der Wand hing, nur Reproduktionen von Richard Walther Darré, der 1933 die Nachfolge von Alfred Hugenberg angetreten und damit die Führung des Reichsministeriums für Ernährung und Landwirtschaft übernommen hatte.

Nein, entschied ich, während ich die wegen der Brandgefahr hochgerollten Teppiche und Läufer betrachtete, heute war ich zu erschöpft, um noch einmal auf die Straße zu gehen. Ich legte mich auf mein Bett und las weiter in meinem Buch *Der Kurier des Zaren*. Meine Mutter mochte es nicht, wenn ich bei der schwachen Glühbirne meine Geschichten verschlang. Sie hatte diese in allen Lampen eingesetzt, um Energie zu sparen. Sie meinte, ich würde mir mit der Funzel die Augen verderben. Aber draußen war es schon längst stockfinster, und ich hatte die Verdunkelungsrollos heruntergelassen, zusätzlich abgedichtet von Wolldecken. Hoffentlich drang kein Lichtstrahl nach draußen. Früher kam öfters der Luftschutzwart Herr Johannsen zu uns, der mit seiner Frau im zweiten Stock wohnte, und beschwerte sich darüber, dass unsere Abdunkelung an den Rändern Lichtstreifen durchlasse. Wir hatten eine Rolloversion, die zwar aus einem recht derben Material bestand, aber dennoch an den Seiten kleine Wellen schlug. Zudem waren die Rollos nicht passgenau auf unsere Fenster zugeschnitten. Heinz hatte sie gekauft, doch wahrscheinlich musste er auf den Preis achten.

Die Menschen im zaristischen Russland, das waren keine Bolschewiken. In meinen Gedanken tauchten sie plötzlich wieder auf, die Bolschewiken, die junge

Frauen schändeten und töteten. Ich bekam Gänsehaut und schaute verstohlen unter mein Bett. Wer weiß, vielleicht hatte sich dort einer versteckt. Vielleicht sollte ich nicht mehr so viele Abenteuerromane lesen, dachte ich, lieber *Nesthäkchen* oder *Heidi*.

In diesem Moment hörte ich, wie die Wohnungstür zuschlug und meine Mutter etwas zu Heinz sagte. Wahrscheinlich hatten sich die beiden auf der Straße getroffen.

»Waltraud, wo bist du?«, rief meine Mutter.

»Hier, in meinem Zimmer«, antwortete ich und versteckte schnell das Buch unter dem Kopfkissen.

»Komm, hilf mir beim Abendbrot. Du kannst den Tisch decken.«

»Und was ist mit Heinz?«

»Ach, lass ihn in Ruhe. Ein Haus in der Kleinbeerenstraße ist letzte Nacht von Bomben zerstört worden. Die Jungs mussten bei den Aufräumarbeiten helfen und stundenlang Geröll schleppen.«

Ich zog meine Klappersandalen an und ging in die Küche. Meine Mutter schnitt ein paar Scheiben Brot auf, der Kessel mit dem Wasser für die Hühnerbrühe stand schon auf dem Gasherd.

»Wie war dein Tag?«, fragte sie mich, den Blick weiterhin konzentriert auf das Messer gerichtet.

»Wir mussten zum Stettiner Bahnhof und Flüchtlinge versorgen«, antwortete ich.

»Dann war es auch kein leichter Tag für dich.«

»Mutti«, setzte ich nun zögernd das Gespräch fort. »Die Flüchtlinge erzählen, dass Frauen von den Bolschewiken auf schrecklichste Weise geschändet werden.«

»So, sagen das die Leute? Ich kann es mir nicht vorstellen. Hör nicht auf diesen Quatsch. Keiner wird über uns herfallen. Vergiss, was die Flüchtlinge sagen.« Damit war für meine Mutter das Thema erledigt. Vielleicht hatte sie ja Recht. Viele Menschen erzählen sich gern gruselige Geschichten, die keineswegs der Wahrheit entsprechen. Aber ich hatte auch schon begriffen, dass meine Mutter von den Schrecken dieser Welt nicht viel wissen wollte. Manchmal beschlich mich der Gedanke, dass ihre Naivität auch eine Form des Überlebens war.

Die Glühbirne in der Küchenlampe fing an zu flackern. Gewohnheitsmäßig schauten wir nach oben. Stromsperre könnte das bedeuten, in der letzten Zeit hatten wir das immer häufiger erlebt. Aber heute schien die Stromzufuhr nur für einen kurzen Augenblick unterbrochen worden zu sein, das Licht strahlte anschließend weiter. Immer häufiger hatten wir auch kein Wasser und kein Gas. Auf seltsame Weise gewöhnten wir uns an den Zustand.

Heinz kam zu uns in die Küche. Er hatte Gesicht und Hände gewaschen. Ich war sehr stolz auf meinen älteren Bruder, sicher auch, weil er so hübsch anzusehen war und nicht die geringste Ähnlichkeit mit mir hatte. Er war etwas kleiner als ich, sein dunkles, volles Haar war links gescheitelt, die Lippen herzförmig geschwungen. Auch seine Nasenflügel waren wunderbar geformt, und wenn er wütend war, bebten sie. Wegen seiner großen, braunen Augen wurde er Mokkatasse genannt. Er konnte damit so unschuldig dreinblicken, niemand hätte es für möglich gehalten, dass er jähzornig aufbrausen konnte.

»Was gibt's zu essen?«, fragte Heinz.

»Als wenn du das nicht wüsstest«, antwortete ich schnippisch. »Stulle mit Daumen und Zeigefinger belegt.«

»Setzt euch und streitet nicht«, fuhr meine Mutter dazwischen. Sie sagte oft, »streitet euch nicht«, und wenn ich mich gewaltig mit meinem Bruder gefetzt hatte und wir uns kaum beruhigen konnten, fügte sie hinzu: »Vertragt euch doch wieder, womöglich leben wir morgen schon nicht mehr – oder einer von uns. Und derjenige, der dann überlebt, der wird bis an sein Lebensende nicht vergessen können, dass ihr im Unfrieden auseinander gegangen seid.« Jedes Mal, wenn meine Mutter diese Sätze von sich gab, hätte ich sie an den Oberarmen packen und schütteln mögen. Derartige Redensarten konnte ich kaum ertragen, noch weniger als einen Streit mit meinem Bruder. Sie ließen das Leben als etwas Unnormales erscheinen, ich aber wollte ein ganz normales Leben führen. Mich grämten die Worte meiner Mutter, lieber hätte ich von ihr eine Tracht Prügel bezogen. Doch das war Illusion, Heinz und ich wurden nie von ihr geschlagen.

Heute fügte sie nichts dergleichen hinzu, sie fuhr fort, von ihrem Alltag zu erzählen: »Bei Hertie gab es eine Sonderzuteilung. Ich habe eine Dose Ölsardinen und hundert Gramm Würfelzucker bekommen. Sie wurden auch gleich ins Heftchen eingetragen.«

Das Heftchen war eine Klappkarte, vergleichbar mit den späteren Stempelkarten auf dem Arbeitsamt. Lauter kleine Felder waren darauf verzeichnet, und in jedes Feld wurden dann die Kurzbezeichnungen für die erhaltenen Sonderrationen gestempelt: KAF für

Kaffee, FI für Fisch, SÜSS für Süßwaren oder NÄHRMITTEL, worunter Mehl, Nudeln, Grieß oder Mondamin fielen. Ich erinnere mich noch, dass es 1944 zu Hitlers Geburtstag pro Haushalt eine runde Dose Dorschleber (FI) aus Dänemark, fünfundzwanzig Gramm ungeröstete Kaffeebohnen (KAF), hundert Gramm Rosinen (ROSI) und hundert Gramm Kakao (CAC) gab. Auch diese Gaben wurden mit Datum gestempelt oder in kleineren Geschäften handschriftlich vermerkt.

Meine Mutter holte die Fischdose aus ihrer gestreiften Einkaufstasche und überreichte sie meinem Bruder, der sie mit einem Büchsenöffner aufmachte. Ein köstlicher Geruch verbreitete sich in der Küche, deutlich sah ich, wie sich in den Mundwinkeln von Heinz Speichel bildete. Die Vorfreude auf das seltene Mahl ließ ihm das Wasser im Gaumen zusammenlaufen. Ja überlaufen.

»Hast du dich nun bei der Heereserfassungsstelle gemeldet?« Mit ungewohnter Bestimmtheit sprach meine Mutter ihren Sohn an, nachdem sie sich selbst auf einem Küchenstuhl niedergelassen hatte.

»Das ist noch lange hin. Ende März ist erst der Termin«, antwortete Mokkatasse ausweichend und kaute weiter genüsslich auf seinem ölgetränkten Brot.

Heinz hatte vor ein paar Tagen ein amtliches Schreiben von der Wehrdiensterfassungsstelle erhalten, es war sein Heranziehungsbescheid. Am 4. April würde er sechzehn Jahr alt werden, das Alter, in dem die jungen Männer zum Wehrdienst »herangezogen« wurden und auch ein Gewehr halten durften, mit achtzehn wurden sie dann »eingezogen«.

»Vor ein paar Jahren hattest du noch Angst, der Krieg könnte nicht lange genug dauern. Unbedingt wolltest du Soldat werden. Du konntest es kaum abwarten«, hielt ich meinem Bruder vor.

»Ich bin doch nicht verrückt und lasse mich totschießen. Gerade jetzt nicht, wo der Krieg bald zu Ende ist. Womöglich werde ich noch auf den letzten Drücker abgeschlachtet.«

»Was ist, wenn sie dich vors Kriegsgericht stellen? Du kannst doch wenigstens hingehen, die werden dich nicht gleich einbehalten. Meinetwegen auf Krücken oder ich binde dir den Arm ab und du meldest dich krank.« Meine Mutter versuchte Heinz umzustimmen.

»Bis Ende März kann noch eine Menge passieren. Lass uns lieber die wunderbaren Ölsardinen genießen.«

»Aber Junge, die stellen dich doch als Fahnenflüchtiger an die Wand!«

»Mutti, ich werde dort nicht aufkreuzen. Vor den Leuten aus unserer Umgebung kann ich mich verstecken oder davonlaufen. Hinter einem Maschinengewehr oder einer Panzerfaust habe ich überhaupt keine Chance, denn ich könnte nicht zurückschießen. Ich könnte es einfach nicht.«

Meine Mutter seufzte und zündete sich eine Zigarette an. Der Rauch stieg ihre gerade Nase hoch, erreichte ihre blaugrauen Augen. Die Zigaretten hatte sie gestern im Bötzowkeller erstanden, heute heißt die Kneipe Großbeerenkeller und liegt direkt im Durchgang von der Saarlandstraße zur Großbeerenstraße. Früher konnte man dort Dreierpackungen, drei Zigaretten für einen Groschen, aus dem Automaten ziehen. Diese waren jetzt aber leer, und seit Einführung der Raucherkarten konnte man die Packungen nur beim Wirt erstehen. Meine Mutter rauchte immer die Marke »Bergmann privat«. Die Zigaretten waren eher platt gedrückt im Gegensatz zu den runden Junos, die mit dem Slogan »Aus gutem Grund ist Juno rund« warben.

Fast alle Mütter, die ich kannte, rauchten. Obwohl es verpönt war. Ein deutsches Mädchen raucht nicht, hieß es in der Schule immer. Und ein deutsches Mädchen schminkt sich nicht. Wenn ich in der Schule die Beine übereinander geschlagen hatte, bekam ich zu hören: »Sitz nicht da wie ein liederliches Frauenzimmer, ein deutsches Mädchen hält die Knie zusammen.«

»Ich will auch kein Kanonenfutter sein«, fügte Heinz nach einer Pause mit Nachdruck an. Das Thema war damit für ihn beendet.

Bewundernd schaute ich in diesem Moment meinen Bruder an. Er wirkte so entschieden, obwohl das nicht seine Art war. Heinz hatte sich in der letzten Zeit gewandelt. Vor fast einem Jahr wurde er als Hitlerjunge vereidigt. Automatisch wurde er im April 1944 dazu verpflichtet, er war gerade fünfzehn Jahre alt geworden, die Eidesformel im Deutschlandhaus am Askanischen Platz nachzusprechen. Ich war mit meiner Mutter bei dieser Vereidigung gewesen, hatte aber nicht genau hingehört. In Erinnerung sind mir folgende Worte geblieben: »Ich gelobe meinem Führer Treue bis in den Tod, meinem Vaterland will ich dienen.« Heinz ging aber nie zum HJ-Dienst. Er erhielt auch keine Strafe, vielleicht weil er mit dem Sohn unseres Blockwarts, einem strammen Parteigenossen, eng befreundet war. Siegfried und Heinz hingen wie die Kletten zusammen. Ich wusste von Heinz, dass Siegfrieds Vater aus einem Kellergewölbe in der General-von-Pape-Straße Munitionskisten geholt hatte, um sich gegen die heranrückenden Russen verteidigen zu können.

Einmal hatte Siegfried zu meinem Bruder gesagt: »Wenn die Russen vor unserem Haus stehen, dann nehmen wir Handgranaten, stellen uns bei euch im dritten Stock ins Fenster, schreien ›Es lebe Deutschland‹ und springen anschließend hinunter.« Heinz hatte daraufhin gesagt: »Na klar, das machen wir.« Er wollte seinem Freund nicht widersprechen, aber niemals wäre er Siegfried in den Tod gefolgt – da war ich mir sicher.

Nach unserem herrlichen Abendmahl machte ich den Abwasch. Neben dem Spülbecken lag *Der Kurier des Zaren*. Während ich vorsichtig die Teller säuberte – kein Wasserspritzer sollte ja das Buch treffen –, las ich in dem Roman weiter und fieberte dem Ende entgegen. Das Gute musste siegen, das war für mich wichtig. Zuvor hatte ich *Ben Hur* verschlungen und konnte nicht fassen, dass Menschen so böse und grausam sein konnten und einen anderen Menschen blendeten.

»Zieh deine Sachen nicht aus, wenn du ins Bett gehst«, sagte meine Mutter zu mir. »Heute Nacht wird es wieder Fliegeralarm geben. Ich spüre es in den Knochen. Versuch bis dahin ein wenig zu schlafen, meine Motte.«

Motte. Ich liebte es, wenn meine Mutter mich so nannte. Ihre ganze Liebe zu mir konnte ich in diesem

Namen spüren. Als ich sieben oder acht Jahre alt war, fragte ich sie, warum sie mich Motte und nicht Schmetterling nennen würde. Ein Schmetterling würde nur zu Blüten flattern, antwortete sie mir, eine Motte will aber immer ans Licht, so wie du, egal wie oft sie sich die Flügel verbrennt.

Februar 1945 · Kellernächte

Mitten in der Nacht hämmerte es wie schon so oft an unserer Tür. Das war mit Sicherheit Muttchen Korn, unsere Nachbarin, die trotz ihrer siebenundachtzig Jahre sofort auf den Beinen war, wenn die Sirenen losgingen. »Es heult schon!«, rief sie noch durch den Briefschlitz, wir sollten es ja nicht verpassen, noch rechtzeitig in den Luftschutzkeller zu kommen. Fast jede Nacht sorgte sich Muttchen Korn auf diese Weise um uns.

Ich hatte mal wieder in Unterwäsche geschlafen, auch meine weiße Bluse mit den Puffärmeln anbehalten. Wie ein Automat zog ich im Dunkeln die bereitgelegte Kleidung an, meinen braunen, glockig geschnittenen Wollrock, einen bunten Pullover und eine Jacke aus feinem Cordripp. Dieser Rock war endlich einmal lang genug, fast zu lang sogar, denn als hoch aufgeschossene Bohnenstange hatte ich das Problem, dass mir jeder Rock nahezu umgehend zu kurz wurde. Eine Freundin meiner Mutter sagte einmal zu mir: »Na, dann tritt dir mal bloß nicht auf den Rocksaum.« Jedes Bändchen und jede Borte nähte meine Mutter an meine Röcke an, damit sie länger wurden. Schließlich bekam ich diesen Wollrock von einer Nachbarin geschenkt.

»Beeilt euch!«, rief Heinz. Er stand schon mit Gerda an der Wohnungstür. Gerda Rönnefeld war eine jüngere Freundin meiner Mutter, die wie immer mehr Menschen in unserer Umgebung ausgebombt worden war und einige Zeit bei uns gelebt hatte. Inzwischen bewohnte sie ein möbliertes Zimmer in der Nähe unserer Wohnung, aber oft blieb sie über Nacht bei uns, weil sie bei Fliegeralarm ihren Keller als zu »unheimlich und ungemütlich« empfand.

Mit verschlafenen Augen stürzte meine Mutter aus ihrem Schlafzimmer, ihre kastanienbraunen, halb langen Haare versuchte sie mit einer Bürste zu bändigen, die sie immer auf dem Nachttisch liegen hatte. In der Hand hielt sie ein Haarnetz, unter das sie die Haare stopfen wollte, eine Stirnwelle zeigte sich widerspenstig. Ich selbst war auch noch nicht richtig wach, denn ich war über meinem gerade neu angefangenen Buch eingeschlafen und hatte von den bösen Menschen geträumt, die dem Grafen von Monte Christo das Leben schwer machen wollten. Wie benommen rannte ich zu meinem Bruder, fast rempelte ich einen der mit Wasser gefüllten Eimer um, die griffbereit vor der Wohnung standen. Daneben standen Säcke mit Sand. Sie sollten helfen, eventuell ausbrechendes Feuer zu löschen.

Gerda und meine Mutter hakten Muttchen Korn unter, und so schnell es ging stiegen wir die drei Stockwerke hinunter. Ich merkte, dass ich noch keine Strümpfe übergezogen hatte, aber das schaffte ich bei Fliegeralarm selten. Die winterliche Kälte spürte ich trotzdem nicht. Muttchen Korn war komplett in eine graue Decke mit schwarzen Streifen gehüllt, die sie aber nicht fest um ihren Körper gezurrt hatte. Nur wenn man sie lose trägt, hatte sie mir einmal erklärt, können die kleinen Granatsplitter, die so groß wie

Bleistiftspitzen seien, abgehalten werden. Ich nannte diese kratzigen Pferdedecken nur noch Luftschutzdecken. Sie waren auch nachher die einzigen, die gegen Brandflocken schützten.

Im Hof war schon jemand dabei, die dort deponierte gusseiserne Bratpfanne an die Mülltonnen zu schlagen. Wer als Erster auf dem Weg zum Luftschutzkeller war, hatte diese Aufgabe zu übernehmen. Zu diesem Zweck lag die Bratpfanne immer hinter den Tonnen. Durch den ohrenbetäubenden Lärm wurde selbst der tiefste Schläfer geweckt. Kaum war die Sirene verklungen, fing die Flak auch schon zu schießen an.

Bis vor einem Jahr hatten Heinz und ich uns bei den immer zahlreicher werdenden Luftangriffen vielfach geweigert, in den Luftschutzkeller zu gehen, oder wir waren die Letzten, die ihn betraten. Meine Mutter konnte uns nicht umstimmen, so sehr sie uns auch vor den Gefahren warnte. Wir liebten unsere »Mutti«, aber sie war sehr weich und wenig autoritär, was dazu führte, dass wir Geschwister unseren Willen nicht selten durchsetzten. Meistens stiegen wir bei Fliegeralarm zum Trockenboden hinauf, wo sich der eine oder andere Nachbarsjunge zu uns gesellte. Da die Zwischentüren der einzelnen Böden nicht mehr verschlossen waren, konnten wir ungehindert über die Dachböden des gesamten Wohnblocks laufen. Natürlich hatte man bei dieser Luftschutzmaßnahme nicht an eine Rennstrecke für uns Kinder gedacht. Die Luftschutzwarte der einzelnen Wohnhäuser hatten damit eine Anordnung befolgt, die es erleichtern sollte, Brandherde schnellstens zu erreichen. Außerdem waren die Dachböden von brennbaren Materialien geräumt, sämtliche Dielen und Balken mit Feuerschutzfarbe gestrichen worden. Tagelang roch es noch im ganzen Haus nach dieser Farbe.

Dicht gedrängt standen wir Kinder dann um die Dachluken und starrten gebannt in die Nacht hinaus, während Scheinwerferkegel geisterhaft und lautlos den dunklen Himmel abtasteten. Heinz und ich hatten einen Schemel unter einer Luke aufgestellt, um das Geschehen am Nachthimmel besser verfolgen zu können. Die meist jüngeren Nachbarskinder ließen wir oftmals lange warten, bis sie auch auf den Hocker klettern durften. Wurden sie ungeduldig, fragte einer: »Wat is denn, siehste wat?« Heinz antwortete dann: »Nee, nischt« oder »Nee, nur Sterne und Scheinwerfer«. Stand ich auf dem Schemel, verwies ich eher auf die hintere Luke, von dort könne man ja auch schauen, nicht ohne hinzuzufügen, dass sie nicht die Wäsche, die dort hing, dreckig machen dürften.

Wenn sich vier oder fünf Scheinwerfer kreuzten, wussten wir, dass ein feindliches Flugzeug geortet worden war. Erst als wir einmal mit ansahen, wie ein Flugzeug in diesem Lichtkreuz gefangen war und nicht mehr entkommen konnte, wurde uns die Situation bewusst und wir hörten auf, diese nächtlichen Dramen zu beobachten. Ganz winzig und hilflos sah es dort oben aus, fast schien es stillzustehen, umringt von einem Kranz explodierender Granaten. Schließlich wurde es getroffen, und eine Rauchfahne hinter sich herziehend trudelte es zur Erde. Meine anfängliche Spannung war einem unbeschreiblichem Entsetzen gewichen. Von Zeitungsberichten über abgeschossene Flugzeuge zu hören, war eine Sache, aber es mit eigenen Augen zu verfolgen, eine andere. Dabei schlugen Granatsplitter auf unser Dach ein, und wir hörten sie von Ziegel zu Ziegel rutschen, bis sie von der Regenrinne aufgefangen wurden. Heinz und ich stürzten damals Hals über Kopf in den Luftschutzkeller und ich hatte tagelang ein schlechtes Gewissen.

»Nun aber schnell rein«, sagte Herr Johannsen, unser Luftschutzwart. »Ihr seid wieder einmal die Letzten.«

Mit routinierten Handgriffen verriegelte er die schwere Stahltür, sodass das Bellen der Flak nicht mehr so laut zu hören war.

Muttchen Korn setzte sich zu Frau Walther, einer eleganten älteren Dame mit silbergrauen Haaren aus dem zweiten Stock. Sie war dreiundachtzig Jahre alt und wirkte auf dem roten Plüschsofa mit seinen hohen Lehnen, das in einer hinteren Ecke des Luftschutzkellers stand, so vornehm, dass Muttchen Korn im Vergleich zu ihr wie die Hexe aus *Hänsel und Gretel* aussah. Muttchen Korn stammte aus Tilsit, war arm wie eine Kirchenmaus und »liebte den Führer«, wie sie nicht müde wurde zu betonen. Sie war eine herzensgute Person.

Aber Frau Walther mochten wir Kinder fast noch mehr. Wir wetteiferten förmlich darum, ihr die Kohlen aus dem Keller zu holen oder Einkäufe zu erledigen. Ihre Wohnung war überladen mit Nippes und Bildern. Eine Uhr mit tanzenden Ballerinen stand unter einer Glasglocke, diese wiederum auf einem der vielen Spitzendeckchen. Es gab bei ihr immer einen Keks zum Knabbern oder einen Teelöffel voll Marmelade zum Abschlecken. Und Frau Walther konnte die schönsten Geschichten erzählen. Meist handelten sie von der guten alten Zeit und von Kaiser Wilhelm. Im Gegensatz zu Muttchen Korn sagte sie nie »unser Führer«, sondern stets »der Hitler«. Sobald die Stimme Hitlers oder Goebbels' im Radio erklang, schaltete sie das Gerät ab.

Ohne mir etwas dabei zu denken, hatte ich einmal in der Schule über Frau Walther geplappert und ihre Eigenart, das Radiogerät abzuschalten, wenn bestimmte Reichspolitiker sprachen. Rektor Borchardt verstand es nämlich meisterhaft, uns auf ein bestimmtes Thema zu lenken. Erst als seine Fragen immer konkreter wurden – Wie heißt die Nachbarin? Wie alt ist sie? Was hat sie sonst noch gesagt? –, begriff ich, was er damit bezweckte. Wie ein Blitz durchzuckte es mich. Er sah sie als eine Volksfeindin an. Was hatte ich da bloß angerichtet! Wie naiv ich doch war! Spione, Attentäter, Saboteure, das waren Volksfeinde, aber doch nicht Frau Walther.

Ich begann nun wie ein Wasserfall zu reden, dass das alles nicht wahr sei, was ich gesagt hätte, und ich mich nur wichtig machen wolle. Frau Walther sei eine liebe und harmlose alte Dame.

»Halt endlich den Mund, du dummes Ding«, fuhr mich der Schulleiter an.

»Aber sie besitzt doch das Goldene Mutterkreuz. Ihre Söhne sind im Ersten Weltkrieg gefallen und eines ihrer Enkelkinder ist Funkhelferin«, redete ich ohne Unterlass weiter.

»Schluss jetzt«, wurde ich unterbrochen. »Geh und löse Hannelore vom Telefondienst ab. Du störst mit deinem Geschwätz den gesamten Unterricht.« Aus

Personalmangel hatten wir Schülerinnen abwechselnd Telefondienst, jeweils eine halbe Stunde im Dienstzimmer des Rektors. So wurde gewährleistet, dass wir niemals wichtige Meldungen verpassten.

Ich aber wollte nicht weggeschickt werden, nicht bevor ich den Rektor von Frau Walthers Harmlosigkeit überzeugt hatte. Ich wollte keine Denunziantin sein. Denunzianten waren in meinen Augen fast schlimmer als Volksfeinde.

»Aber«, konnte ich nur sagen, da stand er schon vor mir und schlug mir mit dem Handrücken quer über den Mund. Furchtbarer als das war sein Blick. Ohne ihm weiter zu widersprechen, verließ ich das Klassenzimmer.

Später hielt er mir in seinem Dienstzimmer einen Vortrag. Ich versuchte mich darauf zu konzentrieren, aber es waren nur Phrasen, die in mein Bewusstsein drangen. Rektor Borchardt sprach davon, dass ich Volk und Vaterland zu dienen habe, dem Führer gegenüber meine Pflicht erfüllen müsse, überhaupt jeder Einzelne an der Heimatfront … Mitten im Satz stockte der Schulleiter, er hatte gemerkt, dass er viel zu abstrakt sprach.

»Was ich dir sagen will, du Rebell, ist Folgendes«, fuhr er in einem persönlicheren Tonfall fort. »Du bist nicht konsequent genug und viel zu impulsiv. Manche Dinge im Leben, die man sagt oder tut, sind nie wieder rückgängig zu machen. Denke also immer vorher gründlich über alles nach, bevor du etwas sagst oder tust, nicht erst, wenn es zu spät ist. Um deine Nachbarin brauchst du dir keine Sorgen zu machen, sie ist alt und weiß es nicht besser.«

Jeden Tag war ich froh, wenn ich Frau Walther im Haus oder im Luftschutzkeller sah. Wie auch jetzt.

Ich zog endlich meine langen Wollstrümpfe an, fast gleichzeitig holten Frau Walther und Muttchen Korn ihr Strickzeug hervor, das sich seit einiger Zeit ständig in einem Korb neben dem Luftschutzkellersofa befand. Ein jeder von uns hatte inzwischen das ein oder andere im Keller deponiert, um die Zeit dort unten wenigstens ein bisschen angenehm zu gestalten und sinnvoll zu nutzen. Schon kurze Zeit später klapperten die Nadeln. Die beiden Frauen waren ein eingeschworenes Strickteam geworden. Das Ergebnis waren meist Socken für das Winterhilfswerk.

In der Nähe des Notausgangs, der zum Luftschutzkeller des Saarlandtheaters führte, hatten sich Frau Drescher und ihre Söhne Martin und Willi auf Stühlen niedergelassen. Willi zählte zehn Jahre, doch nach seinen geistigen Fähigkeiten war er erst vier. Er war das Sorgenkind von Frau Drescher. Das wenigstens behauptete meine Mutter. Ich konnte ihn kaum verstehen, weil er beim Sprechen den Mund verzog. Martin war ein Jahr jünger als ich und hatte leicht abstehende Ohren. Er war sehr kess, ein richtiger Hansdampf in allen Gassen. Ich entdeckte auch Frau Zemcke, die Portierfrau, mit ihrer zehnjährigen Tochter Friede, die Frau von Herrn Johannsen, das ältere Ehepaar Gäbert, Frau Rademacher mit ihren Eltern und Frau Schöndienst mit ihrer kleinen Tochter Sonja, die unberührt von der sie umgebenden Unruhe in ihrem Kinderwagen schlief, einen kleinen zerzausten Teddy im Arm. Stramme Parteigenossen wie die Eltern von Siegfried kamen nie in den Luftschutzkeller. Wir nahmen an, dass sie ein Zimmer in einem der zahlreichen Berliner Bunker hatten. Doch so genau wusste man das nie. Schließlich war jedem freigestellt, wohin man bei Fliegeralarm ging. Weil wir uns jetzt fast jede Nacht in diesem Raum aufhielten, wuchsen wir mit der Zeit zu einer großen Familie zusammen. Wir hatten uns ganz gut arrangiert, und gerade wir Kinder empfanden die Situation meist auch nicht beklemmend oder beängstigend – sie gehörte schlichtweg zu unserem Alltag.

Im Luftschutzkeller gab es ein erstes Gebot: »Im Falle von Gefahr äußerste Ruhe bewahren!« An der Wand neben der Stahltür hingen zwei Pläne, auf dem einen waren die Straßen der Umgebung eingezeichnet, auch der Anhalter Bahnhof, das Postamt SW 11 und der Landwehrkanal, der andere war eine Skizze des Luftschutzkellers. Darauf waren sämtliche Notausgänge vermerkt, aber auch die Positionen von Tischen, Kommoden, Regalen, dem roten Sofa sowie Verbands- und Werkzeugkasten.

»Du siehst müde und blass aus, mein Kind«, sagte Frau Drescher zu mir. »Leg dich auf die Matratze dort hinten in der Ecke.«

Ich nickte nur und nahm meine Decke, die zusammen mit denen der anderen Hausbewohner mitten im Raum an einem Stützpfeiler gestapelt waren. Frau Drescher war eine mittelgroße, mütterliche Frau, mit einem üppigen Busen, dichtem, blond gewelltem Haar, vollen Lippen und einer Stimme, die einen singenden Ton hatte.

Die Matratze lag neben einem kleinen Regal, das mit zahlreichen Einmachgläsern und Konservendosen gefüllt war. Da gab es grüne Brechbohnen, verschiedene Gurkensorten, goldgelben Kürbis, Kohlrüben und Kunsthonig. Auf jedem Etikett war der Name des Besitzers zu lesen. Dahinter standen die Koffer der Hausbewohner mit Bettwäsche, Kleidern und anderen wichtigen Habseligkeiten. Mit der Zeit war immer mal was dazugekommen. Mir waren meine Schreibhefte und Bleistifte am wichtigsten, aus diesem Grund hatte ich diese Utensilien in einem Koffer zwischen unserer Wäsche versteckt.

Alles, was meiner Mutter, Heinz und mir widerfuhr, schrieb ich auf. Dafür nutzte ich die Stunden des Wartens im Luftschutzkeller bis zur Entwarnung. Diese Hefte waren für mich das Kostbarste, was ich besaß. Ich hätte sie um nichts in der Welt eintauschen mögen. Heute jedoch war ich zu müde, um auch nur einen Stift zu halten. Ich streckte mich auf der Matratze aus und legte mir meine dicken, dunkelblonden Zöpfe so unter meinem Kopf zurecht, dass sie ein Kissen bildeten. Jeden Morgen und Abend öffnete ich sie, bürstete und flocht sie neu, nachdem ich mit einem Kamm einen strengen linken Seitenscheitel gezogen hatte – jedenfalls bis zu unserer Zeit im Luftschutzkeller. Mit offenen Haaren wollte ich mich nicht hier aufhalten. Meine Mutter liebte es, mir die Zöpfe wie einen Turban um den Kopf zu wickeln. Anschließend nannte sie das Haargebilde eine Krone. Mir waren meine Zöpfe nur lästig, sie passten unter keine Badekappe, und jeder Junge war der Meinung, er müsste daran heftig ziehen.

Martin blieb nur kurz bei seiner Mutter sitzen. Er schnappte sich mit Heinz ebenfalls eine Decke, die sie auf dem Boden ausbreiteten. Aus einer seiner vielen Jackentaschen zog Martin ein Kartenspiel heraus. Ohne große Worte begann er, die Karten flink zu verteilen. Ich konnte nicht genau erkennen, ob sie Schummeln oder Sechsundsechzig spielten.

Martin saß mit dem Rücken zu den Kellerfenstern, die von außen mit einer dicken Schicht Steinen zugemauert waren, ohne dass man dabei die Fensterscheiben entfernt hatte. Zwischen Glas und Mauersteinen hatte Herr Johannsen Lumpen gestopft, die mit Holzwolle gefüllt waren. Mir leuchtete dieses Vorgehen nicht ein, und als ich einmal unseren Luftschutzwart danach fragte, gab er mir zur Antwort, dass die Scheiben nicht herausgenommen worden waren, weil »die Behörden ja an einen baldigen Endsieg glauben«. Hatte wirklich niemand die entsetzlichen Luftangriffe – man sprach von Terrorangriffen – erahnen können?

Die Kellerdecke war mit Baumstämmen abgestützt, in der Nähe des Notausgangs, dort wo jetzt Frau Drescher mit Willi hockte, befanden sich sogar zwei gemauerte Stützen. Dazwischen stand eine Werkzeugkiste, ein zweckentfremdeter Kohlenkasten.

Gerda und meine Mutter saßen auf dem Sofa neben Frau Walther, die gerade dabei war, die Maschen für einen zweiten Strumpf aufzunehmen. Frau Zemcke hatte ihren Stuhl in der Nähe meiner Mutter platziert.

»Da habe ich eine halbe Stunde für Brot angestanden, und kurz bevor ich an die Reihe kam, war es ausverkauft. Erst nach einer weiteren Stunde gab es wieder frisches Brot«, hörte ich Frau Zemcke schimpfen.

»Und ich habe endlich einen Bezugsschein für Babyschuhe bekommen, aber in keinem Kaufhaus gab es welche in Sonjas Größe«, berichtete Frau Schöndienst, die es sich in einem zierlichen Stoffsessel gemütlich gemacht hatte.

»Habt ihr schon gehört?«, warf Frau Drescher von hinten ein, »morgen soll in der Markthalle in der Lindenstraße eine Lieferung Backobst eintreffen. Das jedenfalls hat der Händler angekündigt.«

»Und was haben wir davon?«, meldete sich Frau Gäbert zu Wort. »Selbst wenn das Obst getrocknet ist, mit Sicherheit erhalten es ja doch nur die schwangeren Frauen.«

»Milch wird jetzt auch nur noch an Schwangere und Säuglinge abgegeben«, bemerkte Frau Schöndienst. »Letzte Woche habe ich noch welche für Sonja bekommen. Das ist nun ebenfalls vorbei.«

»Die Versorgungslage wird immer schlechter. Wohin soll das bloß noch führen?« Meine Mutter erwartete auf ihre Frage keine Antwort. Sie sprach nur das aus, was jede Frau im Raum dachte. Alle waren heilfroh, dass sie noch nicht an das Eingemachte gehen mussten. Die Notrationen sollten nur im allerschlimmsten Fall angebrochen werden. Aber konnte das nicht schon morgen oder übermorgen sein?

»Eigentlich müsste ich über eure Meckerei Meldung machen«, mischte sich jetzt Herr Johannsen ein. »Aber lassen wir's noch mal durchgehen.«

Es war nicht erlaubt, über die miserable Versorgungslage zu sprechen. Auch nicht über Stromsperren oder andere Mängel, weshalb die Frauen in den Luftschutzkellern kaum derartige Themen anschnitten. Wurde meine Mutter in ihren Zustandsbeschreibungen zu deutlich, zischte ihr manches Mal Muttchen Korn ein »Lass das bloß nicht Herrn Johannsen hören« zu.

Aber da man kaum noch an einen Sieg glaubte, wurden die Worte auch wieder offener. Keiner vermochte mehr die Situation schönzureden. Nicht nur war es immer schwieriger geworden, Lebensmittel zu bekommen, auch Schuhe und Textilien waren extrem knapp geworden, selbst wenn man einen Bezugsschein dafür hatte, den man lange vorher beantragen musste.

Im letzten Jahr sammelte ich Alteisen, Papier und Winterbekleidung für die Ostfront. Dafür erhielt ich Punkte. Hatte ich hundert Punkte beisammen, bekam ich einen solchen Bezugsschein ohne Antrag ausgehändigt. Ein Taschentuch erforderte beispielsweise zwei Punkte, ein Unterhemd zwischen zwanzig und dreißig Punkte, ein Rock oder Kleid »kostete« manchmal bis zu hundertfünfzig Punkte.

Besonders unangenehm war für mich das Sammeln von Zeitungen. Jeden Morgen sollten wir eine Zeitung für die Altpapiersammlung in die Schule bringen. Ich konnte aber nicht sagen, dass meine Mutter keine Zeitung abonniert hatte, seit dem Ersten Weltkrieg wollte sie von den politischen Machenschaften nichts wissen. Deshalb besaßen wir auch keinen Volksempfänger. In den Augen von Rektor Borchardt kam es nahezu einem Hochverrat gleich, nicht täglich den *Völkischen Beobachter* zu lesen. Noch weniger konnte ich ihm erklären, dass meine Mutter auf meine Vorhaltungen hin folgende Rechnung aufstellte: »Schau mal, Motte. Ein *Völkischer Beobachter* kostet zehn Pfennige, ein Ei drei Pfennige und ein Liter Vollmilch elf Pfennige. Was meinst du, ist wichtiger?«

Also brachte ich nur hin und wieder eine leere Mehl- oder Zuckertüte oder eine alte Zeitung von Muttchen

Korn mit in die Schule und entschuldigte mich an den anderen Tagen damit, dass wir die gesamte gestrige Zeitung als Toilettenpapier verwendet hätten, weil mein Bruder an Durchfall litt. Bei diesen Ausreden lief ich jedes Mal vor Scham rot an.

»Hier, halte mal den Faden«, sagte nun meine Mutter zu Frau Zemcke und gab ihr ein Wollknäuel in die Hand.

Frau Zemcke nahm die senffarbene Wolle in die linke Hand, mit der rechten wickelte sie den Faden um das Knäuel, der zu einem früheren, viel zu klein gewordenen Pullover von mir führte. Manchmal musste auch ich meiner Mutter beim Aufribbeln der Wollsachen helfen. Vielfach hatte die Wolle Knoten, weil sie mit anderen Resten verknüpft war. Der Pullover, den ich über meine Bluse trug, bestand aus einem einzigen Streifenmeer.

»Die Louise Brettschneider von der Hausnummer 37 ist gestern nach dem Bombenangriff tot geborgen worden«, sagte Herr Johannsen in das Klappern der Stricknadeln hinein. Unser Luftschutzwart informierte uns immer über die unmittelbaren Ereignisse, über die anderen Nachbarn, auch über den Vormarsch der Russen.

»O Gott, was wird denn aus ihren beiden Töchtern?«, fragte Muttchen Korn. »Der Vater ist in Stalingrad gefallen.«

»Ich habe gehört, dass man sie in ein Kinderheim nach Hannover schicken will«, sagte Herr Johannsen.

»Eine traurige Geschichte ist das«, fügte Frau Johannsen hinzu.

Ich musste an Gerhard denken, Gerhard Meiners, der auch ohne Eltern aufwachsen musste. Ich hatte 1942 einen Brief erhalten, dass er in Afrika gefallen war, getötet von einer Mine. Sein Freund und Kamerad Horst Schwertfeger teilte mir dies in einem langen Brief mit. Auch dass er mich benachrichtigen sollte, wenn dem Gerhard jemals etwas zustoßen würde. Sofort setzte ich mich hin und bedankte mich bei Horst Schwertfeger, weil er mir Bescheid gegeben hatte. Auch wünschte ich ihm eine gute Heimkehr nach Deutschland.

Einige Zeit später lag auf den Flurdielen unserer Wohnung ein Brief. Ich erkannte meine Handschrift, es war mein Dankesschreiben. Darauf war einzig der Vermerk gestempelt: »Gefallen für Führer und Vaterland. An Absender zurück.«

»Ein Stempel auf einem Brief«, sagte ich zu meiner Mutter, als sie von ihrer Arbeit im Reichsnährstand zurückkam, »und ein Leben ist ausgelöscht. Einfach so.« Ich konnte die Tränen kaum zurückhalten.

»Ich wünsche nur noch, dass dieser grauenvolle Krieg bald zu Ende geht«, erwiderte meine Mutter und nahm mich in die Arme.

Gerhard Meiners war durch einen Aufruf in der Schule in mein Leben getreten. Man hatte uns nahe gelegt, Soldaten an der Front zu schreiben, die keine Verwandten hatten, in Waisenhäusern groß geworden waren und deshalb auch keine Feldpost bekamen. Sofort ging ich nach Schulschluss in einen Papierladen und kaufte für einige Pfennige Feldpostbriefe. Sie konnten portofrei verschickt werden und wurden zweimal gefaltet. Die Innenseite beschrieb ich, erzählte von Berlin, der Schule und von unserem Leben in der Saarlandstraße. Natürlich vergaß ich auch nicht, meine Adresse hinzuzufügen. Und mein Alter. Da ich kein Kind mehr sein wollte, machte ich mich ein Jahr älter. Mit dreizehn war man ja ein »Backfisch«. Anschließend faltete ich den Brief und klebte ihn an den gummierten Rändern zu. Unter dem aufgedruckten Wort »Feldpost« und dem freien Feld für die Feldpostnummer schrieb ich »An einen unbekannten deutschen Soldaten in Afrika«.

Afrika war für mich ein Kontinent, von dem ich abends träumte, wenn ich nicht einschlafen konnte. Meine Mutter hatte die *Gartenlaube* abonniert, in der es die schönsten Fortsetzungsromane gab. Die Hefte wurden im Wohnzimmer sorgfältig nach Nummern gestapelt, ich durfte sie nicht einmal mit in die Altpapiersammlung nehmen. Einer dieser Romane hieß »Senegal-Neger«. Ich verschlang jede Fortsetzung davon – natürlich erst, wenn meine Mutter das Heft komplett durchgelesen hatte. Der Roman war so spannend, dass ich mehr über Afrika wissen wollte und die Menschen, die dort leben.

Eines Tages bekam ich eine Antwort auf meine Feldpost. Ein Gerhard Meiners schrieb mir aus El Alamein in Ägypten, neunzehn Jahre war er alt, aufgewachsen in einem Waisenhaus in Oldenburg. Er hatte seinem Brief ein Foto beigelegt. Da stand er zwischen zwei anderen Soldaten vor einem Panzer, auf dem sie Spiegeleier brieten. Die afrikanische Sonne sei so heiß, berichtete Gerhard, dass sie, ohne ein Feuer anzünden zu müssen, Spiegeleier essen konnten, mit einem richtig knusprigen Rand. Ich fand das aufregend. Aber noch aufregender war, dass Gerhard groß war. Jedenfalls war er der größte von den drei Männern auf dem Foto. Ihre Gesichtszüge aber konnte ich kaum erkennen, weil das Bild so kleinformatig war. Männer durften für mich lange Bohnenstange nun einmal nicht klein sein. Viel später habe ich erfahren, dass Panzersoldaten eigentlich nicht besonders groß waren, besser gesagt es nicht sein durften, da es sonst zu eng im Panzer geworden wäre.

Abends lag ich im Bett und schrieb meine Träume in mein Tagebuch. Ich rechnete mir aus, bei Ende des Krieges würde ich bestimmt ein oder zwei Jahre älter sein. »Vielleicht heiraten wir einmal« – mit diesen Worten schloss ich mein Tagebuch und versteckte es im hintersten Winkel der Kommode zwischen meiner Wäsche, damit es ja nicht in die Finger von Heinz geriet. Nachts träumte ich von wilden Tieren und der großen Liebe.

In seinem zweiten Brief zeichnete Gerhard die Umrisse von Afrika und Berlin auf, dazwischen malte er blaues Wasser, über das ein Flugzeug flog. Darunter schrieb er: »Ich freue mich auf einen Fronturlaub in Berlin.« Ich dichtete zurück: »Wenn du Urlaub kriegst, setz dich rin in die Kiste und flieg.« Eine Antwort erhielt ich nicht mehr. Als mein Brief Afrika erreichte, war Gerhard schon tot. Meine ersten Jungmädchenträume hatten ein jähes Ende gefunden.

Unruhig wälzte ich mich auf meiner Matratze. Plötzlich war ein lauter Knall zu hören und die Kellerwände zitterten. Eine Bombe musste in der unmittelbaren Nachbarschaft eingeschlagen sein. Unser Wohnbezirk war schon seit über einem Jahr zur Gefahrenzone eins erklärt worden.

»Die Bomben kommen immer näher«, sagte Gerda bekümmert. »Ich will nicht noch einmal ausgebombt werden.«

»Hoffentlich bleibt uns das erspart«, sagte meine Mutter. »Es wäre einfach furchtbar.«

»War es eine Brandbombe oder eine Phosphorbombe?«, frage Muttchen Korn.

»Eine Sprengbombe«, sagte Herr Johannsen prompt.

Inzwischen kannten wir uns alle ziemlich gut damit aus. In der Schule hatten wir gelernt, die verschiedenen Bombenarten optisch voneinander zu unterscheiden. Oft genug gab es Luftschutzübungen mit Probealarm, bei denen wir Gasmasken aufsetzen mussten. In Asbest gekleidete Feuerwehrmänner entzündeten am Ende der Übung Brand- und Phosphorbomben auf dem Schulhof und zeigten uns, was wir zu beachten hatten, sollten wir sie selbst einmal löschen müssen. Außer den Stabbrandbomben handelte es sich bei den anderen nur um »Übungsbomben« mit Phosphor. Eine wirkliche Phosphorbombe hätte den gesamten Schulhof verwüstet. Diese zeigte man uns nur auf Fotos als Blindgänger.

»Die Stabbrandbomben kommen immer gebündelt«, sagte einer der Feuerwehrmänner zu mir. »Sie sind mit Wasser zu löschen oder mit Sand abzudecken. Mit Stabbrandbomben kann man leichter fertig werden, sie entzünden sich beim Aufschlag wie ein Streichholz an einer Reibefläche. Die Phosphorbomben sind dagegen viel gefährlicher. Bei denen läuft Phosphor aus, sie sind nicht mit Wasser zu löschen, sondern nur mit Sand.«

»Soll der Sand denn einfach auf die Bombe geschüttet werden?«, fragte ich.

»Um Himmels willen, nein. Dann spritzt alles auseinander und jeder Spritzer entfacht einen neuen Brand. Du musst den Sand vorsichtig von außen an das auslaufende Phosphor rangeben. So wird das Feuer beengt und das Phosphor kann sich nicht weiter verteilen. Auf keinen Fall darf ein Spritzer an deine Kleidung kommen, sonst bist du gleich darauf selbst eine Fackel und nicht mehr zu retten. Würdest du dir zutrauen, eine solche Bombe zu löschen?«

»Ja«, sagte ich, überzeugt davon, dass ich tatsächlich eine solche Bombe bewältigen könnte. Glücklicherweise musste ich das nie unter Beweis stellen.

Eine Sprengbombe, auch das hatte ich bei den Übungen gelernt, krepierte beim Anschlag und riss ganze Häuser ein. Nun hörte ich zum ersten Mal eine.

Bomben gehörten zu meinem Leben. Täglich wurde ich damit konfrontiert. Ich kannte es nicht anders, zu oft hatten wir diese Übungen absolvieren müssen. Hätte ich denn die Übungen ignorieren und sagen sollen: »Ich bin doch nur ein Kind, wie komme ich denn dazu, eine Bombe zu löschen?« Ich war kein Kind mehr. Meine Mutter verhielt sich viel ängstlicher als ich. Meine Aufgabe war es, so schien es mir manchmal, ihr dabei zu helfen, den Krieg zu überleben.

Das fühlte ich schon, als ich im Frühsommer 1943 wegen der zunehmenden Luftangriffe auf Berlin evakuiert wurde. Ich war in der 7. Klasse und kam mit meinen Mitschülerinnen der Martin-Luther-Mittelschule ins idyllische Znin. Bis 1939 gehörte diese Ortschaft zu Polen, nach dem Überfall hieß dieses Gebiet Reichsgau Wartheland. Ilse und ich wohnten bei der Familie Glowienka, die am Marktplatz ein Lebensmittelgeschäft besaß. Heinz war bei einer Familie in Posen untergekommen.

In Znin gab es keinen Fliegeralarm, auf dem Frühstückstisch stand Milch, mittags erhielten wir frisches Gemüse und abends Käse und Obst. Das muss der Friede sein, von dem die Erwachsenen so viel reden, dachte ich oft. Trotzdem bekam ich in diesem Paradies Heimweh. Ich steckte Ilse damit an, und um die Weihnachtszeit saßen wir oft in irgendeinem Winkel des Hauses und weinten um die Wette. Harras, der Schäferhund der Familie Glowienka, leistete uns dabei Gesellschaft.

»Ob unsere Häuser noch stehen?«, fragte mich Ilse zaghaft.

»Und Mutti, lebt sie noch? Und deine Mutti?« Meine Gedanken waren nicht weniger düster. »Überall ist von den Bombenangriffen auf Berlin und andere Städte zu hören. Ich mache mir große Sorgen.«

»Vielleicht ist meine Mutter verletzt und liegt im Krankenhaus«, warf Ilse ein.

Harras hörte geduldig zu und nahm es hin, dass sein Fell von unseren Tränen nasser und nasser wurde.

Herr Glowienka war ganz betrübt, dass wir solches Heimweh hatten. Immer häufiger sprach er davon, uns wieder nach Berlin zu schicken. Als mir dann ein kleiner Unfall passierte, stand sein Entschluss fest.

Ich saß in der Küche und lernte bei der Köchin Polnisch. Wo Ilse war, wusste ich nicht. Vielleicht schaute sie sich die Schaufenster der Marktgeschäfte an, die immer noch viele bunte Waren ausgestellt hatten und jetzt vor Weihnachten besonders schön dekoriert waren. Als die Köchin für eine Weile die Küche verlassen musste, versprach ich ihr, auf den Topf zu achten, der auf dem Gasherd stand. Zuerst rührte ich gewissenhaft mit dem Holzlöffel im Topf herum, sobald der Deckel klapperte und ein Zischen zu hören war. Aber nach einer Weile klapperte und zischte nichts mehr, da die Gasflamme von der überkochenden Suppe gelöscht worden war, ohne dass ich es gemerkt hatte. Auch nahm ich das ausströmende Gas nicht wahr, zu sehr war ich darauf konzentriert, die Texte unter den Bildern des polnischen Kinderbuchs zu entziffern.

Plötzlich empfand ich einen rasenden Kopfschmerz, der mich vom Stuhl hochriss. Eine Woge von Übelkeit überschwemmte mich und ich rang nach Luft. Alles ging so schnell, dass ich nicht mehr merkte, wie ich zu Boden fiel. Glücklicherweise fand mich die Köchin noch rechtzeitig, aber das Erwachen aus der Bewusstlosigkeit war weitaus qualvoller, als in sie hinüberzugleiten. Mein Kopf drohte zu zerspringen und ich konnte nicht aufhören zu würgen. Draußen an der frischen Luft wurde ich von einem Arzt und Herrn Glowienka durch die Gegend geschleift. Anschließend musste ich Kniebeugen machen, bis ich glaubte, mein Kopf sei so mit Kieselsteinen angefüllt, dass sie durch meine Augen herauskullern wollten.

Im Januar kaufte uns Herr Glowienka Fahrkarten nach Berlin. Ilse und ich bekamen Kennkarten um den Hals gehängt, auf denen unser Name, unsere Heimatanschrift und unsere Staatsangehörigkeit vermerkt waren.

»Wenn alles gut geht, seid ihr in sechsunddreißig Stunden in Berlin«, sagte Herr Glowienka zu uns am Bahnsteig.

Wir strahlten ihn an. Es tut mir heute noch Leid, dass wir so freudig und hastig von den Menschen Abschied nahmen, die es so gut mit uns gemeint hatten. Fast hätten wir in der Aufregung sogar das Winken vergessen.

Im Zug kamen fortwährend Uniformierte, die unsere Ausweise sehen wollten. »Warum wollt ihr nach Berlin? Noch dazu alleine?« – permanent wurden uns Fragen gestellt. Die Wahrheit wollten wir nicht sagen, also erfanden wir kleine Notlügen: Die Mutter sei krank, der Vater gefallen. Das ersparte uns unnötige Erklärungen, und manchmal bekamen wir auch etwas zu essen geschenkt.

Oft musste unser Zug Stunden auf einem Nebengleis warten, bis ein Lazarett- oder Militärzug vorbeigefahren war. Aus irgendeinem unerklärlichen Grund endete unsere Reise abrupt auf einem Bahnhof in Ostpreußen, der, soweit ich mich erinnern kann, Sensburg hieß. Kein Zug würde in absehbarer Zeit weiter nach Berlin fahren, war die einzige Erklärung, die wir vernahmen. Ilse und ich wurden in einem Kinder-Land-Verschickungslager (KLV-Lager) untergebracht. Dort sagte man uns, wir müssten hier so lange bleiben, bis es einen Rücktransport nach Berlin gebe.

Nach knapp drei Wochen war uns dann klar, dass wir allein durch Warten und Hoffen nie nach Hause kommen würden.

»Wir müssen selbst etwas unternehmen«, meinte Ilse.

»Du hast Recht, wir können unsere Mütter nicht im Stich lassen«, erwiderte ich.

»Wir können nach Hause laufen.«

»Weißt du, wie weit es noch bis Berlin ist?«

»Nee, aber hier schlagen wir Wurzeln. Vielleicht treffen wir unterwegs auf einen Zug, der uns mitnimmt.«

Ilse und ich waren uns schnell einig. Wenn wir, um nach Hause zu kommen, laufen mussten, dann wollten wir das eben tun.

Während die anderen Kinder und Jugendlichen einen Tagesausflug machten, meldeten wir uns krank, um im Lager bleiben zu können. Zuvor hatten wir Brot und Pellkartoffeln aufgespart, einen kleinen Kompass gegen ein Rechenheft von mir eingetauscht und heimlich eine Landkarte aus dem Büro des KLV-Lagers entwendet. All diese Kostbarkeiten und die allernötigsten Kleidungsstücke packten wir in unsere Tornister und schlichen uns davon. Im Büro hinterließen wir eine Mitteilung, dass wir uns auf den Heimweg gemacht hätten. Ob man je nach uns gesucht hat, haben wir nie erfahren.

Zunächst gingen wir zum Bahnhof und folgten der Eisenbahnlinie. Da die Streckenführung immer geradeaus ging, waren wir sicher, die richtige Richtung genommen zu haben. Immer wenn wir einen Bahnhof erreicht hatten, suchten wir ihn auf unserer Landkarte und hakten ihn ab. Wir hatten das Gefühl, voranzukommen, was uns sehr freute.

»Ob wir verfolgt werden?«, fragte Ilse einmal ängstlich.

»Ich sehe keinen Grund, warum die vom Lager uns suchen sollten«, antwortete ich. »Wir sind keine Spione und bis auf die Karte haben wir auch nichts geklaut. Vielleicht sind sie sogar froh, uns los zu sein. Dann haben die anderen mehr zu essen. Da fällt mir ein, wir haben bald auch keinen Proviant mehr.«

»Meine Füße tun verdammt weh«, klagte Ilse, ohne weiter meinen Hinweis zu beachten. »Können wir nicht eine längere Rast machen?«

Ich untersuchte die Füße meiner Freundin. Es schien, dass sie Frostbeulen hatte. Meine Füße sahen anders aus, eher wund gescheuert.

»Erst müssen wir uns von den Gleisen entfernen und einen Bauernhof finden, bei dem wir etwas Essbares bekommen«, sagte ich. »Sonst werden wir noch verhungern.«

»Und was sagen wir den Bauersleuten, wenn sie uns fragen, warum wir hier allein unterwegs sind?«

»Dass wir von unserem Lehrer angehalten worden sind, einen Ertüchtigungsmarsch zu machen.«

Meine Geschichte funktionierte. An Ertüchtigungsmärschen nahm meistens eine ganze Klasse teil, aber man durfte nur zu zweit losziehen, um ein bestimmtes Ziel zu erreichen. Auf jedem Bauernhof, den Ilse und ich aufsuchten, schüttelten die Leute nur erstaunt die Köpfe und meinten: »Was heutzutage alles von den Kindern verlangt wird.« Sie gaben uns aber immer Brot oder ein Stück Räucherschinken mit, auf der Schwarte konnten wir lange herumkauen. Manchmal steckten sie uns sogar ein paar Groschen zu.

Wir schliefen, wenn wir eine leere Scheune fanden, und gingen die Gleise entlang, so lange wir zu gehen vermochten. Das konnte am Tag sein, aber auch mitten in der Nacht. Ilse und ich lebten nach einem eigenen Rhythmus. Wenn wir herausfanden, dass wir uns im Kreise bewegt hatten, setzten wir uns verzweifelt auf den Boden. Würden wir es jemals bis nach Berlin schaffen? Auf der Landkarte sah es noch sehr weit bis zu unserm Ziel aus. Eine Weltreise, dachte ich.

Über eine Weichselbrücke kamen wir mit einem Pferdefuhrwerk, so manchen Kilometer fuhren wir als blinde Passagiere in einigen Regionalzügen. Meistens auf den Puffern, jenem Platz zwischen zwei Waggons, der verhinderte, dass sie beim Ankoppeln zusammenstießen. Man konnte dort gut sitzen, aber da es Winter war, brachte uns der kalte Fahrtwind fast um. Leider funktionierte unser Trick, mit einer Bahnsteigkarte zu wedeln und einer fremden Frau mit einem weinerlichen »Mutti, warte doch« hinterherzulaufen, nur sehr selten. Es gab zu viele misstrauische Bahnbeamte, die uns aufhielten und unsere Fahrkarten sehen wollten.

»Sollen wir aufgeben und uns bei einer Behörde melden?«, fragte Ilse in einem Zustand völliger Erschöpfung.

»Und wenn sie uns dann dort behalten? Nein, wir müssen weiter. Du schaffst es schon.«

»Vergiss nicht, du hast längere Beine als ich.«

Schließlich griff man uns im Wartesaal eines Bahnhofs auf, an den ich keine Erinnerung mehr habe. Wir waren auf einer grünen Holzbank eingeschlafen, und Reisende, die diesen Ort bis zur Abfahrt ihres Zuges ebenfalls aufgesucht hatten, rüttelten uns wach. Es war ihnen seltsam vorgekommen, dass zwei vollkommen entkräftet aussehende Mädchen ohne Begleitung eines

Erwachsenen zusammengerollt auf einer Bank lagen. Man fragte uns, wer wir seien und wohin wir denn wollten, und wir schwindelten das Blaue vom Himmel herunter. Aber es nutzte nichts, misstrauisch stellte man uns weitere Fragen. Als wir dann die Wahrheit sagten, schien man uns am wenigsten zu glauben. Jedenfalls wurden wir dem Roten Kreuz übergeben.

Ein paar Tage lang schob man uns hin und her, von einer Dienststelle zur anderen. Immerhin bekamen wir überall reichlich zu essen, Salbe für unsere Füße und wir kamen wieder zu Kräften. Schließlich durften wir auf einen Lazarettzug klettern, der in Richtung Berlin fuhr. Nach vielen Stunden kamen wir tatsächlich am Stettiner Bahnhof an. Es war inzwischen Ende Februar oder Anfang März 1944 geworden.

Während der vergangenen Wochen hatten wir nichts von unseren Müttern gehört. Ich hatte nur in Erfahrung gebracht, dass Heinz, den man ebenfalls evakuiert hatte, wieder in Berlin war. Im Zug erzählten uns verwundete Soldaten, dass Berlin mehr und mehr unter verheerenden Luftangriffen zu leiden hatte. Ich bekam es wieder mit der Angst zu tun. Sollte meiner Mutter etwas passiert sein? Lebte sie überhaupt noch? In Znin hatte mich das Heimweh beherrscht, jetzt, kurz vor dem Ziel, packte mich die Furcht mit aller Macht.

Da Ilse und ich kein Geld für eine S-Bahn-Fahrkarte hatten, mussten wir die letzte Etappe zu Fuß gehen. Nun sahen wir mit eigenen Augen, dass die Soldaten nicht übertrieben hatten. Wir rannten an zerbombten Häusern, Trümmern und allerlei Unrat vorbei und unser Herz schlug immer lauter. Da vorne war das Theater – unversehrt. Aber was würde ich sehen, wenn ich um die Ecke biegen würde? Einen Trümmerhaufen? Ich blieb für einen Augenblick stehen und spürte eine riesige Welle der Angst in mir aufsteigen.

»Ich renne weiter«, rief Ilse mir zu. Sie sagte noch etwas von »verabreden«, aber ich verstand sie kaum, so sehr war ich damit beschäftigt, wie es in unserer kleinen Gasse aussehen würde.

Du musst diesen Schritt tun, sagte ich zu mir, du musst nachschauen. Du kannst nicht einfach hier wie zur Salzsäule erstarrt stehen bleiben. Ich nahm meinen ganzen Mut zusammen und blickte vorsichtig in unseren Teil der Saarlandstraße hinein, in unsere kleine Gasse, die auch zur großen Saarlandstraße gehörte. Ein unglaubliches Glücksgefühl überkam mich. Alles sah so aus, wie ich es in Erinnerung hatte. Die schönen, großen Altbauten, ebenso unser Haus, der Ahornbaum und die Kohlenhandlung Karschunke. Sie hatten die Zeit, in der ich fort war, heil überstanden. Die Knie begannen mir zu schlottern und Tränen nahmen mir die Sicht. Über den Hof, durch den Hausflur und die Treppen hinauf rief ich ununterbrochen: »Mutti! Mutti! Ich komme!« Nachbarn öffneten ihre Türen, aber ich verstand nicht, was sie mir nachriefen. Erst als ich vor unserer Wohnungstür stand, fiel mir ein, dass es mitten am Tag war und meine Mutter somit auf ihrer Arbeitsstelle. Dennoch drückte ich einen Finger auf den Klingelknopf und ließ ihn nicht mehr los. Mit der anderen Hand hämmerte ich gegen die Tür. Vielleicht war sie doch da – oder Heinz.

Plötzlich stand Muttchen Korn neben mir.

»Bist du das, Motte?« Sie starrte mich an, als wäre ich ein Geist. »Setz dich erst mal zu mir in die Wohnung und erzähle mir alles, mein Kind. Vielleicht kommt der Heinz in der Zwischenzeit, er hat ja einen Schlüssel für eure Wohnung. Oder die Gerda, eine Freundin deiner Mutter, die ausgebombt wurde. Sie wohnt gerade bei euch. Eigentlich müsste sie da sein. Wahrscheinlich schläft sie gerade. Sie hatte Nachtschicht.«

Muttchen Korn spendierte mir eine Flasche Limonade – von uns »Bonbonwasser« genannt – und holte aus einer alten Kaffeedose ein paar Kekse hervor. Was war es schön, wieder in Berlin zu sein.

»Versuche jetzt noch einmal, bei euch zu läuten«, sagte Muttchen Korn, nachdem ich ihr in groben Zügen meine Geschichte erzählt hatte. In aller Ausführlichkeit wollte ich sie nur meiner Mutter und Heinz berichten.

Das Limonadenglas fest umklammert startete ich einen weiteren Klingelversuch. Tatsächlich öffnete sich die Tür. Eine zierliche junge Frau mit einem haselnussbraunen Bubikopf und kornblumenblauen Augen stand vor mir. Alles an ihr war niedlich, besonders die Nase. Erstaunt schaute ich die fremde Frau an.

»Ich bin die Gerda«, sagte sie freundlich. »Du musst Motte sein. Ich habe ein Foto von dir gesehen.«

In diesem Moment hörte ich, dass jemand nach mir rief. Die Stimme kannte ich. Es war die von Ilse. Tränenüberströmt kam sie die Treppe heraufgerannt, ein heulendes Häufchen Elend.

»Alles ist zerstört. Ich habe kein Zuhause mehr. Eine Bombe ist mitten auf unser Haus gefallen«, sagte sie, während weiter die Tränen über ihre Wangen liefen.

»Und deine Mutter?«, fragte ich.

»Sie ist im Krankenhaus.«

»Ist sie schwer verletzt?«

»Der Arm soll gebrochen sein.«

»Kommt erst mal beide rein«, sagte Gerda. »Das Weitere wird sich finden. Hauptsache, alle leben.«

Ich zog Ilse in unser Wohnzimmer und hielt ihr den Rest meiner Limonade hin. Dankbar nahm meine Freundin einen Schluck. In diesem Augenblick öffnete sich die Haustür und Heinz kam nach Hause.

»Mensch, Motte, wo kommst du denn so plötzlich her?«, rief er freudestrahlend aus, verstummte aber sogleich, als er Ilses verschmiertes und trauriges Gesicht sah.

»Ilses Mutter ist ausgebombt worden«, erklärte ich. »Jetzt liegt sie im Krankenhaus.«

»Weißt du was, die Gerda wird Ilse dorthin begleiten. Wir holen die Mutti vom Reichsnährstand ab. Die wird Augen machen!«

Keine Minute zögerten wir nun. Ilse war dankbar, dass sie nach all den durchgemachten Strapazen nicht allein ins Krankenhaus musste. Ich brachte noch schnell das leere Limonadenglas zu Muttchen Korn und erzählte ihr, was wir vorhatten. Vor dem Saarlandtheater verabschiedeten wir uns. Ilse hatte sich bei Gerda untergehakt, sie mussten weiter nach Kreuzberg Mitte, wir in die entgegengesetzte Richtung. Ich drücke Ilse ganz fest.

Die Stangen, die den Baldachin vor dem Theater stützten, waren mit frischer Leuchtfarbe gestrichen. Ich weiß nicht, wieso mir das gerade in diesem Augenblick auffiel. Jetzt strahlten sie wieder grellweiß.

»Weißt du noch, wann es mit der Leuchtfarbe anfing?«, fragte ich meinen Bruder.

»So um ’41 herum«, antwortete Heinz. »Kann auch ’42 gewesen sein. Jedenfalls schon seit einer Ewigkeit.«

Durch die bemalten Baldachinstangen sollten unangenehme Zusammenstöße vermieden werden. Da es ja mit Einbruch der Dunkelheit keine Straßenbeleuchtung mehr gab und die Verdunklungsrollos heruntergelassen wurden, konnte man leicht mit dem Kopf gegen solche Pfähle knallen. Selbst die Bordsteinkanten waren mit Leuchtfarbe gekennzeichnet, und nächtliche Spaziergänger mussten sich in Brusthöhe eine Leuchtplakette anheften.

In diesem Moment fiel mir ein, dass meine Freundin Gertraud und ich einmal an den Baldachinstangen herumgeturnt hatten. Gertraud war mir ebenso lieb wie Ilse, nur war sie schon sehr früh mit ihrer Schwester nach Bayern evakuiert worden. Wir beide rutschten die Stangen rauf und runter, bis uns auffiel, dass im Halbdunkel des hereinbrechenden Abends unsere Röcke leuchteten. Keine von uns beiden hatte gemerkt, dass die Stangen frisch gestrichen worden waren und die Farbe noch nicht trocken war. Unsere schönen blauen Bleyle-Röcke waren hinterher vollkommen ruiniert. Meine Mutter gab mir eine Backpfeife, die einzige, die ich im Leben je von ihr bekommen hatte, so entsetzt war sie.

Ich lief mit Heinz die breite Saarlandstraße hinunter. Diesen Weg sollten meine müden Füße noch schaffen. Nichts sehnlicher wünschte ich mir, als von meiner Mutter in den Arm genommen zu werden. Wie ein kleines Kind wollte ich von ihr gewiegt werden. Karl Heisig, der Pförtner vom Reichsnährstand, war nicht mehr in seiner Loge, wahrscheinlich hatte er schon Feierabend. Ich war froh, ihn nicht zu sehen, denn er sprach immer von »dem Gesindel, das weg müsste« und meinte damit die Zigeuner am Zionskirchplatz. Juden gab es ja in unserer Gegend nicht, so hatte man es uns wenigstens in der Schule gelehrt. Die sollten in den Bezirken Tiergarten, Wannsee oder Krumme Lanke wohnen. Nie verstand ich, warum so negativ über diese Menschen gesprochen wurde.

Eine Tür nach der anderen mussten wir im unversehrten Reichsnährstand öffnen, bis ich endlich meine Mutter in der Telefonzentrale entdeckte. Die Kopfhörer drückten ihr ein wenig die kunstvolle Innenrolle hinunter. Meine Mutter verstand es, immer so zu wirken, als käme sie gerade vom Frisör. Am liebsten mochte ich ihren elegant gelegten Nackenknoten. Überhaupt sah sie schön aus, mit ihren schlanken Beinen, der schmalen Taille und dem blauen Kleid, das sie trug. Die weißen Kragen und Manschetten waren blütenweiß gestärkt. Ich wunderte mich, wie meine Mutter das immer noch schaffte.

Erstaunt schaute sie mich an. Langsam, als könnte sie es nicht fassen, mich hier zu sehen, legte sie ihren Kopfhörer beiseite und stand von ihrem Stuhl auf.

»Motte«, sagte sie nur. »Motte.« Meine Mutter roch wundervoll nach einer Rosenseife. So jung und attraktiv sie mit ihren fünfunddreißig Jahren aussah, so mütterlich nahm sie mich jetzt in die Arme.

»Könnt ihr beide euch mal voneinander lösen?«, fragte Heinz, der langsam ungeduldig wurde.

»Entschuldigung«, sagte meine Mutter. »Ich wollte dich nicht vergessen.«

Meine Mutter fragte nun nach, ob sie früher nach Hause gehen dürfe. Sie erhielt die Erlaubnis. Arm in Arm schlenderten wir zurück in unsere Wohnung, ohne Unterlass berichtete ich ihr von meinen Erlebnissen und sie machte mir keine Vorwürfe. So froh war sie, mich wiederzuhaben.

»Morgen kannst du auch noch erzählen«, sagte meine Mutter, als sie mich an den Küchentisch setzte und einen Laib Brot hervorholte. »Du brauchst Ruhe.«

Während ich aß, setzte meine Mutter einen großen Einwecktopf mit Wasser auf. Die Hälfte des Wassers brauchte sie, um meine Kleider und Unterwäsche einzuweichen, und den Rest, um mich sauber zu schrubben. Anschließend zog sie mir ein frisches Nachthemd über. Jetzt merkte ich erst, dass ich mich kaum noch auf den Beinen halten konnte. Ich spürte noch den Kuss, den mir meine Mutter auf die Stirn drückte, dann war ich eingeschlafen. In der Nacht gab es zweimal Fliegeralarm. Ich hörte nichts. Und meine Mutter ließ mich weiterschlafen.

»Heute hat Goebbels wieder gesprochen«, sagte Herr Johannsen in das Klappern der Nadeln hinein.

Ich rieb mir die Augen und überlegte, wo ich war. Im Luftschutzkeller, jetzt wusste ich es wieder.

»›Volk steh auf! Sturm brich los‹, das rief der Goebbels über den Volksempfänger«, bemerkte der alte Herr Gäbert euphorisch.

»Ich kann mich dafür nicht begeistern«, warf Frau Walther ein. »Im Februar 1943 beschwor Goebbels den totalen Krieg, und da war auch schon alles verloren.«

»Mein Gott! Ich weiß auch nicht mehr, wohin das führen soll«, sagte Muttchen Korn, die üblicherweise von »diesem Rednergenie« schwärmte. »Was steht uns da noch alles bevor?«

Herr Johannsen blickte Frau Walther und Muttchen Korn scharf an. Schon wieder hatte unser Luftschutzwart allen Grund, dieses Gespräch zu melden und die beiden Frauen zu denunzieren. Aber er würde es nicht tun, das hoffte ich wenigstens.

Nachdem das Krachen und Grollen der Flak langsam abgeklungen war, hofften wir auf eine baldige Entwarnung. Erwartungsvoll blickten wir auf Herrn Johannsen. Wir wollten sprungbereit sein, wenn er die Luftschutztür öffnete, und so schnell wie möglich hier raus. Muttchen Korn und Frau Walther packten schon ihr Strickzeug ein, Decken wurden zusammengelegt und jeder horchte, ob die Sirenen nicht bald den erlösenden lang gezogenen Heulton für die Entwarnung signalisierten. Stattdessen ging der ganze Feuerzauber aber noch einmal von vorne los. Die Flak begann wie verrückt zu schießen, Einschlag auf Einschlag ließ unseren Keller erzittern. Normalerweise hatten wir Kinder nie Angst im Luftschutzkeller, nur unsere Mütter waren in ständiger Sorge um uns Kinder und das Hab und Gut.

Doch diesmal saßen wir wie erstarrt, und als nach einer guten Stunde doch endlich die Entwarnung kam, konnten wir es kaum fassen, dass wir alle unversehrt waren. Herr Johannsen stürzte auf die Straße, wir hinter ihm her, um zu erfahren, was passiert war. Wir kamen nicht weit, aber was wir sahen, war unvorstellbar. Die ganze Gegend schien zu brennen, Lösch- und

Rettungstrupps versperrten die Straßen. Die Luft war erfüllt vom Prasseln der Flammen, Schreie ertönten aus allen Richtungen. Hilfeschreie, Schmerzensschreie, dazwischen Befehle. Niemand konnte sofort helfen, erst mussten die Blindgänger und Zeitzünder entschärft oder weggeschafft werden. Zeitzünder waren besonders gefürchtet, weil sie so eingestellt waren, dass sie manchmal erst Stunden nach der Entwarnung explodierten. So manches Haus flog in die Luft, weil der Luftschutzwart ihn auf seiner Runde nicht entdeckt hatte.

Wir gingen sofort in unsere Wohnungen hinauf. Durch die vielen Brände in der Nähe konnten wir zusehen, wie die Farbe an unseren Fensterkreuzen schmolz. Wir kühlten sie mit Tüchern, die wir mit dem Wasser aus den Löscheimern nass gemacht hatten. Der Brandgeruch war so intensiv, dass unsere Betten noch tagelang wie geräuchert rochen.

Erst am nächsten Tag durften wir auf die Straße und konnten uns von dem vollen Umfang des Schadens überzeugen. Zum Belle hin stand kaum noch ein Haus. Dort, wo einst Aschinger gewesen war, ein beliebtes Speiselokal, in dem man belegte Brötchen und leckere Suppen preiswert essen konnte, sahen wir nur zerstörte Feuerwehrfahrzeuge, Schutt und Trümmer. Die Feuerwehrleute, so erfuhren wir, waren nach dem ersten Angriff gerade dabei gewesen, die Verschütteten zu bergen, als sie selbst der zweiten Angriffswelle zum Opfer fielen.

Mitte März 1945 · Die Toten sind zu beneiden

»Richtet nicht, auf dass ihr nicht gerichtet werdet. Liebet euren Nächsten. Vertraut auf Gott.« Die Worte von Pfarrer Ernst Staeger fanden kaum Widerhall, flüchteten in den Himmel, da die Heilig-Kreuz-Kirche Mitte März kein Dach mehr hatte.

Es war bitterkalt und meine Konfirmation. Ich trug ein schwarzes Jackenkleid von meiner Mutter, das sie vor langer Zeit auf einer Beerdigung getragen hatte. Mir war es einige Nummern zu groß, besonders im Brustbereich, wo die Abnäher einen Busen markieren sollten, den ich noch nicht hatte. Dafür war es aber in der Länge genau richtig. Meine Haare waren frisch gewaschen. Da wir kein Shampoo mehr hatten, hatte meine Mutter Waschpulver genommen. Hierzu hatte sie etwas Soda in das Wasser gegeben, um es weicher zu machen.

In der Hand trug ich fünf Maiglöckchen, die mangels eines Schleierbandes mit einem abgeschnittenen Streifen einer alten Küchengardine zusammengebunden waren. Auf die Maiglöckchen war ich besonders stolz, denn diese hatte ich erst nach tagelanger Suche und Vorbestellung in einem Laden in der Yorckstraße gefunden. Die Blumenhändlerin hatte die noch nicht aufgeblühten Blumen in ein Glashäuschen gestellt, damit sie zu meiner Einsegnung auch wirklich weiß leuchteten. Und sie rochen betörend, meine fünf Stiele.

Ilse, ich sowie einige Mädchen aus Berliner Gegenden, in denen es kaum eine heile und betretbare Kirche gab, standen in einem Halbkreis um den Pfarrer herum. Jede von uns fror in der leichten Bekleidung. Um mich von der Kälte abzulenken, beobachtete ich die Kerze, die auf dem Pult vor dem Pfarrer stand. Die Flamme flackerte in der Zugluft und streckte sich gierig nach dem Blatt Papier aus, von dem der Pfarrer ablas und das er bedenklich nahe an die Kerze hielt, um seine Worte besser im Halbdunkel der Kirche lesen zu können.

Meine Mutter saß in der ersten Reihe auf einer Holzbank. Hinter ihr gab es nur noch eine weitere, die übrigen Bänke waren nach und nach herausgerissen und zu Brennholz zerkleinert worden. Sie zog abwechselnd mal den linken, mal den rechten Schuh aus, um den Fuß in die Hände zu nehmen und im Schoß zu wärmen. Die Mutter von Ilse saß neben ihr, den rechten Arm in einer Schlinge. Als Ilse sie mit Gerda im Krankenhaus aufgesucht hatte, war sie erleichtert gewesen, dass ihre Mutter tatsächlich nur einen gequetschten und gebrochenen Arm hatte – es hätte leicht etwas Schlimmeres sein können. Bei der Ausbombung war ein Balken auf den Arm gefallen. Ilses Mutter saß so starr auf der schmalen Bank, als sei sie dort festgefroren.

Alle waren froh, als der Pfarrer uns gesegnet hatte und wir uns wieder bewegen durften. Zu Hause hatten wir wenigstens unsere Decken, um uns vor der Kälte zu schützen.

»Aber wir haben gerichtet, und so wird man auch uns richten«, sagte Ilses Mutter, während sie in den Himmel blickte. »Jedenfalls haben die Kinder ihren

Segen bekommen, vielleicht fällt dafür der Bombensegen heute aus«, bemerkte eine mir unbekannte Mutter, die sich zu uns gesellt hatte.

»Heute ist Konfirmation. Da wird gefeiert und nicht politisiert«, erwiderte meine Mutter. »Und ihr kommt mit zu uns.«

»Da sagen wir nicht nein«, meinte Ilses Mutter und zupfte mit der linken Hand einen Fussel von dem Kleid ihrer Tochter.

Meine Freundin wohnte seit der Ausbombung in einer provisorischen Wohnung in der Nähe des Belle-Alliance-Platzes. Für Ilses Mutter war eine schwere Zeit angebrochen, weil sie mit ihrem gebrochenen Arm nicht mehr in der Wäscherei arbeiten konnte. Zum Glück erhielten die Ausgebombten Sonderrationen, sogar Kaffeebohnen, die sie sich selbst rösten mussten.

Auf dem Weg zu unserer Wohnung fuhren viele Militärfahrzeuge an uns vorbei. In den letzten Wochen wurden es täglich mehr. Die vielen Soldaten gaben uns ein beruhigendes Gefühl. Wir waren nicht auf uns allein gestellt, sondern sie würden schon dafür sorgen, dass die bösen Bolschewiken uns nichts antaten.

»Stullen mit Marmelade!«, rief Ilse aus, als wir unsere Küche betraten.

Gerda hatte die Brote mit einem Belag geschmiert, der überwiegend aus Kohlrüben und Kürbis bestand. Einige von ihnen waren mit Mostrich bestrichen, weil Heinz keine Marmelade mochte. Die Freundin meiner Mutter hatte das karge Konfirmationsmahl vorbereitet, während wir in der Kirche waren, und auf einem großen Teller von unserem Sonntagsgeschirr kunstvoll angerichtet. Auch Heinz hatte es vorgezogen, während der Konfirmation zu Hause zu bleiben, um Wasser aus der Pumpe in der Großbeerenstraße zu holen. Vielleicht, weil er selbst nie konfirmiert worden war. Da Heinz ja ein »Halbjude« war, hatte meine Mutter wohl Rücksicht auf seine Abstammung genommen. Mein Bruder war auch nicht getauft worden.

Seit einiger Zeit gab es kein fließendes Wasser mehr und auch kein Gas, da es Bombenschäden am Kraftwerk gegeben hatte. Wir benutzten wieder den alten Kochherd, den wir mit allem nur auffindbaren Brennbaren befeuerten, sodass wir nun den Malzkaffee zubereiten konnten.

»Der Kaffee wird uns wärmen«, sagte meine Mutter und rieb sich die Hände.

Ich zog schnell das Kleid aus und schlüpfte in meinen Wollrock und einen warmen Pullover. Ilse und ihre Mutter bekamen die azurblauen Tagesdecken aus dem Schlafzimmer meiner Mutter umgewickelt. Unsere Wohnung konnte man nicht mehr richtig beheizen, einerseits hatten wir höchstens nur noch zwanzig Briketts und mussten sparsam damit umgehen, andererseits zog es durch die meisten unserer Fenster, da die Scheiben aus den Fensterkreuzen gefallen waren und wir nur noch Decken und die Verdunklungsrollos zu unserem Schutz vor der Kälte hatten. Auch unser Dachstuhl war bei einem der jüngsten Luftangriffe in Teilen abgebrannt, sodass wir, die ganz oben wohnten, noch mehr den Launen der Natur ausgesetzt waren – und den Bombenabwürfen. Aus diesem Grund hielten wir uns inzwischen fast nur noch im Luftschutzkeller oder in den Parterrewohnungen in unserem Block auf, um sicher vor Beschuss und Granatensplittern zu sein. Nur zum Waschen der Haare oder wie jetzt zu dieser kleinen Feier kamen wir in unsere Wohnung zurück.

»Was habt ihr doch für eine traurige Jugend«, sagte meine Mutter, während sie Ilse und mich anschaute. »Alles liegt in Schutt und Asche. Es gibt kaum noch eine Wohnung, in der man richtig leben kann. Nicht einmal ein kleines Geschenk kann ich meiner Tochter zur Konfirmation machen.«

»Das ist wahr. Wie schön könnte dieser Tag heute sein, wenn wir keinen Krieg hätten«, fiel Ilses Mutter in das Gejammer ein.

»Wenn, wenn, wenn ...«, murrte Ilse. »Die Situation ist, wie sie ist. Auch wenn wir hier wie die Vogelscheuchen herumsitzen. Ich esse Marmeladenstullen und bin glücklich.« Sie war ähnlich pragmatisch wie ich und wir versuchten immer, das Beste aus jedem Tag zu machen. Anders hätten wir den Lebensmut nur schwer aufbringen können.

»Mein Gott, sind die Toten zu beneiden«, fuhr meine Mutter mit ihrer Klage fort, ohne Ilses Einwurf zu beachten. »Die haben es wenigstens hinter sich.«

»Jetzt hör aber auf, Mutti! Sag so etwas nicht!«, brauste ich auf. »Es hilft nicht, schwermütig zu werden. Wir müssen das Beste daraus machen.«

Ein tiefer Seufzer war noch von meiner Mutter zu hören, doch sie hatte aufgehört, weiter ihre düsteren Gedanken von sich zu geben. Am liebsten hätte ich sie geschüttelt, um die Schwere aus ihrem Körper und ihrer Seele zu vertreiben.

»Ich zeige euch was«, sagte Heinz in diese für mich kaum erträgliche Melancholie hinein.

Froh, etwas tun zu können, sprang ich vom Küchentisch auf, nahm Ilse an die Hand und führte sie in das Zimmer meines Bruders.

»Schaut mal, was ich gefunden habe!«, sagte Heinz und holte einen Trommelrevolver unter seinem Bett hervor.

»Wo hast du denn den her?«, fragte Ilse.

»Hab ich in einem Hausflur gefunden«, antwortete mein Bruder und hantierte damit herum, als wäre die Waffe ein Spielzeug. »Ist sogar noch Munition drin.«

»Kann man damit auch schießen?«, fragte ich.

»Klar doch. Siegfried und ich haben den Revolver schon ausprobiert. Auf einem Gelände am Kreuzberg.«

»Und?«, fragte Ilse.

»Ging ganz schön heftig los. Aber wir haben noch eine Kiste mit Handgranaten und zwei Panzerfäusten.«

»Glaube ich nicht. Du spinnst«, sagte ich.

»Doch! Im Keller sind sie. Ihr müsst nur mit nach unten kommen.«

Mein Bruder hatte tatsächlich nicht gelogen. Das Versteck befand sich unter der Kellertreppe zur ehemaligen Waschküche. Aus diesem zog er eine metallene Kiste hervor. Obenauf lagen Patronen, die Heinz und Siegfried zersägt hatten, um das herausrieselnde schwarze Pulver zu untersuchen. Ich bekam es mit der Angst zu tun. Am liebsten hätte ich meiner Mutter von diesem Fund erzählt. Aber ich wusste, würde ich Heinz verraten, er würde mich verprügeln. Also sagte ich nichts.

Anschließend gingen wir auf den Hof hinunter und ließen die drei Frauen in der Küche allein. Wir hörten, wie auf der breiten Saarlandstraße ein Lautsprecherwagen vorbeifuhr: »Volksgenossen haltet durch! Panzerstoßtrupp Mölders drängt den Feind zurück. Unser Führer ist in Berlin.« Mölders hatte ich verstanden, aller Wahrscheinlichkeit nach lautete der Name aber anders. Manchmal wurden wir auch von einem solchen Auto darüber informiert, wo es in unserer Gegend etwas zu essen gab, beispielsweise sagten sie die Adresse eines Bäckers durch, der gerade Brot verkaufte, oder wo ein Kaufhaus in Flammen gestanden hatte und im Anschluss daran Notverkäufe getätigt wurden. Dann musste man rennen, weil sich in Windeseile lange Schlangen vor dem Geschäft oder dem Warenhaus bildeten. Meistens lief ich los, weil ich mit meinen langen Beinen schnell war und gleichzeitig die Geduld besaß, mich stundenlang anzustellen.

»Sollen wir etwa an ein Wunder glauben?«, fragte Ilse. »Der Führer sitzt sicher in seinem Bunker unter der Reichskanzlei. Wie soll er da mit seinen wenigen Leuten die Russen aufhalten?«

»Berlin ist eine große Mausefalle geworden«, sagte Heinz traurig. »Und wir sind die Mäuse darin.«

»Vielleicht gibt es doch noch eine Möglichkeit«, sagte ich. »Wenn wir so pessimistisch sind, dann brauchen wir gar nicht erst weiterzumachen.«

Aber so sehr ich mir auch ein Wunder erhoffte, so waren tief in meinem Inneren auch Zweifel. Hatte Adolf Hitler denn so viel Macht? Und wenn er diese hatte, warum lag dann schon fast die Hälfte von Berlin in Schutt und Asche? Das passte doch nicht zusammen.

Hitler. Ich hatte ihn sogar persönlich gesehen. Einmal stand ich mit meiner Mutter am Halleschen Tor, als er zusammen mit Benito Mussolini und dem damaligen Außenminister Joachim von Ribbentrop im offenen Auto vorbeifuhr. Er war auf dem Weg vom Tempelhofer Feld zur Reichskanzlei. Ein anderes Mal sah ich ihn auf einer Weihnachtsfeier 1942 im Rathaus am Alexanderplatz. Dorthin wurden jedes Jahr an die hundert Jugendliche geladen, um eine Adolf-Hitler-Spende in Empfang zu nehmen. Heinz gehörte zu diesen Auserwählten. Meine Mutter und ich begleiteten ihn zu dieser Feier, die das Jugendamt über die Kraft-durch-Freude-Organisation (KdF) für vaterlose Kinder angeordnet hatte. Die Geschenke, die mein Bruder erhielt, trieben mir vor Neid Tränen in die Augen. Es gab eine elektrische Eisenbahn, einen Trix-Baukasten mit vielen Metallteilen und Schrauben, sodass man sie zu Häusern oder Autos zusammendrehen konnte, einen Bleyle-Anzug, Skistiefel, eine Spielzeugkanone, die mithilfe eines Feuersteins Blitze abfeuerte, sowie Rosinen, Feigen, Nüsse und Kakao. Zum Trost bekam ich etwas von den Süßigkeiten ab.

Hitler ließ sich nur kurz blicken. Nach seinem »Heil und Sieg« sagte er ein paar Worte zur »deutschen Jugend und meinen Volksgenossen« und endete mit einem weiteren »Heil und Sieg meinem Volke«. Danach wurde er nicht mehr gesehen. Hinterher wurde auf der Feier gemunkelt, dass Hitler gar nicht persönlich gesprochen habe, sondern ein Doppelgänger.

Vielleicht ist jetzt auch ein solcher in Berlin, dachte ich. Doch bevor ich weiter darüber grübeln konnte, kam in diesem Moment Ilses Mutter aus der Haustür.

»Es wird Zeit, dass wir gehen«, sagte sie zu ihrer Tochter. »Hoffentlich wird unterwegs nicht Fliegeralarm ausgelöst. Es war schon so lange ruhig.«

»Wir müssen uns bald wiedersehen.« Ilse umarmte mich heftig. Immer hatten wir Angst, es könnte das letzte Mal gewesen sein.

»Klar«, sagte ich in meinem Optimismus.

Obwohl meine Freundin nicht weit von mir entfernt wohnte, war es gefährlich geworden, sich länger auf den Straßen von Berlin aufzuhalten. Immer häufiger wurde die Stadt selbst tagsüber angegriffen. Es gab auch kaum noch eine warnende Sirene. Die Bomber waren plötzlich über uns, warfen ihre tödliche Fracht ab, und ehe eine Flak schießen konnte, waren sie wieder verschwunden. Als einzige Warnung hörten wir das Dröhnen der Flugzeugmotoren, und schleunigst musste man in Deckung gehen. In solchen Situationen half tatsächlich nur noch ein Wunder.

Seit drei Wochen hatten wir auch keine Schule mehr. Rektor Borchardt war unter den Trümmern seiner Dienstwohnung in der Schule begraben worden. Immer hatte er uns gepredigt: »Treu bis in den Tod für Führer und Vaterland.« Es gab für ihn eine Gedenkstunde und wir sangen zum letzten Mal das Deutschlandlied. An jenem Tag haben wir auch durch einen Vertreter des Schulleiters unser Abschlusszeugnis erhalten. Alle Mädchen bekamen die gleichen Zensuren. Hinter jedem Fach stand »befriedigend« und auf der Rückseite des Zeugnisses war folgender Satz vermerkt: »Wegen Kriegseinwirkung hat im letzten Halbjahr kein geregelter Schulunterricht stattgefunden.«

»Lass uns wieder in den Luftschutzkeller gehen«,

sagte Heinz, als Ilse und ihre Mutter aus unserem Blickfeld verschwunden waren. »Vielleicht hören wir dort was Neues.«

Ich hatte nichts dagegen. Es war besser, etwas zu tun, als über das Leben in Kriegszeiten zu sinnieren.

Um den 20. April 1945 · Die Ausbombung

Frau Neumann wohnte im ersten Wohnblock im Parterre. Sie hatte eine Tochter, Lotte, und einen Sohn, Armin. Lotte war ein paar Monate älter als ich, Armin vielleicht ein Jahr jünger als Heinz; oft spielten wir miteinander. Wieder einmal klingelten wir bei den Neumanns, um zu schauen, ob wir etwas zusammen machen könnten. Lotte öffnete die Tür. Sie trug jetzt wie viele junge Mädchen eine Art Trainingshose, die unten einen Gummizug hatte. Früher sah ich diese Hosen nur bei Jungen. Aber je weiter der Krieg fortschritt, umso öfter zogen auch Frauen diese praktische Kleidung an.

»Armin tauscht gerade mit Siegfried Granatsplitter«, sagte sie. »Aber kommt doch rein.«

»Dieser glitzert richtig silbrig, wie Achat, und seine tollen zackigen Kanten sind extrem scharf«, hörten wir Armin seinen Besitz anpreisen. »Wenn ich dafür die beiden kleinen erhalte, die aussehen wie eine Blume und ein Fisch, dann können wir ins Geschäft kommen. Oder du gibst mir einen von deinen klumpigen Bombensplittern.«

Siegfried schien mit dem letzten Vorschlag einverstanden zu sein, denn er schob beim Hereinkommen in Armins Kinderzimmer einen schweren und porösen Bombensplitter in der Form einer ausgehöhlten Schrippe in Richtung des Zimmerbewohners.

»Der ist bestimmt von einer Zehntonner-Bombe«, bemerkte Heinz mit kennerhaftem Blick.

Ich schaute meinen Bruder durchdringend an. Wusste er es tatsächlich, oder wollte er uns Mädchen nur beeindrucken, indem er vorgab, genau Bescheid zu wissen? Ich konnte aber an seinem Gesicht nicht ablesen, ob er mir und Lotte etwas vorflunkerte.

»Tagchen«, begrüßte uns Armin.

»Heinz, hol doch auch deine Granatsplitter!«, forderte Siegfried meinen Bruder auf.

Heinz bewahrte seine Sammlung von Granatsplittern in einer großen Holzkiste auf. Oft genug hatte ich gesehen, wie er sich aus der Bodendachluke mit einem Besenstiel hinaushängte, an dem unten ein Magnet befestigt war. Auf diese Weise konnte er die Regenrinne nach den begehrten Tauschobjekten absuchen. Doch in der letzten Zeit schien mein Bruder das Interesse an diesem Spiel verloren zu haben. Ich verstand ihn: Je mehr wir begriffen, was der Krieg bedeutete, umso seltsamer erschien uns dieses Tun. Wir waren verrückte Kinder in einer verrückten Welt. Statt mit Puppen, Ritterburgen oder Eisenbahnen zu spielen, sammelten wir Bomben- und Granatsplitter. Dass dies Gegenstände waren, die in ihrer ursprünglichen Form den Tod brachten, darüber machten wir uns keine Gedanken. Je älter ich werde, umso irrsinniger kommt mir die damalige Zeit vor.

»Ich hätte mehr Lust auf Schummeln«, sagte Heinz.

»Lieber Schlesische Lotterie!«, fuhr Lotte dazwischen.

Es gab keinen Widerspruch, obwohl die Jungs eigentlich nie einen Vorschlag von uns Mädchen akzeptierten. Schlesische Lotterie war ein verbotenes Kartenspiel, ein Glücksspiel, weil man dabei eigentlich Geld einsetzen musste. Wir nahmen meist Knöpfe, um unsere Schulden zu bezahlen.

Mitten im Spiel wurde heftig gegen die Wohnungstür gehämmert.

»Unsere Mutter ist nicht da«, sagte Lotte leise. »Was machen wir bloß?«

Heinz versteckte sich sofort in Armins Kleiderschrank, er war sechzehn geworden, ohne dass er sich bei der Wehrdiensterfassungsstelle gemeldet hatte. Das Klopfen klang so autoritär, es konnte eine Feldstreife sein. Armin ging nach einigem Zögern an die Tür und kam mit einem kreidebleichen Gesicht zurück.

»Es sind die Russen«, stammelte er.

Erschrocken sprangen wir auf und flüchteten kopflos unter Betten oder hinter Vorhänge. Später fiel mir zu dieser Szene das Märchen vom bösen Wolf und den sieben Geißlein ein.

»Was ist denn mit euch los?«, sagte einer der beiden Männer, die den Korridor betreten hatten.

Als wir die Stimme hörten, waren wir etwas erleichtert. Der Soldat hatte in unserer Sprache gesprochen, doch mit einem seltsamen Dialekt.

»Ihr braucht keine Angst zu haben«, sagte der andere Soldat, dessen Uniform völlig verschmutzt war. »Wir sind ganz harmlos.«

»Wer seid ihr?«, fragte ich vorsichtig und schaute hinter einer Gardine hervor. »Ich kenne eure Uniformen nicht.«

Bislang hatte ich auf den Straßen nur Landser gesehen, die einen ganz normalen Stahlhelm trugen. Diese Soldaten hier aber hatten einen auf dem Kopf, der weniger abgerundet war und keinen Rand hatte. Er ähnelte damit den Helmen der Russen, das erkannte ich sofort. Kein Wunder, dass Armin die beiden Soldaten für Rotarmisten gehalten hatte.

»Wir sind Fallschirmjäger«, antwortete der ältere von den beiden, der auch als Erster gesprochen hatte. »Ich bin der Alfred und mein Kamerad heißt Rudi.«

»Woher kommt ihr?«, fragte ich. »Ihr könnt keine Sachsen oder Bayern sein. Deren Dialekt kenne ich.«

»Wir sind Schwaben.«

»Und gehören einer versprengten Truppe an«, meldete sich nun Rudi zu Wort. »Wir sind von einer anderen Einheit kassiert worden, die hier in dieser Straße gerade Stellung bezieht und für die Nacht ein Quartier sucht.«

»Das will ich sehen«, sagte Armin und stürzte zur Tür hinaus, wir vier anderen hinterher.

»Du bleibst am besten hier«, sagte Alfred und hielt Heinz zurück, der sich aus dem Schrank hervorgewagt hatte. »Sonst wirst du auch noch kassiert.«

Draußen blieb ich verwirrt stehen. Vor dem Haus standen Panzerspähwagen, Motorräder, mit Munition beladene LKWs und Panzerabwehrkanonen. Dazwischen waren Soldaten damit beschäftigt, sämtliche Fahrzeuge mit Tarnnetzen zu bedecken. Bald sah es bei uns aus wie in einem dichten Dschungel. Sogar auf dem Gelände der Kohlenhandlung Karschunke, die sich kurz vor dem Durchgang zur Großbeerenstraße befand, hatten sich Militärfahrzeuge postiert. Ich entdeckte auch einige Offiziere, die einen Ledermantel und Mützen trugen. Einer von ihnen sprach gerade in den Hörer eines Feldtelefons. In meiner Neugier näherte ich mich dem Mann. Vielleicht telefonierte er ja mit Hitler, und ich konnte in Erfahrung bringen, wie es weitergehen würde und was wir machen sollten.

»Komm, weg da«, scheuchte er mich mit einer eindeutigen Handgeste davon.

Die größte Aufmerksamkeit aber erhielt die Feldküche auf Rädern, die sich mit ihrem riesengroßen dampfenden Kessel in unserem Hausflur eingerichtet hatte. Ein wunderbarer Geruch stieg aus der »Gulaschkanone« auf.

»Die Suppe ist heiß«, sagte der Koch, und in kürzester Zeit war er von einer Schar von Kindern umringt, die ihm Schüsseln, Kochtöpfe und Milchkannen entgegenhielten. »Mein Gott, wo kommen denn bloß all die Kinder her? Ich dachte, ihr seid evakuiert?« Verwundert schüttelte der Suppenverteiler seinen dicken, runden Kopf.

Heinz und ich holten einen Kochtopf aus unserer Wohnung und ließen uns ebenfalls dicke Nudelsuppe einfüllen.

»Ihr sollt euch mal richtig satt essen«, lachte der Koch auf seinem Trittbrett und hatte für jedes Kind ein paar nette Worte übrig.

Nun kamen auch die Erwachsenen zu uns. Wir waren ausgelassen und fröhlich, als gäbe es kein Geschützgrummeln in der Ferne und keinen Brandgeruch, der von ausgebombten Häusern herüberwehte und die Schleimhäute zum Husten reizte. Für ein paar wenige Stunden war der Krieg etwas weggerückt.

Bei jeder Familie in unserem Haus und in den Nachbarhäusern wurden Soldaten einquartiert. Rudi und Alfred zogen bei uns ein. In dem Moment, als Gerda und Rudi sich gegenüberstanden, hörten wir anderen auf, für die beiden zu existieren. In meinen Büchern hatte ich schon mal davon gelesen, von der Liebe auf den ersten Blick. Hier schien sich etwas Derartiges ereignet zu haben. Ohne dass ein Wort darüber fiel, ließen wir das Paar in Ruhe.

Ich konnte Gerda aber verstehen. Rudi war sehr fesch, mittelgroß, mit kurz geschnittenen blonden Haaren, die als schicke Welle nach vorne fielen, wenn er den Helm abnahm. Eine richtige Schmalztolle war das. Auch lachte er gern und oft, was ihn sehr sympathisch machte. Ich hingegen suchte ständig die Nähe von Alfred. Er war größer als ich und älter als meine Mutter, die mittelblonden Haare waren immer ein wenig strubbelig. Seine Nähe vermittelte mir das Gefühl der Sicherheit. Seine Stimme klang nie aufgeregt, seine Hände griffen immer fest zu, egal was er anpackte. Für mich war er wie ein Vater, an den ich mich kaum erinnern konnte und den ich schmerzlich vermisste.

Meine Mutter Walli Weiße, geborene Wilke, nahm 1927 mit achtzehn Jahren bei einem jüdischen Anwalt und Notar in der Schlesischen Straße eine Stellung an. Bald stellte sich aber heraus, dass die Aufgaben meiner Mutter sich nicht nur auf Küche und Haushalt bezogen. Je nach Lust und Laune ihres Dienstherrn hatte sie ihm auch im Schlafzimmer zur Verfügung zu stehen. Ihre Proteste brachte er damit zum Schweigen, dass er ihr drohte, sie wegen Diebstahls anzuzeigen, würde sie jemals etwas gegenüber seiner Frau, den

Nachbarn oder anderen Personen über die »Vorfälle« verlautbaren lassen. Da meine Mutter seit ihrem neunten Lebensjahr eine Vollwaise war – ihre Mutter verbrannte 1917 in einer Munitionsfabrik, kurz darauf fiel ihr Vater in Russland –, konnte sie ihr Leid niemandem anvertrauen.

Als sie dann mit Heinz schwanger wurde, »besorgte« ihr der Anwalt einen Ehemann. Friedrich Weiße hieß er und war Kommunist. Friedrich Weiße nahm Heinz als Sohn an, anderthalb Jahre später gebar sie ihm eine Tochter – mich. Stellte ich Fragen nach meinem Vater, wurden sie von meiner Mutter nur ausweichend beantwortet.

»Er existiert nicht mehr für uns«, sagte sie dann. »Vergiss ihn.« Und ich traute mich nicht, weitere Fragen zu stellen.

Das war schon deshalb nicht so leicht, weil ich in der Schule einen »Stammbaum« nachweisen musste. Nie hatte ich zuvor von einem solchen gehört, außer bei Hunden, und nun sollte ich plötzlich einen über meine Familie aufstellen, mit Ahnen, die möglichst arischer Abstammung waren, was immer das heißen sollte. Viele meiner Mitschülerinnen konnten Stammbäume aufweisen, dass man neidisch werden konnte, mit zahlreichen Ästen und Zweigen. Mein Stammbaum reichte dagegen nur bis zu den Großeltern.

Ich kam 1930 zur Welt, und kurz nach der Machtübernahme der Nationalsozialisten geriet mein Vater wegen seiner politischen Ansichten ständig in Schwierigkeiten. Anfangs boxte ihn der Anwalt immer wieder raus, als aber meine Mutter ihn 1937 erneut aufsuchen wollte, in der Hoffnung, er könne etwas für sie tun hinsichtlich der von der Behörde nahe gelegten Scheidung, gab es die Kanzlei nicht mehr. Die Ehe meiner Mutter wurde 1937 geschieden, Heinz blieb der eheliche Sohn meines Vaters. Seitdem hatten wir nie wieder etwas von ihm gehört.

»Lassen wir Gerda und Rudi allein«, sagte meine Mutter in meine Tagträumereien hinein. »Gehen wir zurück zur Gulaschkanone. Dort ist es schön warm.«

Wir setzten uns zu den Nachbarn auf die Treppenstufen und lauschten den Gesprächen der Erwachsenen, die wie immer von der Zeit »danach« redeten und wie es sein würde, wenn erst alles vorbei sei.

»Es kann ja nun nicht mehr lange dauern«, sagte Frau Neumann.

»Die Amis sollen bereits in Aachen sein und die Engländer in Magdeburg«, wusste Herr Johannsen zu berichten. »Wer weiß, vielleicht sind sie schon in einigen Stunden in Berlin.«

»Vielleicht ist morgen alles vorbei«, seufzte meine Mutter.

»Und wenn alles vorbei ist, sehen wir uns bestimmt wieder«, sagte Alfred in seinem schwäbischen Dialekt. Er hatte uns in der Zwischenzeit erzählt, dass er aus Künzelsau stamme, einem Ort bei Stuttgart.

Ich mochte diese Gespräche. So konnte ich davon träumen, dass wir nicht mehr in den Keller mussten, es gab keinen Alarm mehr und wir konnten wieder in Ruhe schlafen. Was gab es Schöneres, als wieder auf die Straße gehen zu können, ohne die Angst, von einem Geschosssplitter durchbohrt zu werden. Lieber Gott, betete ich, lass die Engländer kommen, lass doch bitte bald morgen sein. Die Engländer sind zwar Feinde, aber es sind faire Feinde, das hatte Rektor Borchardt zu uns gesagt.

Plötzlich erhob Alfred in dem allgemeinen Gerede die Hand.

»Pst! Ich höre etwas«, sagte er leise.

Ein einzelnes Flugzeug kreiste irgendwo über uns. Ich erkannte an dem Motorengeräusch, dass es kein Bomber war.

»Nur ein Aufklärer«, meinte Heinz.

Alfred sah das nicht so.

»Haben die uns entdeckt, trotz der Tarnung?« Alfred sprach mehr zu sich selbst als zu uns.

Auch als das Motorengeräusch längst verklungen war, wollte kein richtiges Gespräch mehr aufkommen.

»Los!«, entschied Alfred. »Wir gehen runter in den Keller.«

Keiner widersetzte sich seiner Anordnung. Ich lief die Treppen nach oben, um Gerda und Rudi Bescheid zu geben. Sie saßen Händchen haltend am Küchentisch, sprangen aber sofort auf, als ich ihnen sagte, sie sollten besser in den Luftschutzkeller gehen.

Aus unserer ehemaligen Waschküche war im Laufe der letzten Woche eine Art Gemeinschaftswohnung geworden, mit weiteren Möbeln und noch mehr Vorräten sowie Matratzen. In einem kleinen Schränkchen hatten wir eine Thermoskanne deponiert, eine Dose mit Kunsthonig, eine Tüte mit Erbsen, eine weitere mit Mehl, Brot in einer Büchse und eine orangefarbene Butterdose, in der wir schon lange keine Butter mehr aufbewahrten, sondern höchstens Margarine. Nie war es passiert, dass einer dem anderen etwas weggenommen hatte. Es gab ja keine goldenen und keine silbernen Erbsen, alles war Einheitsware.

Mithilfe einer Kommode und einer Wolldecke, die an einem Besenstiel von der Decke hing, hatten Herr Johannsen und Frau Zemcke eine Nische hergerichtet, hinter der ein Toiletteneimer stand, richtig mit Sitz und Brille. Daneben stand ein Kanister mit einer übel riechenden Flüssigkeit zur Desinfektion. Zwei Petroleumlampen, die einen fast ebenso furchtbaren Geruch verströmten, erhellten den Raum nur spärlich und malten groteske Schatten an die Wände.

Gewöhnlich empfand ich nichts Besonderes, wenn ich den Luftschutzkeller betrat – es war längst zu einer lästigen Gewohnheit geworden –, heute kam er mir allerdings unheimlich vor. Einige Soldaten lagen schlafend an der Wand, Muttchen Korn und Frau Walther saßen auf ihrem Sofa, wie immer mit einer Handarbeit beschäftigt. Sie gingen kaum noch in ihre Wohnungen hinauf, zu oft kamen die Bomber, zu beschwerlich war ihnen das ständige Treppensteigen.

Meine Mutter setzte sich auf einen Stuhl, Alfred auf seinen Stahlhelm, mit dem Rücken gegen ihre Knie. Er sah sehr ernst aus, seine Gesichtsfurchen schienen noch stärker geworden zu sein. Meine Mutter hielt eine Zigarette in der Hand und rauchte sie mit ihm im Wechsel.

Ich hatte neben meiner Mutter auf einem Fußschemel Platz genommen. Die Jungen, die sich am Anfang noch gegenseitig von einer Matratze schubsten, hörten langsam damit auf. Gerda und Rudi hatten sich unseren Blicken entzogen Sie hielten sich hinter einem der breiten Stützpfeiler nahe dem Ausgang auf.

Niemand von uns sprach ein Wort, die Zeit schien stillzustehen. Von außen hörte man gedämpfte Geräusche, ein Zeichen, dass die Luftschutztür zum Lüften offen stand. Im Keller waren nur das überlaute Ticken eines altmodischen Weckers auf der Kommode und das Klappern der Stricknadeln zu hören.

Plötzlich lauschten wir alle einem anderen Geräusch. Es klang wie das Rattern einer Mähmaschine. Jeder von uns kannte dieses Geräusch. Es wurde verursacht von einem russischen Bomber, von dem man sagte, dass er nur eine einzige Bombe an Bord tragen könne. Instinktiv wusste ich – jetzt passiert es.

»Achtung«, hörte ich Alfred sagen.

Es war, als hielte man einen Film an. Keine Stricknadeln, kein Flüstern war zu hören, nur das Klopfen meines Herzens.

Ein nervtötendes Pfeifen durchzog die Luft, ich steckte den Kopf zwischen die Knie, presste beide Hände auf die Ohren und hielt den Atem an. Es folgten ein, zwei Sekunden absolute Stille, dann riss eine Explosion die Welt aus den Angeln. Alles um mich schwankte wie ein Kahn bei hohem Wellengang.

Als ich den Kopf wieder hob, atmete ich eine Wolke Kalkstaub ein, spürte etwas wie Hagel auf mich niederprasseln und glaubte, ich sei blind. Dabei waren nur die Petroleumlampen ausgegangen und hatten den Keller in eine große Finsternis getaucht. Gerade als ich anfangen wollte zu schreien, vernahm ich Alfreds ruhige Stimme.

»Keine Panik! Nur keine Panik«, sagte er, obwohl wir keinen Mucks von uns gaben. »Hat jemand eine Kerze in Reichweite?«

Alfred zündete ein Streichholz an und in dessen Schein sah ich sein Gesicht. Da war alles wieder in Ordnung. Der Film lief weiter. Aus verschiedenen Richtungen wurden nun Kerzen gereicht. Kerzen, Streichhölzer und Verbandszeug waren etwas, das jeder griffbereit im Luftschutzbunker bei sich haben musste. Herr Johannsen hatte das oft genug kontrolliert.

Während ich noch den Mörtel von mir abklopfte, stiegen Alfred und zwei seiner Kameraden über Schutt und zerbrochene Gegenstände in den vorderen Teil des Kellers.

»Verdammt«, sagte Alfred.

»Der Ausgang ist total verschüttet«, gab einer der Soldaten zu verstehen.

»Die Sicherheitstür ist mitsamt dem Mauerwerk herausgerissen worden und hat einen der Stützpfeiler wie ein Streichholz geknickt«, kommentierte der zweite Soldat.

»Verdammt! Verdammt!« Das war wieder Alfred.

Es dauerte eine Weile, bis ich begriff, dass Gerda und Rudi unter dem Beton und der schweren eisernen Tür liegen mussten. Nein, bitte nicht, dachte ich. Die beiden hatten sich doch gerade erst gefunden.

Keiner von uns sprach. Die drei Männer versuchten mit bloßen Händen, Gerda und Rudi auszugraben. Aber weil immer mehr Geröll nachrutschte, hörten sie nach einer Weile mit ihren Bemühungen auf.

»Das dürft ihr nicht«, schrie ich fast. »Sie werden noch ersticken. Holt sie raus!«

»Die Luft hier unten wird sowieso knapp«, sagte Alfred. »Wir müssen an unser eigenes Überleben denken.«

Mit keinem Wort erwähnte Alfred, dass es für Gerda und Rudi zu spät war. Aber seine tonlosen Worten sagten genug.

Binden und Pflaster wurden nun zusammengetragen, sie reichten gerade aus, um uns alle zu verarzten. Jeder von uns hatte etwas abbekommen. Heinz stand nach dem Angriff für einige Augenblicke regungslos da, die Hände vor Schreck an den Körper gepresst. Seine Nase blutete stark, da ein länglicher Glassplitter in ihr steckte. Wahrscheinlich kam dieser von der zerborstenen Kellerfensterscheibe. Jetzt war Frau Johannsen dabei, die nur ein paar Schürfwunden davongetragen hatte, ihn vorsichtig zu entfernen und das heraussprudelnde Blut mit Gaze abzutupfen. Meine Mutter hatte es am schlimmsten erwischt. Die Kuppe ihres rechten Zeigefingers war fast abgetrennt, ein Mauerbrocken war ihr auf den Fuß gefallen und sie konnte kaum noch etwas hören. Ich selbst blutete im Nacken.

»Können Sie mir nicht die Zöpfe abschneiden?«, fragte ich den Soldaten, der dabei war, mir mit seinem Messer den Nacken zu rasieren, um die Wunde besser behandeln zu können. Jetzt war doch die Gelegenheit gekommen, endlich meine hinderlichen Zöpfe loszuwerden.

»Die lass mal schön dran«, antwortete der Soldat.

»Die Wunde muss genäht werden«, sagte Alfred, der in diesem Moment nach mir schaute.

Ich war froh, dass niemand mit Faden und Nadel in der Nähe war. Auch später wurde sie nicht genäht. Die Narbe ist noch heute sichtbar.

Die Soldaten, Alfred und Herr Johannsen griffen zu

Äxten, Hacken und Schaufeln und machten sich daran, den Notausgang frei zu räumen und zu durchbrechen. Dahinter müsste sich, so erinnerte ich es jedenfalls, ein langer, schmaler Gang befinden, der zum Luftschutzkeller des Saarlandtheaters führte.

»Das ist ja alles furchtbar«, jammerte Frau Gäbert mit ihrer heiseren Stimme.

»Nur noch das Nötigste reden«, sagte Alfred. »Die Luft muss reichen, bis wir hier raus sind.«

Keiner wechselte mehr ein Wort. Die Äxte dröhnten, dass ich dachte, mein Trommelfell würde platzen. Frau Walther und Muttchen Korn saßen auf dem Sofa und beteten. Der weiße Mörtelstaub und der immer noch herabrieselnde Kalk, von dem sie überzogen wurden, ließen sie wie Geister aussehen. Hätte Muttchen Korn nicht ihre dicke Pferdedecke um die Schultern gelegt, wer weiß, ob sie nicht auch von einem Scheibensplitter durchbohrt worden wäre.

»So, durch dieses Loch sollten wir alle passen«, strahlte Herr Johannsen in das angespannte Schweigen hinein. Sein Gesicht war schweißnass und schmutzig.

Dicht drängten wir uns nun um die Öffnung. In diesem Moment fiel die zarte Frau Walther in Ohnmacht und mir direkt vor die Füße. Glücklicherweise hatte Frau Schöndienst ihr Eau de Cologne dabei und hielt es der Regungslosen unter die Nase. Langsam kam sie wieder zu Bewusstsein.

Frau Johannsen und Sonjas Mutter, die eine Taschenlampe bei sich trug, hatten sich schon durch das enge Loch gezwängt. Ich folgte den beiden Frauen und streckte eine Hand durch den Durchbruch, um meiner verletzten Mutter zu helfen.

Der Gang roch modrig und war sehr eng. Auf der einen Seite standen Kisten, Koffer, Wäschekörbe und Kinderwagen – natürlich verbotenerweise. Es war nicht erlaubt, Fluchtwege durch abgestellte Gegenstände zu versperren. Eine Tür, die normalerweise in das Treppenhaus des Vorderhauses geführt hätte, ließ sich nicht öffnen. So heftig wie wir auch dagegenhämmerten, es geschah nichts.

»Auch verschüttet«, sagte Frau Zemcke, die ihre völlig verängstigte Tochter Friede an der Hand hielt.

»Hoffentlich liegt keiner dahinter und braucht Hilfe.« Frau Johannsen ging betrübt weiter den Gang entlang.

Schließlich erreichten wir einen kleinen Raum, in dem sich fast bis an die Decke braune Kartons stapelten. Es waren alles Leibniz-Kekse von Bahlsen.

»Wer die wohl gehortet hat?«, fragte ich, ohne eine Antwort zu erwarten.

»Verhungern werden wir jedenfalls nicht«, bemerkte Heinz lakonisch, der uns eingeholt hatte, »eher verdursten. Mein Hals ist so rau und trocken von dem Mörtel, dass ich kaum noch schlucken kann.«

Alfred studierte noch einmal den Lageplan, den er bei dem Verbandszeug und der Kiste mit den Werkzeugen gefunden hatte. Dabei half ihm die Mutter der kleinen Sonja – die übrigens immer noch fest schlief –, indem sie das Licht der Taschenlampe auf den Grundriss der umliegenden Häuser hielt. Viele unterirdische Wege waren darauf verzeichnet, sogar solche, die zu einem Hauskeller in der Großbeerenstraße führten.

»Wir müssen einen weiteren Durchbruch finden«, konstatierte Alfred.

»Seid mal alle still!«, sagte plötzlich einer der Soldaten.

Er fing an, mit einem Hammer gegen eine Wand zu klopfen. Die anderen Männer folgten ihm in seinem Tun. Immer wieder legten sie eine Pause ein, um angestrengt auf eine Reaktion von der anderen Seite zu lauschen. Nichts. Sie klopften weiter. Wieder vernahmen sie keinen Ton, bis sie ein Klopfgeräusch hörten. Endlich eine Antwort!

Ehe die zweite Öffnung freigelegt war, dauerte es noch eine Weile. Es herrschte helle Aufregung, als wir Nachbarn aus dem Luftschutzkeller des Saarlandtheaters gegenüberstanden. Die Frauen weinten und umarmten sich. Nur durch Zufall habe man unsere Klopfgeräusche gehört, teilte man uns mit. Sie waren davon ausgegangen, dass sie von Verschütteten kommen mussten, die sie nicht kennen konnten, da wir ihrer Meinung nach in unserem Luftschutzkeller festsaßen.

Als wir durch das unzerstört gebliebene Theaterfoyer auf die breite Saarlandstraße traten, liefen wir schnell zu unserem Wohnhaus zurück. Was war geschehen? Vor Entsetzen bekam ich kaum Luft. Zielgenau hatte eine Bombe unser Haus zerstört. Nur ein kleiner Trümmerhaufen war von ihm übrig geblieben. Das Nebenhaus hatte keine Fassade mehr, sodass man in die Wohnungen hineinsehen konnte wie bei einer Puppenstube. Nur handelte es sich hierbei um kein Spielzeug. In einem der Zimmer war in dem Fußboden eine Senke entstanden und zwei nebeneinander stehende Betten waren nach vorne gerutscht. Sie drohten, jeden Augenblick abzustürzen.

Einige der Militärfahrzeuge konnte ich erkennen, ihre Tarnnetze hingen in Fetzen herunter.

Am deutlichsten erinnere ich mich noch heute an einen Toten, der zusammengesunken neben einem Fahrzeug saß. Vor ihm baumelte an der Wagentür ein Spiegel. Nicht den geringsten Sprung konnte ich bei diesem entdecken. Die untere Hälfte des Gesichts war bei dem Toten mit getrockneter Rasierseife bedeckt. In der rechten Hand hielt er einen Rasierpinsel, mit der linken stützte er sich auf die Erde, als wolle er gerade aufstehen und davonlaufen. Keine Wunde konnte ich entdecken. Mir erschien der Tod dieses Soldaten seltsam. Aber ich konnte auch niemanden fragen, da alle beschäftigt waren.

Derselbe Tag · Trümmerkinder

Niemand achtete auf mich, als ich verloren in dem Chaos umherwanderte. Jeder war damit beschäftigt, sich um die Verletzten zu kümmern. Für die Toten hatte man noch keine Zeit. Ich empfand weder Trauer noch Verzweiflung oder Angst. Nur eine immense Einsamkeit, die mich frösteln ließ. Nicht einmal weinen konnte ich, so tief war ich am Abgrund angelangt.

Ich kletterte in meiner Verlassenheit auf den Trümmerberg. Warum, das kann ich nicht sagen. War es Gedankenlosigkeit? Vielleicht suchte ich nach etwas. Ich stieg über Mauerbrocken und herausragende Balken und versuchte mir vorzustellen, wo ungefähr sich unsere Wohnung befunden hatte. Ob ich meine Puppe mit den Klappaugen und den goldblonden Locken finden würde? Sie hatte mich in meiner Kindheit begleitet, und seitdem ich zwölf Jahre alt war, saß sie zusammen mit einer zerfransten Stoffkatze auf meinem Bett.

Da! Etwas Metallenes schaute aus den Trümmern heraus. Es war die Kufe eines Schlittschuhs und tatsächlich war es mein eigner. Ich erkannte ihn an einer defekten Klammer. Vorsichtig zog ich ihn aus den Steinbrocken heraus; er war völlig verbogen. Ich hatte die Schlittschuhe vergangenes Jahr geschenkt bekommen, aber nie Zeit gefunden, sie in diesem Winter auszuprobieren. Zu viele Kriegsdienste mussten absolviert werden.

In diesem Augenblick dachte ich daran, dass ich sie nun nie mehr würde ausprobieren können. Tränen stiegen plötzlich in mir hoch, sie brachen wie ein Schwall aus mir heraus. Nicht ein Toter brachte mich zum Weinen, sondern ein nutzlos gewordener Schlittschuh.

Hektisch suchte ich nach dem zweiten Schlittschuh, fand ihn jedoch nicht. Stattdessen aber eine kleine weiße Bohne, die geborgen in einer Mauerritze lag. Ich konnte es nicht fassen. Ein dreistöckiges Haus war zusammengestürzt und oben auf den Trümmern lag eine winzige Bohne, die eigentlich in den Kessel der Feldküche gehörte. Der freundliche Koch hatte sie vor Stunden dort zum Einweichen in viele Liter Wasser hineingeschüttet.

Plötzlich kicherte ich wie eine Irre. War ich übergeschnappt? Ich suchte wie besessen nach weiteren Bohnen, zog Mauersteine heraus, grub mit den Händen in jeder Spalte herum und achtete nicht auf abgebrochene Fingernägel oder blutig aufgerissene Knöchel. Mein einziger Gedanke war, an die Bohnen zu gelangen. Wären sie aus purem Gold gewesen, ich hätte meine Verrücktheit besser verstehen können. Aber es waren nur schlichte weiße Bohnen.

Mein Suchen hatte Erfolg. Immer wieder entdeckte ich in einer Ritze eine Bohne. Manche waren schwarz und verkohlt, als hätten sie im Feuer gelegen, andere waren nass, glitschig und aufgequollen, sodass sie mir aus der Hand fielen. Alle Bohnen, die ich aufsammeln konnte, steckte ich in meine große Rocktasche. Insgesamt waren es zwei Hände voll.

Plötzlich schien jemand zu mir zu sprechen. Vorsichtig schaute ich mich um, konnte aber keinen Menschen in meiner Nähe entdecken. Sprach vielleicht Gott zu mir? Oder die Seelen von Gerda und Rudi? Riefen sie etwa nach mir? Ich stand ja in einem gewissen Sinn auf ihren Gräbern. Alle übersinnlichen Geschichten, von denen ich je im Leben gehört oder gelesen hatte, fielen mir in diesem Augenblick ein. Eine Gänsehaut überzog mich.

Da war sie wieder, diese Stimme. Nein, es waren sogar zwei, zwei ganz unterschiedliche Stimmen. Ich lauschte ihnen, während ich weiter in meiner Hockstellung auf dem Trümmerberg verharrte. Doch sie schienen nun nicht mehr mit mir reden zu wollen. Erleichtert wollte ich mich erheben und den Trümmerberg verlassen. Er war mir hier zu unheimlich geworden, ich hatte genug von mysteriösen Gesprächen. Aber es ging nicht.

»Edgar, wo bist du?«

»Hier, Käthe. Ich höre dich. Komme aber hier nicht raus. Bin eingeklemmt. Mit meinem einen Bein schaffe ich es nicht, mich aus den Trümmern zu befreien. Aber was ist mit Mario?«

»Das Baby ist bei mir.«

»Gott sei Dank!«

»Aber er bewegt sich nicht. Ich habe Angst, Edgar.«

»Rühr dich nicht, sonst stürzt vielleicht noch etwas ein. Es wird uns bestimmt bald jemand hier rausholen.«

»Wir müssen um Hilfe rufen, damit uns die Soldaten hören.«

»Hilfe! Hilfe!«

Laut und deutlich vernahm ich die Worte. Jetzt hörte ich auch Klopfgeräusche, bei denen ein Stein gegen einen anderen geschlagen wurde.

»Hilfe! Hilfe«, schrie auch ich aus Leibeskräften. Ich schrie so lange, bis Alfred mit einigen Soldaten bei mir war.

»Was ist los, Motte?«, fragte er besorgt.

»Da unten, ich höre sie. Geister sind es«, stammelte ich und deutete mit meinem Zeigefinger in die Tiefe des Trümmerbergs. »Sie unterhalten sich.«

»Das sind keine Geister«, versuchte mich Alfred zu beruhigen. »Bestimmt sind es Nachbarn, die durch den Einschlag verschüttet worden sind. Wahrscheinlich sind sie in ihrer Wohnung geblieben und nicht in einen Luftschutzkeller gegangen.«

Langsam führte mich Alfred den Berg hinunter. Meine Mutter drückte mich sofort an sich.

»Du hättest dich sehen müssen«, sagte sie. »Ich habe gedacht, du seiest übergeschnappt. Konntest gar nicht mehr aufhören, um Hilfe zu rufen.«

Mir selbst war das nicht bewusst.

»Guck mal, Mutti, ich habe hier ganz viele Bohnen.«

Normal war das nicht, wie ich mich verhielt.

Alfred stand schon wieder bei den anderen Soldaten, um nach den Verschütteten zu suchen. Sie hatten angefangen, Steine und Holzbalken beiseite zu räumen. Ich schaute dem Geschehen zu, nun aus sicherer Entfernung, schaute auf ihre präzisen Handgriffe und verfolgte ihre kurzen Kommandos.

»Halt mal den Balken!«

»Zieh das Brett weg!«

»Wir brauchen Decken!«

»Und einen Sanitäter!«

»Keine Angst!«

»Wir haben euch gleich.«

Gebannt verfolgte ich ihr Tun. Ohne es zu merken, stand plötzlich Alfred vor mir. Er trug etwas, das in einer Decke eingewickelt war.

»Kennst du es?«, fragte er.

»Das ist Mario«, sagte ich. »Das Baby von Frau Werner. Sie wohnt im Parterre.«

»Es muss in seinem Kinderbettchen gelegen haben, während die Zimmerdecke runterkam.«

Mario hatte ich gerade vor ein paar Tagen in seinem Kinderwagen spazieren gefahren. Sein Vater, Edgar Werner, war erst vor kurzem als Invalide aus dem Krieg heimgekehrt. Er hatte an der Ostfront ein Bein verloren.

»Lauf schnell mit dem Baby ins nächste Lazarett«, sagte Alfred. »Ich muss wieder auf den Trümmerberg.«

Als Alfred schon ein paar Schritte von mir entfernt war, drehte er sich noch einmal um.

»Hier, Motte, nimm meinen Helm. Er beruhigt.«

Ich ging auf Alfred zu und ließ mir von ihm seinen Stahlhelm auf den Kopf stülpen. Er passte aber erst, als er auch meine dicken Zöpfe darunter stopfte.

Das nächstgelegene Lazarett befand sich auf der anderen Seite des Landwehrkanals im Keller einer ehemaligen Berufsfachschule. Dazu musste ich von der Großbeerenstraße über die Großbeerenbrücke – eigentlich kein langer Weg, aber Sandsackbarrikaden und Panzersperren, bei denen ich vor Tagen noch mitgeholfen hatte, sie zu errichten, behinderten mich.

Selbst die Fußgängerdurchlässe waren mit Gerümpel und Stacheldraht versperrt worden. Hätte ich zwei freie Hände gehabt, wäre es für mich ein Leichtes gewesen, darüber zu klettern. Aber ich konnte nur die eine Hand benutzen, denn mit der anderen musste ich Mario festhalten. Ich verletzte mich am Draht, was mir aber nichts ausmachte. Hauptsache, das Baby wurde nicht von den rostigen Dornen zerkratzt.

Mit jedem Schritt wurde das Bündel schwerer. Ängstlich schaute ich auf das Kind, das eigenartige gurgelnde Geräusche von sich gab. Es hörte sich an, als hätte es einen Schnupfen und würde versuchen, durch die vollkommen verstopfte Nase zu atmen.

»Wir sind gleich da«, beruhigte ich Mario und mich dazu. »Hab keine Angst. Die Mutti kommt auch bald.«

An der Großbeerenbrücke hielt mich ein Posten auf.

»Du kannst hier nicht rüber«, sagte der Soldat. »Ein Sprengkommando ist unterwegs, um die Brücke zu sprengen.«

Erst als sich der Posten davon überzeugt hatte, dass ich ein verletztes Baby bei mir trug, durfte ich die Brücke passieren.

»Beeil dich!«, rief mir der Soldat noch nach. »Du willst ja sicher auch wieder zurück.«

Vor mir tauchten endlich die großen roten Kreuze auf weißen Fahnen auf, die das Gebäude als Lazarett kennzeichneten. Sämtliche Kellerräume der Schule waren zu einem Notlazarett umfunktioniert worden. Um zum Eingang zu gelangen musste ich einige Treppenstufen hinuntergehen. Mit dem Fuß stieß ich mehrmals gegen die eiserne Sicherheitstür, denn zum Öffnen der zwei Hebel hätte ich beide Hände gebraucht. Kurz darauf öffnete mir ein Volkssturmmann. Er trug eine dunkle Uniform und einen Mantel, eigentlich sah er aus wie ein Feuerwehrmann.

»Das Baby wurde aus Trümmern geborgen«, erklärte ich. »Es braucht dringend Hilfe.«

»Komm schnell rein«, sagte der Volkssturmmann und riegelte sofort die Tür ab, nachdem ich die Kellerräume betreten hatte.

Fast wäre ich in diesem Moment ohnmächtig geworden. Die Luft war extrem warm, feucht und stickig. Wie hielt es der Volkssturmmann bloß in dieser brütenden Hitze in seinem Mantel aus? Auch roch es penetrant nach Urin und Schweiß. Ich glaubte auch, den Geruch von Blut zu vernehmen. Blut im Gemisch mit Eiter und anderen entsetzlichen Dingen.

»Das Behandlungszimmer ist am anderen Ende des Kellers.« Zur Unterstützung seiner Worte wies der Volkssturmmann mit der Hand in die entsprechende Richtung.

Zu beiden Seiten des schmalen Gangs lagen oder saßen Verwundete auf der Erde, Soldaten, Zivilisten und Kinder. Ich versuchte, nicht auf die blutgetränkten Verbände zu schauen, nicht auf Zurufe oder das Stöhnen zu achten, niemandem auf die Hände oder Füße zu treten. Mit jedem Schritt, den ich tat, begannen mehr und mehr feurige Kreise vor meinen Augen zu tanzen.

Als sich irgendwo eine Tür öffnete, konnte ich nur noch grelles Licht und vage eine Gestalt in einem weißen Kittel ausmachen.

»Was ist denn los?«, hörte ich aus weiter Ferne eine ungeduldige Stimme.

In diesem Moment kroch eine eisige Kälte in mir hoch. Ich fiel, ohne dass ich es merkte. Glücklicherweise mit meinem Stahlhelm von Alfred.

Aus Filmen und Romanen weiß ich, dass die Heldinnen nach einer Ohnmacht hilflos um sich blicken und verwundert flüstern: »Wo bin ich?« Beim Aufwachen wusste ich sofort, wo ich war – ich lag auf einer Pritsche – und was ich an diesem Ort wollte. Mein erster Satz war: »Verzeihung, ich kann nichts dafür.«

»Mach dir keine Sorgen«, sagte eine junge Krankenschwester, die dabei war, mein linkes Bein mit Stoffstreifen zu verbinden. Richtige Binden hatte sie anscheinend nicht mehr.

Jetzt sah ich, dass meine langen Wollstrümpfe aufgerissen waren und eine große Wunde seitlich an der linken Wade blutete. Ich musste sie mir beim Überqueren der Stacheldrahtsperren zugezogen haben.

»Wo ist das Baby?«, fragte ich. »Wo ist Mario?«

Ich erhielt keine Antwort.

»Ich muss wissen, was mit dem Kind passiert ist!«, rief ich.

»Sei leise! Die Menschen hier haben Schweres durchgemacht«, sagte die Schwester. »Komm, steh auf!«

Sobald ich auf den Füßen stand, kümmerte sich die Schwester schon wieder um einen anderen Patienten. In unmittelbarer Nähe entdeckte ich einen Arzt in einem blutbefleckten Kittel, der vor einer hohen, mit einem rostbraunen Gummituch bedeckten Pritsche stand. Über seinem Kopf strahlte grell die Lampe, die ich noch kurz vor meiner Ohnmacht wahrgenommen hatte. Vielleicht wusste der Arzt, wo ich Mario finden konnte.

»Ich suche ein Baby«, sagte ich leise, nachdem ich an den Arzt herangetreten war.

Der Arzt machte einen Schritt zur Seite, und ich sah den kleinen nackten Körper von Mario auf dem Gummituch liegen. Das Gesicht war blaurot angelaufen, fast hatte es die Farbe von dunklem Flieder, aus Mund und Nase war rosa Schaum herausgetreten und die Augen waren halb geöffnet. Mario sah so tot aus wie all die anderen Gestorbenen, die ich gesehen hatte.

»Das Baby lebte doch eben noch! Nein, das darf nicht sein!« Ich schrie diese Worte, obwohl mich die Schwester gerade gebeten hatte, leise zu sein.

»Tut mir Leid«, sagte der Arzt und klopfte mir besänftigend auf die Schulter. »Wir konnten nichts mehr tun. Der Brustkorb und die Lunge sind bei der Verschüttung zerquetscht worden. Das nehme ich jedenfalls an.«

Fassungslos starrte ich auf das kleine Wesen, das ich noch vor wenigen Minuten in den Armen gehalten hatte. Meine Mutter hatte noch vor einer Woche gesagt, dass Mario jetzt ein halbes Jahr alt sei. Nun war dieser zarte Junge nicht mehr am Leben. Ich hatte ihm nicht helfen können. Oder doch?

»Und wenn ich früher gekommen wäre?«, fragte ich erschrocken.

»Selbst wenn du zehn Minuten eher hier gewesen wärst, an dem Schicksal des Babys hätte das nichts ändern können. Die inneren Verletzungen waren zu groß.«

Der Arzt begann nun, nach den Personalien des Kindes zu fragen: Name, Geburtsdatum, Adresse, Eltern. Ich beantwortete seine Fragen, soweit ich es konnte. Bei der Nennung der Saarlandstraße 29b geriet ich ins Stocken. Das Haus, das zu dieser Hausnummer gehörte, war ja fast vollkommen ausgelöscht.

»Du bist ganz bleich«, sagte der Arzt und übergab mir ein Formular. »Das ist der Totenschein. Verlier ihn nicht.«

Ich faltete das heftgroße Blatt Papier mechanisch zusammen, steckte es in meine Jackentasche und wollte den Raum so schnell wie möglich verlassen.

»Halt! Du hast etwas vergessen.«

Wie in Trance drehte ich mich um. Der Mann in dem schmutzigen weißen Kittel wickelte das tote Baby, seine Windel und den hellblauen Strampelanzug in die Decke ein. Anschließend hielt er mir das Bündel entgegen. Verständnislos schaute ich ihn an.

»Soll ich das tote Baby wieder mit nach Hause nehmen?«

»Das musst du«, erwiderte der Arzt. »Hier ist ein Lazarett und kein Friedhof.«

Ich nahm ihm das Bündel ab und stolperte zum Ausgang zurück. In der Zwischenzeit war es auf dem Gang noch voller geworden. Wann immer ich auftreten wollte, berührte ich etwas Weiches. Vor dem Ausgang stellte sich mir der Volkssturmmann in den Weg.

»Du kannst nicht nach draußen. Die Russen schießen bereits Angriff. Wenn du jetzt rausgehst, das wäre der reinste Selbstmord.«

Ich konnte nichts anderes tun, als mich mit dem leblosen Bündel zu den anderen Menschen auf den Boden zu setzen. Einige verwundete Frauen rückten noch näher zusammen, damit ich mich zwischen sie quetschen konnte. Ich lehnte mich gegen die Wand, schützte das tote Baby, indem ich es unter meine angezogenen Knie legte, und schloss meine Augen.

Ich öffnete sie erst, als heftig an die Eisentür geklopft wurde und ich kurze Zeit darauf eine mir wohl bekannte Stimme vernahm.

»Vorsicht! Diese Frau ist schwer verletzt.« Der Mann, der das sagte, war Alfred. Bei ihm war ein Soldat vom Trümmerberg. Jeder von ihnen hielt die Enden einer Trage, auf der Frau Werner gebettet war.

So weit es ging zog ich mir schnell den Rock über die Knie. Auf keinen Fall sollte Frau Werner ihr totes Kind zu Gesicht bekommen.

»Motte, wir sind gleich wieder zurück. Warte hier«, sagte Alfred, der mich im selben Moment gesehen hatte. Zum Glück stellte er keine weiteren Fragen nach Mario.

Mühsam bahnten sich die beiden Männer mit der Trage einen Weg durch die enge Gasse der Menschen. Seltsamerweise trug Alfred einen Stahlhelm. Wo hat er den her?, dachte ich. Seinen hatte doch ich auf dem Kopf? Schließlich verschwanden die Träger in der Tür zum Behandlungszimmer, ohne dass einer von ihnen gestolpert war.

Tatsächlich kamen die beiden Männer nach kurzer Zeit zu mir zurück. Weil es nicht mehr möglich war, sich auf den Boden zu setzen, hockten sie sich einfach dort hin, wo sie gerade standen.

»Was ist weiter zu Hause passiert?«, fragte ich.

»Zuerst haben wir Frau Werner aus den Trümmern geborgen. Wie es ausschaut, wird sie bald wieder gesund sein. Sie hat ein paar Abschürfungen erlitten. Nur war sie wieder in anderen Umständen und hat ihr Kind verloren«, sagte Alfred und strich sich mit dem linken Zeigefinger über die Oberlippe, als hätte er dort einen Bart, den er in Form bringen wollte. Diese Geste hatte ich schon mehrmals bei ihm beobachtet, und zwar immer dann, wenn er etwas Unangenehmes mitzuteilen hatte. »Ihrem Mann konnten wir nicht mehr helfen. Wir haben ihn tot aus den Trümmern gezogen.«

»Auch andere Nachbarn sind in den Trümmern gestorben«, bemerkte der Soldat, der sich als Hans vorstellte.

»Was ist mit Gerda und Rudi?«

»Nach den beiden wird noch gesucht.«

»Aber sag, Motte, wo ist das Baby?«

Traurig deutete ich unter meinen Rock.

»Es ist tot.«

»Zwei tote Kinder. Das ist ja furchtbar für die Frau Werner.«

In diesem Moment überlegte ich, was ich mit dem Totenschein anfangen sollte. Zurück ins Behandlungszimmer gehen und ihn Frau Werner überreichen? Ich konnte nicht lange weiter darüber nachdenken, die Entscheidung wurde mir abgenommen.

»Wollen wir aufbrechen?«, fragte Hans.

Alfred nickte.

»Soll ich im Lazarett bleiben?«

»Dich lassen wir nicht hier, Motte.«

Der Volkssturmmann erhob wieder seine Einwände, als wir das Lazarett verlassen wollten, aber Alfred ließ sich davon nicht abhalten.

»Wir haben draußen zu tun, Männekin. Also halt uns nicht auf.«

In der Zwischenzeit war es dunkel geworden. Nach der stickigen Hitze im Keller empfand ich die plötzliche Kälte als sehr unangenehm. Ich begann zu frieren und bibberte bald am ganzen Körper. Der Himmel war glutrot. Überall schrieben rote und weiße Leuchtspurgeschosse Nachrichten in den Himmel.

»Feind greift an«, deutete Alfred und blickte besorgt um sich.

Zu dieser Zeit flogen keine Bomber mehr über Kreuzberg, höchstens einzelne Maschinen mit Bordfeuerwaffen. Bomber hätten womöglich die eigenen Stellungen getroffen. Es gab auch keinen Flak-Beschuss mehr. Die feindlichen Maschinen flogen jetzt so niedrig, dass sie gezielt treffen konnten. Das war auch für Zivilisten auf der Straße sehr gefährlich.

»Hör mal, Motte, wenn wir gleich loslaufen, dann wirst du dich nicht ein einziges Mal umdrehen. Hast du verstanden?«

Ich nickte. Alfred reichte das offenbar nicht aus.

»Ganz egal, was geschieht, du drehst dich nicht um, du schaust nicht nach links oder rechts. Du läufst so schnell du kannst in die Saarlandstraße zu deiner Mutter. Ja?«

»Ja.«

»Los geht's.«

Alfred legte ein schnelles Tempo vor, das tote Baby hatte er wie ein Paket unter den Arm geklemmt. Kurz vor der Großbeerenbrücke kam uns keuchend der Brückenposten entgegen.

»Lauft weiter. Die Brücke geht gleich hoch«, rief er.

Wir rannten an der Brücke vorbei, der Posten in die Richtung, aus der wir gerade gekommen waren. Die Soldaten und Pioniere des Sprengkommandos setzten sich in ihre Fahrzeuge und fuhren auf der anderen Uferseite des Landwehrkanals zur nächsten Brücke.

Ich fror nicht mehr. Meine Beine bewegten sich wie die Kolben einer Maschine. Mit einem gewaltigen Knall flog die Großbeerenbrücke hinter uns in die Luft. Ich drehte mich nicht um, so wie ich es Alfred versprochen hatte. Drei Laufschritte einatmen, vier Laufschritte ausatmen. So hatte es uns Rektor Borchardt im Fach Leibesübungen beigebracht, darauf konzentrierte ich mich nun.

Wir liefen weiter am Kanal entlang, um die Brücke am Halleschen Tor zu erreichen. Das Sprengkommando war jedoch schneller als wir. Noch dreißig Meter. Noch zwanzig Meter.

Wieder schrie eine Stimme: »Halt!«

Alfred lief ohne zu zögern weiter. Gleich war er auf der Brücke. Hans und ich folgten ihm.

»Zurück! Oder ich schieße!«

Später mussten wir über den Befehl des Brückenpostens lachen. Sicher war es nur die Macht der Gewohnheit, die ihn diese Worte sagen ließ. Denn im Prinzip war es sinnlos, auf jemanden zu schießen, der sowieso gleich in die Luft fliegen würde.

Mitten auf der Brücke am Halleschen Tor war ich eigentlich mit meiner Kraft am Ende. Ich rannte nur noch, weil Alfred und Hans rannten. Schließlich erreichte ich dennoch das andere Ende der Brücke und die Belle-Alliance-Straße, heute Mehringdamm.

»Deckung!«, rief Alfred und stieß mich derart heftig hinter den Anhänger einer ausgebrannten Straßenbahn, dass ich die letzten Meter gleichsam durch die Luft flog.

In diesem Moment explodierte die Sprengladung und zerstörte die Brücke. Der Luftdruck hob die Straßenbahn fast aus den Schienen, aber sie fing sämtliches Gestein auf, das sonst auf uns herabgefallen wäre. Der Stahlhelm von Alfred war mir bei meinem Sturzflug über das Gesicht gerutscht und hatte mir schmerzhaft die Nase eingedrückt. Überhaupt gab es keine Stelle an meinem Körper, die nicht wehtat. Zum Glück war keiner von uns ernsthaft verletzt.

»Das war verdammt knapp«, sagte Hans, der nur noch japsen konnte. »Wir hätten die Waltraud vielleicht doch im Lazarett zurücklassen sollen.«

»Die werden sicherlich sämtliche Brücken des Landwehrkanals sprengen«, erwiderte Alfred. »Wer weiß, ob Motte jemals wieder zu ihrem Bruder und ihrer Mutter zurückgekommen wäre. Wie lang ist der Landwehrkanal überhaupt?«

Ich wusste es in diesem Moment nicht, obwohl ich es in der Schule gelernt hatte. Weiter konnte ich auch nicht darüber nachdenken, denn aus der Ferne hörten wir eine weitere Detonation. Das Sprengkommando war wieder im Einsatz gewesen.

»Es ist besser, wenn wir jetzt in die Saarlandstraße gehen«, fuhr Alfred nachdenklich, aber bestimmt fort.

Während ich mich hochrappelte, knickten mir die Beine weg. Sie schienen aus Gummi zu sein. Erst nach mehreren Versuchen klappte es, dass ich allein stehen konnte. Vorsichtig drehten wir uns in Richtung Brücke um. Sie war verschwunden. Stattdessen ragten einige asphaltierte Straßenteile aus dem Wasser, Straßenbahnschienen und Brückenpfeiler hingen bizarr in der Gegend herum. Um die andere Uferseite zu erreichen, hätte man die Kanalwand hinabklettern und sich einen Weg über die im Wasser verstreuten Trümmerteile suchen müssen.

»Die ganze Aktion ist sinnlos«, sagte Alfred. »Dadurch werden die Russen auch nicht aufgehalten.«

Hans nahm nun das tote Kind an sich. Hilflos klopfte er an einigen Stellen Staub und kleine Steine aus den Falten der Decke. Still und ohne große Hetze setzten wir uns in Bewegung. Wo ich hinblickte, gab es nur noch Zerstörung. Ich fragte mich, ob in diese kaputten Wohnungen jemals wieder normales Leben zurückkehren würde. Kaum ein Haus sah aus, als wäre es noch bewohnbar.

»Motte, ich habe mir große Sorgen um dich gemacht«, empfing mich meine Mutter. Sie saß im Theaterkeller. Draußen hielten sich fast nur Soldaten auf, der Beschuss war immer stärker geworden.

»Wir haben wirklich großes Glück, dass wir noch leben«, sagte Hans.

»Junge, sei still«, zischte ihm Alfred leise ins Ohr.

Hans verstummte, noch bevor er von den Sprengungen berichten konnte. Ich begriff in diesem Augenblick, dass unser Wiedersehen nicht selbstverständlich war.

»Mario ist tot«, erzählte ich. »Der Arzt konnte ihn nicht retten.«

»Die arme Frau Werner«, seufzte meine Mutter. »Weiß sie es schon?«

»Nein«, antwortete ich. »Den Totenschein habe ich noch in meiner Jackentasche.«

»Was für eine Welt.«

Die Nacht verbrachten wir im Luftschutzkeller des Saarlandtheaters. Heinz und ich bekamen eine trockene Scheibe Brot in die Hand gedrückt, mehr hatte meine Mutter nicht aufgetrieben. Kaum einer von uns konnte schlafen, jeder überlegte, wie es wohl weitergehen würde. Morgen, das war das einzig Sichere, sollten die Toten beerdigt werden. Da die Leichen nicht mehr abgeholt wurden, mussten die Anwohner sie selbst begraben, sobald eine Feuerpause eintrat – wo immer der Boden es zuließ. Auf diese Weise sollte auch verhindert werden, dass Seuchen ausbrachen.

Einen Tag später · Im Bunker

Der nächste Tag begann grau und trübe. Die Luft roch wieder brandig und nach feuchten, alten Balken, doch es schien stiller zu sein als sonst. Nach dem pausenlosen Beschuss war uns das nicht geheuer. Die Soldaten sprachen von einer Feuerpause vor dem Sturm.

»Wo wollen wir die Toten begraben?«, fragte Alfred.

»Unter dem Ahornbaum in dem gegenüberliegenden kleinen Garten«, sagte Herr Johannsen.

»Aber die Toten müssen dann über die Steinmauer gehievt werden«, sagte Muttchen Korn. »Und die ist zwei Meter hoch. Es gibt keinen anderen Zugang von hier aus.«

»Wir können noch zupacken«, erwiderte Hans.

Herr Johannsen und die Soldaten holten sich Schaufeln und eine Leiter vom Kohlenplatz. Es dauerte eine gute Stunde, bis sie ein Grab für siebzehn Tote ausgehoben hatten. Auch Gerda und Rudi sollten dort ihre letzte Ruhestätte finden; man hatte sie gestern, als ich im Lazarett war, aus den Trümmern geborgen. Die arme Gerda, dachte ich. Wie hatte ich sie um ihre niedliche Nase beneidet. Der lustige dicke Koch und Herr Werner mit seinem einen Bein waren ebenfalls darunter. Eigentlich war es die vorletzte Ruhestätte, denn die Gebeine der Toten wurden nach dem Krieg auf Friedhöfe umgebettet.

Meine Mutter hatte mit Frau Zemcke und anderen Anwohnern die Leichen teilweise in Betttücher, teilweise in Decken gewickelt; die Soldaten legten sie nebeneinander auf die Straße. Als das Massengrab fertig war, hoben sie die Verstorbenen einzeln über die Mauer. Ich stand daneben und schaute dieser gespenstischen Szenerie zu. Links und rechts neben der Leiter stand jeweils ein Soldat. Die beiden zogen den eingehüllten Toten an den Sprossen hoch, auf der anderen Seite der Mauer wurde er wieder von zwei Soldaten in Empfang genommen. Und das siebzehnmal. Keiner von ihnen sprach bei dieser Prozedur ein Wort.

»Wo ist Mario?«, fragte ich plötzlich in die Stille hinein, nachdem sämtliche Tote hinter der Mauer verschwunden waren. »Mario fehlt noch. Wo ist die gebündelte graue Decke mit den schwarzen Streifen?«

Erschrocken schauten sich die Nachbarn und die Soldaten an.

Schnell fing ich an zu überlegen. Gestern hatte Hans das tote Kind getragen. Und dann …?

»Heinz, hast du diese Decke nicht gehabt? Mir kommt es so vor, als hätte ich sie bei dir gesehen«, fragte ich meinen Bruder.

»Bei mir?« Heinz überlegte.

»Dein Kopfkissen! Hast du nicht eine solche Decke heute Nacht als Kopfkissen gehabt?«, sagte meine Mutter.

Heinz griff sich an den Kopf und rannte in Richtung Theaterkeller. Nach zwei Minuten kam er mit einem hochroten Gesicht und der gestreiften Decke zurück.

»Entschuldigung«, stammelte mein Bruder. »Ich wusste das doch nicht. Ich wusste nicht, dass …«

Sie legten den kleinen Mario zu den anderen Verstorbenen ins Grab. Nun kletterten auch wir über die Leiter, um von ihnen Abschied zu nehmen. Einzig Muttchen Korn und Frau Walther blieben diesseits der Mauer. Sie waren zu alt für die waghalsige Kletterpartie. Es musste auch alles schnell gehen, denn inzwischen hatte wieder starker Beschuss eingesetzt.

Die Soldaten nahmen ihre Helme ab und standen mit gesenktem Kopf da, die Nachbarn taten es ihnen nach. Viele von ihnen beteten mit dem Offizier, der sich vorne vor das Grab hingestellt hatte. Ich weiß nicht, ob es ein Feldpfarrer war, eher war es wahrscheinlich, dass dieser Offizier die Einheit leitete.

Ich kann mich nicht mehr genau entsinnen, was er sagte, da ich eher auf die Gesichter der Trauernden achtete, doch die letzten Worte werde ich nie vergessen: »Und ruhet in Frieden.«

Damit war die Trauerzeremonie beendet und ich dachte: »Mein Gott, wie sollen die Toten denn in Frieden ruhen! Wir haben doch Krieg. Dieser Satz ist überhaupt nicht plausibel! Womöglich schlägt nachher eine Granate in das Grab ein.«

In diesem Moment hörte ich noch das »Amen«. Die Soldaten setzten sich wieder ihre Stahlhelme auf und schaufelten Erde auf die Toten. Nicht einmal Blumen konnten wir ihnen nachwerfen.

Du bist Dornröschen, sagte ich zu mir. Gleich kommt der Prinz und küsst dich wach. Dann wirst du merken, dass du mit dieser Welt hier nichts zu tun hast. Natürlich kam kein Prinz. Mir fiel nur ein, dass ich noch immer den Totenschein von Mario in der Jackentasche hatte. Niemand wollte ihn haben.

In der Zwischenzeit war es Mittag geworden und die Soldaten begannen sich für ihren Abmarsch fertig zu machen. Herrschte eben noch eine seltsame Ruhe, brach jetzt eine große Hektik aus. Mein Bruder mischte sich unter die Soldaten, heute ermahnte ihn aber niemand, außer Sichtweite zu bleiben.

»Wir sehen uns bestimmt bald wieder«, sagte Alfred mit einem Kloß im Hals.

»Bestimmt«, sagte meine Mutter. Wie sie wussten wir alle, dass es nicht so sein würde. Der Krieg funktionierte nach anderen Gesetzmäßigkeiten.

Tränen standen mir in den Augen. Warum konnte ich nicht so einen Vater wie Alfred haben? Ich vermisste ihn schon jetzt.

»Pass gut auf deine Mutter auf, Motte. Du bist ein starkes Mädchen.« Alfred strich mir über die Wange. »Vielleicht können wir die Russen noch so lange aufhalten, bis die Engländer da sind.«

Der Abschied war für mich furchtbarer als das Begräbnis. Zuerst fuhren die LKWs mit den angehängten Panzerabwehrkanonen los, zuletzt die kleineren Militärfahrzeuge. Meine Mutter, Heinz und ich liefen der Kolonne bis zum Theater hinterher und fassten nach den ausgestreckten Händen.

»Wir hätten den Alfred nicht fortlassen sollen«, sagte meine Mutter, während sie der Einheit nachschaute, die Richtung Potsdamer Platz fuhr. »Er und die anderen Soldaten hätten genauso gut hier bleiben können. Das wäre überhaupt nicht aufgefallen.«

»Aber man hätte sie vielleicht als Deserteure erschossen«, meinte Heinz.

»Jetzt nicht mehr. Jetzt ist alles vorbei.«

»Alfred wäre nie geblieben.« Entschieden äußerte ich meine Meinung. Weder meine Mutter noch Heinz fragten weiter nach. Sie wussten, dass ich Recht hatte.

Die Fahrzeuge waren nicht mehr in Sichtweite. Ich winkte ihnen immer noch hinterher.

Nachdem die kleine Einheit so plötzlich verschwunden wie sie gekommen war, wusste keiner von den Zurückgebliebenen, was er tun sollte. Die Menschen aus den umliegenden Häusern, die noch eine Wohnung oder eine Bleibe in einem Keller hatten, zogen sich nach und nach dorthin zurück, nur wir, die kein Zuhause mehr besaßen, standen noch verloren auf der Straße herum.

Die Situation hatte etwas Unwirkliches bekommen. Als die Bombe unser Haus traf, gab es ständig etwas zu tun. Nun war es seltsam ruhig geworden. Wir konnten nicht mehr an den anderen denken und ihm unsere Hilfe anbieten, sondern mussten jetzt schauen, dass wir wieder ein Dach über dem Kopf fanden.

»Hier können wir nicht bleiben«, sagte Frau Drescher. »Die Luftschutzkeller sind alle überfüllt. Ich gehe mit meinen beiden Jungs in den Bunker am Anhalter Bahnhof.«

»Das ist eine gute Idee«, meinte auch Muttchen Korn. »Auf der Straße möchte ich nicht übernachten.«

»Aber wenn im Bunker etwas passiert und eine Panik ausbricht, dann werden sich dort die Menschen gegenseitig zertrampeln«, gab meine Mutter zu bedenken.

»Was soll da schon passieren?«, sagte Herr Johannsen. »Der Bunker ist bombensicher.«

»Und wir sind nicht mehr obdachlos«, warf ich ein. Ich wäre am liebsten sofort zum Bunker aufgebrochen. Endlich wieder ein Ziel vor Augen haben! Und damit das Gefühl, dass wir uns nicht von dem Grauen vereinnahmen ließen. Nichts konnte ich schwerer ertragen, als tatenlos herumzustehen.

»Ich will nicht in den Bunker.« Heinz zeigte sich stur, während meine Mutter sich nach und nach von den Nachbarn überzeugen ließ. »Hier ist mein Zuhause. Irgendwo werde ich schon nachts in einem Luftschutzkeller unterkommen.«

»Und tagsüber strolchst du in den Straßen umher und wirst womöglich noch als Fahnenflüchtiger aufgegriffen«, sagte Frau Drescher, die genau wusste, wie alt mein Bruder war.

»Am besten ist, wir stimmen ab«, meinte Herr Johannsen. »Wer kommt mit in den Bunker und wer nicht?«

Dreizehn Hände erhoben sich, fünf blieben unten.

»Das ist eine Unglückszahl«, sagte die Mutter von Sonja.

»Ich werde mit Frau Walther auch hier bleiben«, meldete sich Frau Zemcke zu Wort. »Uns ist der Weg zum Bunker zu gefährlich bei dem Geschieße.«

Jetzt waren wir eine Gruppe von elf Leuten, die sich für den Bunker entschieden hatten. Heinz murrte noch ein wenig, doch letztlich wollte er nicht allein bleiben. Damit er auf dem Weg zum Anhalter Bunker nicht von einer Streife aufgegriffen wurde, ließ er sich sogar dazu überreden, ein Kopftuch aufzusetzen, um wenigstens aus der Entfernung wie ein Mädchen zu erscheinen. Immerhin trugen jetzt ja auch viele Frauen Trainingshosen, sodass die Kleidung nicht mehr als eindeutige Erkennung funktionierte.

Als ich mir meinen Bruder mit seinem neuen Accessoire genauer betrachtete, sah er mehr nach einem Mädchen aus als ich. Sein schmales Gesicht mit den großen Rehaugen und den langen Wimpern kam in unglaublicher Weise zur Wirkung. Ich war richtig erschrocken.

Den verletzten Fuß meiner Mutter umwickelten wir mit sauberen Lappen und Schnüren. Er war so angeschwollen, dass er in keinen Schuh mehr passte. Sie hatte auch ziemliche Schmerzen beim Gehen. Ihr verletzter Finger steckte in einem abgeschnittenen Handschuhfinger, der mit einem Schnursenkel am Handgelenk festgebunden war.

Jeder von uns hatte ein paar Habseligkeiten bei sich, die aus unserem verschütteten Luftschutzkeller gerettet worden waren, darunter auch drei unserer Koffer. Darin hatten wir Papiere, Ersatzschuhe, Wäsche, ein paar Kleidungsstücke und Fotoalben. Ich selbst trug in meinem kleinen Koffer die kostbare Mappe mit den Tagebüchern und Schreibutensilien sowie allen Proviant, den wir noch in den Trümmern ausgraben konnten. Heinz verstaute in seinem Koffer Haushaltskerzen, Streichhölzer, Taschenlampen und das Wichtigste – seinen Fotoapparat, eine Voigtländer, mit der er immer wieder durch Berlin gezogen war, um seine Eindrücke festzuhalten. In einer seiner Trainingshosentaschen versteckte er sein perlmuttbeschlagenes Taschenmesser, das einen Korkenzieher besaß. Meine Mutter und ich hatten uns jeweils eine zusammengerollte azurblaue Steppdecke um den Hals geschlungen.

Sie lagen einst auf dem Bett meiner Mutter, aber nur an Sonn- und Feiertagen, weil sie »geschont« werden mussten. Bevor wir sie benutzen konnten, klopften wir sie ordentlich aus. Unendliche Staubwolken stiegen aus ihnen hoch. Heinz wickelte sich einen warmen Schal um, später fand auch er eine Wolldecke.

Wir kamen nur langsam die heutige Stresemannstraße in Richtung Potsdamer Platz voran. Meine Mutter konnte wegen ihres verletzten Fußes einzig humpeln und Muttchen Korn vermochte aufgrund ihres hohen Alters auch keine großen Schritte mehr zu machen. So schlichen wir mühsam an den Trümmerhäusern vorbei und gingen in Deckung, wenn wir Geschosse hörten. Wir nannten sie Ratsch-Bumm: Erst kam das leise »Ratsch«, der Abschuss, schließlich das »Bumm« – der Einschlag. Manchmal nicht weit von uns entfernt. Einmal suchten wir auch Schutz, als wir ein Flugzeug hörten. Die alliierten Flieger schossen mit Bordkanonen und MGs auf alles, was sich bewegte. Glücklicherweise wurde keiner aus unserer Gruppe getroffen, obwohl es nicht leicht war, Unterschlupf zu finden, da sämtliche Seitenstraßen, die zum Landwehrkanal führten, verbarrikadiert waren. Es war also nicht mehr möglich, in diese zu flüchten.

Über eine kleine Gasse, die um den Anhalter Bahnhof herumführte, kamen wir unversehrt am Bunker an. Der Anhalter Bunker war in Gleisnähe 1943 fertig gestellt worden. Es war ein Hochbunker mit 2,13 Meter dicken Betonwänden und für Tausende von Menschen, Flüchtlinge, Ausgebombte und Verwundete, die letzte Zufluchtsstätte. Viele Menschen aus den umliegenden Häusern verbrachten dort regelmäßig die Nacht, anfangs mussten sie noch eine Bunkerkarte vorweisen, mit einer Nummer darauf, später fragte keiner mehr danach.

Jetzt sorgten sich mehrere Uniformierte um die Ankommenden.

»Wir sind ausgebombt worden«, sagte meine Mutter. »Und wir wissen nicht, wohin wir sollen.«

Niemand schien das überprüfen zu wollen, obwohl wir noch nie hier gewesen waren. Es gab einen Haupteingang, doch da der Bunker total überfüllt war, teilte man unsere Gruppe und führte uns zu unterschiedlichen Seitentüren. Bei uns blieb Frau Drescher mit ihren Söhnen Martin und Willi. Der Eingang, zu dem man uns brachte, führte über einen Vorplatz, auf dem eine Gulaschkanone stand und Zelte vom Roten Kreuz aufgestellt waren. Im Hintergrund sah ich noch einige Baracken, wahrscheinlich gehörten sie zum Bahnhofsgelände.

»Na, dann seht mal zu, dass ihr da noch reinkommt«, sagte einer der Soldaten.

Hinter uns wurde eine doppelt verriegelte Stahltür geschlossen. Vor uns lag ein breiter Gang, von dem aus eine Treppe nach oben führte.

»Sucht euch freie Stufen auf der Treppe«, wies uns nun der Bunkerwart an, ein Mann mit einer Armbinde, die auf seine Funktion hinwies. Er hatte völlig übermüdete Augen. »Aber immer nur zwei Personen pro Stufe. Die Geländerseite muss zum Durchkommen frei bleiben.«

Wir fanden noch einige unbelegte Plätze. Ich setzte mich neben meine Mutter, darunter platzierte sich Frau Drescher mit Willi, der aufgrund seiner geistigen

Behinderung auf die Hilfe seiner Mutter angewiesen war; Martin und Heinz nahmen die nächste Stufe ein.

Da die Stufenabstände eng bemessen waren, gab es für uns kaum eine Möglichkeit, die Beine auszustrecken. Nur Martin und Heinz hatten mehr Platz, weil vor ihnen ein Treppenabsatz war. Meine Mutter saß mit dem Rücken zur Treppenhauswand. Es musste eine Außenmauer gewesen sein, denn später sagte sie, dass sie hin und wieder vibriert hätte. Wahrscheinlich war dann in die Bunkerwand eine Granate eingeschlagen. Die Bunkerwände sahen später aus wie Schweizer Käse.

Ständig musste ich die Füße einziehen, weil Menschen die Treppe hinauf- und hinabgingen. Zumindest war es nicht dunkel im Bunker, an den Wänden waren Lampen mit 25-Watt-Birnen angebracht, die einen »Maulkorb« trugen – so nannten wir die Drahtgitter, die dazu da waren, die Birnen zu schützen, falls jemand dagegen stieß. Jeder konnte im Grunde erkennen, wohin er trat. Dennoch hörte ich mehrmals ein »Aua«.

Kurz nachdem wir uns niedergelassen hatten, kamen ein Bunkerwart und eine Rote-Kreuz-Schwester auf uns zu.

»Die Räume sind alle besetzt«, sagte die Schwester. »Eigentlich ist hier nur Platz für dreitausend Menschen, momentan sind es aber zehntausend. Macht euch schön dünn. Es ist ja nicht mehr für lange.«

Bevor wir in Erfahrung bringen konnten, wo die Waschräume lagen, waren die beiden auch schon wieder verschwunden. Ich sorgte mich um den Fuß meiner Mutter, der aussah, als würde er im nächsten Moment platzen. Eine kühlende Kompresse hätte ihm gut getan. Es grenzte für mich an ein Wunder, dass sie es überhaupt bis hierher geschafft hatte.

»Geht es noch?«, fragte ich.

»Mach dir keine Sorgen«, antwortete sie. »Aber ich muss immer an den Alfred denken. Wo er wohl ist?«

»Ich weiß es auch nicht«, antwortete ich traurig.

Heinz und Martin holten sofort ihre Karten hervor und vertieften sich in das Spiel. Willi wiederholte ewig mit lauter Stimme »Nach Hause gehen« oder »Hab Hunger, hab Durst«. Frau Drescher versuchte ihren Sohn dazu zu bewegen, leiser zu sprechen, was ihr aber nicht gelang. Eine Treppennachbarin sagte daraufhin genervt: »Können Sie mit dem Kind nicht nach Hause gehen?«

Frau Drescher versuchte, nicht weiter darauf zu reagieren. Sie sagte nur leise: »Unser Zuhause ist hier, ein anderes haben wir nicht mehr.« Zum Glück wurde sie von einer anderen Frau abgelenkt, die uns erzählte, dass sie in der Kleinbeerenstraße gewohnt habe und nun schon seit zwei Tagen in diesem Bunker sei. Die Schicksale ähnelten sich.

Anfangs war es auf den Stufen noch erträglich, aber mit der Zeit wurde das Sitzen zur Qual. Eigentlich konnte ich überhaupt nie lange still auf einem Platz verharren. Erst schlief das eine Bein ein, dann das andere, schließlich wurde das Genick steif. Zudem machte mir die schlechte Luft zu schaffen. Durch die vielen Menschen war es dumpf und feucht wie in einem Schwimmbad, und die Lüftungsschächte waren nicht mehr in der Lage, die Ausdünstungen zu regulieren. Sie waren nicht auf diese große Zahl von Menschen ausgelegt. Auch lag ein penetranter Schweißgeruch in der Luft. Keiner von uns benutzte ein Puder oder etwas Ähnliches. Deodorants, wie wir sie heute kennen, gab es damals nicht. Manche Frauen betupften sich mit Tosca oder 4711 – doch diese Duftwässerchen waren schnell aufgebraucht. Ich fand diese Mischung von Schweiß und Toilettenwasser schlimmer als den reinen Ausdünstungsgeruch. Auch meine Mutter besaß ein Fläschchen mit Kölnischwasser. Ich sagte ihr nie, wie schrecklich ich es fand, wenn sie sich damit betupfte.

Um mich ein bisschen zu bewegen und den Bunker auszukundschaften, suchte ich nach einer Toilette. Ich stellte fest, dass der Anhalter Bunker übersichtlich angeordnet war: Drei Etagen führten nach oben und zwei Etagen nach unten. Im unterirdischen Bereich entdeckte ich mehrere Diensträume, ein Lazarett, eine Küche und eine Art Kommandozentrale. Hier saßen Männer in Uniform und telefonierten oder bedienten einen Fernschreiber. Es gab auch eine Tür, auf der »Abort für Frauen« stand, aber als ich versuchte, sie zu öffnen, rührte sich nichts. Sie war verschlossen.

»Dahinter haben sich Bonzen verschanzt«, erklärte eine Frau, die direkt neben der Tür saß.

Also suchte ich weiter in den oberen Räumen. Überall war ein leises Stimmengemurmel zu hören, keiner sprach laut; wohl deshalb, weil immer einige Leute vor Erschöpfung schliefen und niemand sie stören wollte. Mütter mit Babys oder Kleinkindern sah ich kaum, sie waren sicherlich in einem abgesonderten Raum untergebracht. Auch bemerkte ich nur wenige Mädchen in meinem Alter. Aber das war nicht verwunderlich, die meisten von ihnen waren evakuiert oder mit fünfzehn Jahren im Pflichtjahr.

»Huhu, Motte, schön dich zu sehen!« Das war die Stimme von Muttchen Korn.

Ich drehte mich um und sah direkt hinter einem Türeingang Muttchen Korn auf einer Holzbank sitzen. Darunter stapelten sich verschiedenste Gepäckstücke. Sie befand sich in einem Raum, in dem sich erkennbar viele ältere Menschen aufhielten. Er war so voller Leute und Koffer, dass es unmöglich erschien, dort eintreten zu können. In der Hand hielt Muttchen Korn ihre große Henkeltasse, die ich noch aus dem Luftschutzkeller kannte.

»Das Rote Kreuz verteilt Kakao. Hast du die Schwestern schon gesehen?«

Ich schüttelte den Kopf.

»Na, egal«, sagte Muttchen Korn und tastete mit ihrer rechten Hand nach der Stirn, die mit einem großen Pflaster verarztet war. Eine Hautabschürfung, die sie sich beim Einsturz des Luftschutzkellers zugezogen hatte.

»Wissen Sie, wo die Toiletten sind?«

»Nee, das habe ich auch noch nicht herausgefunden«, antwortete Muttchen Korn. »Frag doch eine Schwester. Und vergiss nicht, deine Mutter zu grüßen.« Die Stimme unserer alten Nachbarin hatte plötzlich einen wehmütigen Ton angenommen.

»Das werde ich machen.«

Es war das letzte Mal, dass ich mit Muttchen Korn gesprochen hatte. Danach sollte ich sie nicht wiedersehen.

Ich erinnerte mich daran, dass ich eine Toilette finden wollte, und ging weiter den Gang entlang. Nach einer Weile entdeckte ich eine geschlossene Tür, hinter der ich Waschräume vermutete. Als ich die Klinke herunterdrückte, ließ sich die Tür tatsächlich öffnen. Ich stand in einem Vorraum mit mehreren Waschbecken, in einem hinteren Teil gab es Toiletten, die von Holzwänden umkleidet waren.

Glücklich öffnete ich die erstbeste Tür – und blieb versteinert stehen. Zwei Menschen baumelten an der Decke. Sie hatten sich in der Kabine erhängt. Ich war darüber so schockiert, dass ich meine Erinnerung an sie verloren habe. Ich weiß nicht mehr, ob es eine Frau und ein Mann waren oder zwei Frauen oder zwei Männer. Ich meine, Hosen und Gürtel gesehen zu haben, aber anhand der Kleidung war damals die Zuordnung zu einem Geschlecht nicht mehr so leicht möglich. Wahrscheinlich müssen die Personen so furchtbar ausgesehen haben, mit hervorgequollenen Augen und heraushängender Zunge, dass ich das Gesehene in dem Augenblick, in dem ich es wahrnahm, gleich wieder verdrängte. Ich drehte mich nur um und rannte aus der Toilette. Seitdem wagte ich es nie wieder, im Bunker eine Türklinke herunterzudrücken.

Seltsam war, dass sich zu dieser Zeit kein Mensch in den Waschräumen aufgehalten hatte, obwohl der Bunker doch überfüllt war. Aber wahrscheinlich hatte man angenommen, dass sich auch in diesem sanitären Bereich Parteigenossen verschanzt hatten, die Tür also verschlossen sein müsste. Aus diesem Grund hatte wohl bislang keiner die Toten entdeckt. Womöglich hatte sich das alles aber auch erst vor einigen Minuten ereignet, kurz bevor ich den Waschraum betrat.

Später habe ich noch öfters den Satz gehört: »Da hat sich jemand erhängt« oder: »Da hat sich jemand die Pulsadern aufgeschnitten.« Diejenigen von uns, die am Treppengeländer saßen, mussten dann aufstehen, um die Männer vorbeizulassen, die die Trage mit der eingewickelten Leiche nach draußen transportierten. »Wieder so ein armes Schwein« – der Kommentar der Bunkerbewohner war einhellig und direkt.

Statt zu meiner Mutter und zu Heinz zu laufen, was ich am liebsten getan hätte, suchte ich weiter nach einem stillen Ort. Der Druck auf meiner Blase war nach dem Zwischenfall in den Waschräumen nur noch schlimmer geworden. Nach langem Suchen fand ich einen dunklen Tunnel mit matschigem Boden. Es roch nach Urin, ein kalter Wind zog durch das tiefe Gewölbe. Hier hatte ich das Gemeinschaftsklo von Tausenden von Menschen gefunden. Überall waren Kothäufchen mit Sand, Wellpappe oder Zeitungspapier bedeckt. Schnell hockte ich mich hin und hoffte, dass mich keiner dabei beobachten würde. Als ich fertig war, fühlte ich mich unendlich erleichtert.

Ich zog meine Unterhose hoch, rückte den Rock zurecht und machte mich auf den Weg zu unserer Treppe.

»Mein Gott, wo warst du denn so lange?« Meine Mutter war in Sorge.

»Hab nur Muttchen Korn getroffen«, antwortete ich. »Ich soll dich schön grüßen.«

Von den Erhängten erzählte ich ihr nichts. Sie hätte sich nur aufgeregt und wieder einmal über das

Schlechte in der Welt geklagt. Ich wollte das aber nicht hören.

Nachdem ich mich wieder zu ihr gesetzt hatte, zog ich mein Tagebuch hervor und schrieb hinein: »Zwei Leichen gesehen. Die hingen von der Decke herab.« Anschließend klappte ich es wieder zu. Außer dieser kurzen Bemerkung mochte ich an diesem ersten Tag im Bunker nichts festhalten. Im Luftschutzkeller hatte ich oft seitenlang meine Erlebnisse aufgeschrieben. Aber jetzt war ich immer noch von dem Bild der beiden Toten erschrocken.

Meine Blicke schweiften zu einem jungen Mann, der vollkommen lethargisch auf dem Treppenabsatz saß, den Rücken wie meine Mutter gegen die Wand gelehnt. Sein linkes Auge war mit einer schwarzen Augenklappe abgedeckt.

»Was ist mit dem Mann?«, fragte ich meine Mutter.

»Er ist Soldat und hat ein Auge verloren. Er war im Bunkerlazarett«, antwortete stattdessen Frau Drescher, die sich im Gegensatz zu meiner Mutter anscheinend schon über alles informiert hatte.

»Der Mann trägt doch Zivilkleidung?«, fragte ich.

»Das hat man im Lazarett gemacht. Dort hatte man ihm gesagt, er solle sich unter die anderen Menschen mischen. Jetzt sitzt er auf diesem Treppenabsatz und starrt unentwegt in eine Richtung.«

Ich dagegen musste ständig den »getarnten« Soldaten anschauen. Aus seiner Klappe lief Eiter heraus, die ganze Wange war schon mit dieser zähen gelblichen Flüssigkeit bedeckt.

»Vielleicht sollte man ihm sagen, dass er sich das Zeug aus dem Gesicht wischen soll«, sagte ich.

»Lass ihn in Ruhe, Motte«, sagte meine Mutter. »Ihn plagen andere Probleme.«

Jetzt traute ich mich auch nicht mehr, zu ihm hinzugehen und ihm diesen Vorschlag zu machen.

»Zeit fürs Abendbrot«, meldete sich Heinz zwei Stufen tiefer. Er streckte die Hand aus und klopfte mit dem linken Zeigefinger auf seine Uhr, die er zu seinem vierzehnten Geburtstag bekommen hatte. Mein Bruder war der Einzige, der uns sagen konnte, wie spät es ist. Keiner von unserer kleinen Gruppe besaß ansonsten einen Zeitanzeiger.

Es war halb sieben. In dem gleich bleibenden Licht des Bunkers verloren wir nach und nach jedes Gefühl für die Stunden. War es Tag oder war es Nacht, wir konnten es nicht mehr genau sagen. Von daher war es mir auch nicht möglich, in meinem Tagebuch die einzelnen Tage genau zu datieren.

Da ich in meinem kleinen braunen Koffer unsere wenigen Vorräte deponiert hatte, war es meine Aufgabe, sie gerecht zu verteilen. Es gab für jeden von uns einen trockenen Kanten Brot, auf den wir etwas von dem abgekratzten Kunsthonig schmierten. Viel war das nicht und für den nächsten Tag würden unsere Reste kaum reichen. Meine Bohnen in den Rocktaschen konnten unseren Hunger auch nicht auf Dauer stillen.

»Wir müssen noch einmal in die Saarlandstraße zurück«, sagte Heinz. »Der Gang mit den vielen Bahlsen-Kartons – erinnert ihr euch noch? Vielleicht sind sie noch da und wir können uns den einen oder anderen Karton unter den Arm klemmen.«

»Ich komme mit«, sagte ich. »Gleich morgen früh.«

Zweiter Tag im Bunker · Bettlaken für Verwundete

Tageslicht. Und richtige Luft, auch wenn der Brandgeruch noch heftiger geworden war. Heinz und ich atmeten tief durch, bevor wir uns auf den Weg zu unserer alten Wohnung machten. Überall auf den Straßen wurden Tote zusammengetragen und Verwundete versorgt. Gestern, als wir mit den anderen Bewohnern aus der Saarlandstraße hier entlanggingen, hatten wir das gar nicht bemerkt.

Der in einem Gleistal gelegene Anhalter Bahnhof am Askanischen Platz hatte arg unter den Bombenangriffen gelitten. Auch die schöne Außenfassade. Ich erinnerte mich daran, wie ich hier oft mit meiner Freundin Ilse »große Welt« gespielt hatte. Wir trugen die extravagantesten Hutkreationen, die unsere Mütter uns ausgeliehen hatten, und sprachen mit gezierter, näselnder Stimme: »Wo sind bloß meine Schrankkoffer? Hoffentlich sind sie nicht in Prag geblieben!« Oder: »Ach, ich habe meinen Regenschirm in Budapest verloren. Den werde ich wohl vergessen können. Aber ich kann mir in London ja einen neuen besorgen.«

»Motte, wir müssen weiter!« Heinz holte mich aus meinen Erinnerungen zurück in die Wirklichkeit. Es war gut zu wissen, dass es leichtere Tage in meiner Kindheit gegeben hatte.

Auf dem Askanischen Platz stand an der Bordsteinkante zum Anhalter Bahnhof eine Pumpe. Ein Splitterschutz aus Sandsäcken und Wellblech war um sie errichtet worden, mit einem provisorischen Dach aus Brettern. Es stand immer nur eine Person an der Pumpe. Andere Leute, die auch mit Marmeladeneimern, Henkelgefäßen oder Konservendosen gekommen waren, um Wasser zu holen, hielten sich aus Sicherheitsgründen in der Bahnhofshalle auf. Erst wenn jemand mit seinem vollen Wasserbehälter aus dem Splitterschutz trat, rannte der Nächste los. Unter den Wartenden wurde kaum ein Wort gewechselt. Hin und wieder hörte ich nur den Satz: »Wir sind auch im Bunker.« Heinz und ich würden nach unserem Abstecher in die Saarlandstraße ebenfalls in der Bahnhofshalle anstehen müssen, da es im Bunker kein Trinkwasser mehr gab.

Ohne Zwischenfälle erreichten wir die Saarlandstraße. Ich hatte den Eindruck, dass in der vergangenen Nacht die übrig gebliebenen Häuserruinen noch weiter eingestürzt waren. Nur das Saarlandtheater mit seinen dicken Mauern war nahezu unversehrt, einzig der Baldachin war verschwunden. Der Eingang und die Fenster waren völlig verriegelt, und ich fragte mich, wann es dort wohl wieder eine Vorstellung geben würde, wann würden Menschen dort wieder aus vollem Herzen lachen können.

Über den Theaterkeller gelangten wir zu dem kleinen Raum, in dem wir die Kartons mit den Bahlsen-Keksen entdeckt hatten. Enttäuscht sahen Heinz und ich uns an. Der Gang war leer, es war nicht einmal mehr ein Krümel auf dem Boden auszumachen.

»Die Russen können die Kekse nicht geholt haben, die sind noch nicht da«, konstatierte Heinz. »Das müssen die Nachbarn gewesen sein.«

»Was machen wir jetzt?«, fragte ich. »Wir werden noch verhungern.«

»Wir müssen fragen, ob uns jemand etwas zu essen gibt«, antwortete mein Bruder achselzuckend.

»Betteln gehen?«

»Wir haben keine andere Wahl.«

Heinz und ich zogen unterirdisch von Luftschutzkeller zu Luftschutzkeller. Immer steckte uns jemand etwas zu. Ein Stück Brot, ein kleines Glas mit eingeweckten Erbsen oder eine Dosenmilch. Meist waren es ältere Frauen, die der Meinung waren, sie bräuchten nicht mehr so viel zum Essen. Überglücklich nahmen wir die Sachen in Empfang. Ich hatte nicht damit gerechnet, dass die Menschen so freigebig sein würden, wo doch in dieser Zeit die Vorräte derart knapp geworden waren und sich kaum noch einer richtig satt essen konnte.

»Für heute ist es genug«, sagte Heinz nach einer Weile. »Wir können Mutti nicht so lange allein lassen.«

Ich nickte, und wir gingen wieder hinaus an die bleihaltige Luft. Wie durch ein Wunder fand ich auf einem Trümmerhaufen eine Milchkanne aus Blech, die weder durchgerostet noch beschädigt war. Da wir durch den Bombenangriff nur Blechtassen retten konnten, kam uns diese Kanne wie gerufen.

In der Bahnhofshalle standen nur noch wenige Menschen, die Wasser pumpen wollten. Der Beschuss war in der Zwischenzeit derart intensiv geworden, dass sich kaum noch Leute auf die Straße wagten. Nur einige Dickköpfe wie ich wollten unbedingt Wasser schöpfen. So stellte ich mich in die kurze Reihe der Wartenden.

Gegenüber dem Bahnhof lag das Hotel Excelsior.

Als es Ende des 19. Jahrhunderts eröffnet wurde, galt es als eines der größten Hotels Europas. Man konnte direkt von den Gleisen durch einen Tunnel ins Hotel gelangen – das war damals eine richtige Sensation. Jetzt stand nur noch ein Gerippe dieses einst weltstädtischen Hauses da. Einige Male war ich mit meiner Mutter zum Kaffeetrinken dort gewesen. Soldaten, die Heimaturlaub bekamen und keine Angehörigen hatten, erhielten Gutscheine für ein Kaffeegedeck, eine Tanzteeveranstaltung oder einen Kabarettabend. Dazu konnten sie als Begleitung Berliner Bürger mitnehmen, um nicht allein dorthin gehen zu müssen. Meine Mutter nahm diese Einladungen gern an, da wir auf diese Weise zum Beispiel ins Excelsior kamen. Normalerweise hätten wir uns ein solches Gedeck nie leisten können. Auch waren diese Begleitungen nicht mit der Verpflichtung verbunden, den jeweiligen Soldaten bei uns übernachten lassen zu müssen. Dafür gab es die Wehrmachtsbetreuungsstellen. Somit war eine solche Einladung pures Vergnügen.

An Hermann Hartmann kann ich mich noch besonders gut erinnern. Er erzählte lustige Geschichten und hatte dicke, fleischige Finger, die sich mit der zierlichen silbernen Kuchengabel nicht so recht anfreunden wollten. Er verschüttete auch etwas Kaffee auf die weiße Tischdecke, weil der schmale Henkel der Tasse auch so seine Tücken hatte. Wir lachten nur darüber, die Bedienung jedoch verzog die Mundwinkel leicht nach unten. Zum Abschluss des Nachmittags rauchte Hermann noch eine Zigarette. Die Asche streifte er an einem Aschenbecher aus weißem Porzellan ab, am Rand stand in grüner Schrift »Excelsior«. Heinz und ich schauten uns nur an. Wir hatten beide den gleichen Gedanken: den zu haben, das wäre schon toll. Aber bei dem Gedanken blieb es. Stattdessen nahmen wir einen Bierdeckel mit und die Papierrosette von der Kaffeeuntertasse mit der Aufschrift »Mokka Efti«.

Mein Blick schweifte umher. Drei Gebäude weiter Richtung Potsdamer Platz lag das Europahaus, das ebenfalls sehr mitgenommen aussah. Meine Mutter musste hier nationalsozialistische Propagandafilme wie *Der ewige Jude* anschauen, zusammen mit anderen Frauen. Dieser so genannte Dokumentarfilm war vom Reichsminister für Volksaufklärung und Propaganda, Dr. Joseph Goebbels, in Auftrag gegeben worden, um den Antisemitismus zu legitimieren. Damals wusste ich noch nichts davon und wartete gespannt auf die Rückkehr meiner Mutter. Ich hoffte, sie würde mir von einem Film mit einer schönen Liebesgeschichte erzählen. Als meine Mutter unsere Wohnung betrat, sah sie völlig verstört aus.

»Wie war der Film?«, fragte ich, ein wenig gebremst in meiner fröhlichen Erwartung.

»Lass gut sein, Motte, lass gut sein«, sagte meine Mutter nur und setzte sich schwer auf einen Küchenstuhl.

»Gab es einen Kuss?«

»Nein, Motte, es wurden dort ganz viele Lämmer brutal geschlachtet.«

Ich schaute meine Mutter irritiert an. Was hatte sie denn für einen Film gesehen? »War das ein schlimmer Film?«, hakte ich nach.

»Die Frauen fielen reihenweise in Ohnmacht.« Mehr sagte sie dazu nicht.

Ich war nun an der Reihe, zur Pumpe zu eilen. Heinz blieb in der Bahnhofshalle stehen. Ein Soldat bediente den Pumpschlegel, ich hielt mein Gefäß unter den Wasserstrahl. Die Kanne füllte sich schnell mit klarem Wasser; sie hatte tatsächlich kein Loch.

Bis zum Bunker war es nur noch eine kurze Strecke. Der Vorplatz war mit Menschen überfüllt, die ihr Hab und Gut bei sich trugen. Soldaten versuchten zu erklären, dass der Anhalter Bunker überfüllt sei und sie zu den unterirdischen S-Bahn-Haltestellen gehen müssten. Dort seien sie ebenfalls vor Bomben sicher. Der Anblick dieser Frauen und Männer mit ihren übernächtigten Gesichtern und schmalen Schultern bekümmerte mich. Sie hatten wie wir ihre Wohnung verloren, nun mussten sie auch noch wie Bittsteller nach einer Bleibe fragen.

Meine Mutter erwartete mich schon. Sie saß noch immer auf ihrem Platz. Aufgrund ihres verletzten Fußes konnte sie sich kaum bewegen, obwohl die Schwellung zum Glück ein wenig abgeklungen war. Der einzige Weg, den sie schaffen musste, das waren die Treppen hinunter zum Vorraum. Dort hatte man in der Zwischenzeit Eimer aufgestellt. Wer ein Bedürfnis verrichten musste, der hatte hier die Möglichkeit dazu, ohne dass irgendwelche düsteren Tunnel aufgesucht werden mussten. Jedes Mal, wenn einer diese Behelfstoiletten benutzen wollte, hielten zwei Bunkerbewohner zum Schutz eine Decke davor. Niemand zeigte irgendeine Scham, es gab ja auch keine Alternative.

Heinz öffnete das Einmachglas mit den Erbsen, meine Mutter verteilte das Kommissbrot. Als ich gerade eine Hand voll Erbsen aus dem Glas fischen wollte, wurde über die überall angebrachten Lautsprecher verkündet: »Sämtliche Ausländer zu den Bunkerausgängen!« Keiner wusste, was das zu bedeuten hatte. Da wir Deutsche waren, dachten wir dann auch nicht weiter darüber nach – bis wir feststellten, dass der Strom der Menschen nicht abriss, die an uns vorbeikamen. Sie trugen aber kein Gepäck bei sich, und nach geraumer Zeit kamen sie auch denselben Weg wieder zurück. Es dauerte lange, bis wieder Ruhe auf unserer Treppe eingekehrt war.

»Ich habe Italiener gehört«, sagte Frau Drescher mit ihrer Singstimme. »Manche von ihnen waren sehr gut gekleidet und hatten einen Mantel an oder über den Arm gelegt. Einige trugen sogar einen Hut.«

»Sie hätten René Deltgen oder Johannes Heesters Konkurrenz machen können«, stimmte meine Mutter zu. »Es fehlte nur noch der weiße Schal.«

»Schweden und Dänen waren auch darunter«, meinte der Soldat in seiner Ziviltarnung. Er war aus seinem Dämmerzustand aufgewacht und hatte sich die Wange unterhalb der Augenklappe gereinigt. »Ich war in diesen Ländern im Einsatz.«

»Und Japaner«, fügte Heinz hinzu. »Wenigstens ihrem Aussehen nach zu urteilen.«

»Der Bunkerwart hat gesagt, dass sie Funkkontakt mit irgendwelchen Regierungsstellen aufnehmen mussten, um mit den Alliierten zu verhandeln«, äußerte sich Martin, der ältere Sohn von Frau Drescher. Martin hatte aschblonde Haare, Sommersprossen, grün blitzende Augen und war ausgesprochen neugierig. Nahezu jeden Menschen im Bunker sprach er an, um über alles Bescheid zu wissen. Meist hatte er meinen Bruder im Schlepptau, der stiller und schüchterner war.

»Das hat der Wart bestimmt nur geäußert, um Gerüchte in Umlauf zu bringen und damit wir uns wieder in den wildesten Spekulationen ergehen können«, warf ein älterer Mann ein, der einige Treppenstufen über mir saß. »Welche Alliierten sollen denn damit gemeint sein? Kann mir das einer sagen?«

»Welche Alliierten auch immer. Die kümmern sich einen Scheißdreck um ihre eigenen Leute«, gab ein anderer Mann zu verstehen, der unterhalb des »Zivilsoldaten« saß. »Die lassen sie doch genauso verrecken wie uns.«

»Die werden sie bestimmt alle an die Wand stellen und erschießen«, hörte ich eine weibliche Stimme sagen, die ich als sehr schrill empfand.

»Scheiße ist das alles!« Das sagte der ältere Mann über mir.

Gebannt hörte ich diesem Gespräch zu. Schon allein aus dem Grund, dass hier ein Wort benutzt wurde, das in Büchern nur mit »Sch« und Pünktchen, Pünktchen geschrieben wurde. Ich stellte mir vor, dass die Ausländer Kontakt mit den Engländern aufgenommen und Verhandlungen zum Zwecke der Waffenniederlegung oder Kapitulation geführt hatten. Noch lange überlegte ich, wie schön es wäre, wenn es endlich Waffenruhe geben würde. Die Wahrheit uber die Ausländer erfuhren wir jedoch nie, obwohl sich der Vorgang einige Stunden später noch einmal wiederholte.

Müde legte ich nach dem kargen Mahl meinen Kopf in den Schoß meiner Mutter, um mich für eine Weile auszuruhen. Sie streichelte mir zärtlich über den Kopf, schließlich hielt sie meine dicken Zöpfe in Händen. Warum darf ich sie mir nicht abschneiden?, dachte ich noch bei mir, dann musste ich eingeschlafen sein.

»Komm mal mit, du kannst uns helfen.« Verwirrt schaute ich auf, eine Rote-Kreuz-Schwester hatte mich am Arm wachgerüttelt.

»Wie?«

»Wir sammeln Bettbezüge von den Bunkerbewohnern ein. Die brauchen wir als Verbandsmaterialien. Du bist alt genug, um uns dabei zu unterstützen.«

Ich war froh, etwas machen zu können. Nur bei den Erwachsenen herumzusitzen, das war auf Dauer eine öde Angelegenheit.

»Deine Mutter hat sicherlich auch ein Betttuch übrig.« Mit dieser Bemerkung stieg die Schwester mit dem steifen Häubchen die Treppe hinauf. Unter dem Häubchen schaute ein schwarzgrau melierter Haaransatz hervor. Sie war aber nicht älter als vierzig.

»Und wo soll ich sie hinbringen?«, rief ich ihr hinterher.

»Ins Lazarett.«

Ich drehte mich zu meiner Mutter um und fragte sie, ob sie mir einen Bettbezug abgeben könne.

»Einen solchen habe ich überhaupt nicht im Koffer«, antwortete sie. »Dafür gab es lange keine Bezugsscheine. Deshalb war ich auch immer ein bisschen knapp damit dran. Aber ich habe zwei Laken und du kannst eines davon mitnehmen.«

Aus dem unteren Bereich ihres Koffers zog meine Mutter ein schlichtes weißes Betttuch hervor.

»Kind, deine Aussteuer schrumpft zusammen.«

»Die ist nicht so wichtig.« Ich biss mir auf die Lippen, um nicht Worte zu sagen, die ich gar nicht sagen wollte. Meine Mutter hatte in ihrem bislang fünfunddreißigjährigen Leben sehr viel durchmachen müssen, dennoch hätte ich mir gewünscht, sie wäre tatfreudiger gewesen. Sie war doch noch so jung und so hübsch. Manchmal schaute ich sie verstohlen an und bewunderte ihre fein geschnittenen Gesichtszüge und die sanft geschwungenen Augenbrauen. Die Mütter meiner Freundinnen sahen lange nicht so attraktiv aus. Hin und wieder zweifelte ich, ob sie auch tatsächlich meine Mutter war. Aber nur für einen ganz kleinen Augenblick. Sie war wie ein Wesen aus einer anderen Welt, das wunderbar zu den dicken Teppichen und Stofftapeten im Hotel Excelsior passte. Ich dagegen fühlte mich wie Aschenputtel, nur dass meine Mutter immer lieb und niemals böse zu mir war.

Ich ging nun von Treppe zu Treppe, von Raum zu Raum, und fragte die Bunkerbewohner, ob sie Bettzeug für das Lazarett erübrigen könnten. Die meisten öffneten sofort ihre Koffer und holten das eine oder andere Wäscheteil heraus. Fast alle waren frisch gewaschen und gebügelt. Wieder einmal war ich erstaunt, wie bereitwillig die Menschen sich von ihrem Eigentum trennten, obwohl sie selbst kaum noch etwas besaßen. Nur wenige Frauen scheuchten mich weiter und sagten Sätze wie: »Du willst uns wohl noch das Letzte nehmen. Geh weiter!«

Niemand im Bunker hätte gesagt, dass sie alles durch die Nazis verloren hätten. Derjenige wäre mit Sicherheit denunziert worden und weiß der Himmel wo abgeblieben. Aus reinem Selbsterhaltungstrieb wurde so etwas lediglich gedacht oder nur Gleichgesinnten mitgeteilt. Später behaupteten alle, dass sie es schon immer laut hätten äußern wollen.

Eine Frau um die Fünfzig in einem blauweiß getupften Kittelkleid zeigte auf einen Koffer, als ich sie ansprach.

»Hier, den kannst du haben«, sagte sie.

»Den ganzen Koffer?«, fragte ich.

»Ja, den ganzen Koffer.«

Es war ein schwarzer Koffer mit braunen Lederecken, und als ich ihn an mich nehmen wollte, konnte ich ihn kaum hochkriegen.

»Der ist bis oben voll mit Bettbezügen und Tischdecken«, sagte die Frau lachend. »Mein Mann und ich hatten ein Wäschegeschäft.«

»Es reicht wirklich, wenn Sie ein Bettlaken hergeben.«

»Was soll´s! Mit dem Inhalt dieses Koffers kann ich auch kein neues Geschäft aufmachen. Aber vielleicht hilft er den verletzten Menschen. Zudem habe ich noch etwas Wäsche in meinem zweiten Koffer.«

»Vielen Dank«, sagte ich. Auf seltsame Weise fühlte ich mich beschenkt, obwohl ich doch nur für das Lazarett sammelte. »Ich werde gleich mit meinem Bruder wiederkommen. Der ist stärker als ich und kann den Koffer tragen. Bleiben Sie solange in diesem Raum?«

»Keine Angst. Ich werde in der Zwischenzeit nicht mit meinen Koffern abhauen. Wo sollte ich auch hingehen?«

Die Frau mit den vielen Lachfalten im Gesicht und

den braunen, in weichen Wellen gelegten Haaren gefiel mir. Sie strahlte eine große Herzlichkeit aus, und ich hatte sofort das Gefühl, bei ihr würde ich ohne weiteres Nachdenken einkaufen wollen. Natürlich wäre es das Höchste, sie würde Torten und nicht Bettbezüge mit Spitzenbesatz oder Damastservietten anbieten. Für Süßes interessierte ich mich zu dieser Zeit eindeutig mehr.

Wo war nun Heinz? Meine Mutter sagte mir, als ich zu ihr zurückkam, er sei irgendwo unterwegs, um Bettgestelle und Matratzen zu transportieren, zusammen mit anderen jungen Männern. Wahrscheinlich für das Lazarett, aber genau wisse sie es auch nicht.

In den unteren Räumen fand ich schließlich meinen Bruder, wie er gerade eine völlig neue Matratze vor dem Lazarett ablegte, gleich daneben sollte ich auf einem Wäscheberg meine eingesammelten Bettlaken stapeln. Andere Mädchen waren ebenfalls unterwegs, um zukünftiges Verbandsmaterial zu erfragen.

»Wo habt ihr denn die Matratzen her?«, fragte ich erstaunt.

»Sie sollen aus einem Lager stammen«, antwortete Heinz und wischte sich einige Schweißperlen von seiner Stirn. »Jetzt sind sie am Anhalter Bahnhof deponiert und wir tragen sie durch einen Tunnel in den Bunker.«

»Kannst du mir kurz helfen, einen Koffer zu tragen? Er ist voller Wäsche, aber schwer wie ein Sack Kartoffeln.«

»Klar, mache ich.« Heinz wollte vor den anderen Jungen wie ein Mann dastehen, der schwachen Frauen jederzeit unter die Arme greift. Das war an seinem

Tonfall nicht zu überhören, auch nicht zu übersehen, breitbeinig wie er da neben den Matratzen verharrte, die Hände lässig in seinen Trainingshosentaschen.

Zielsicher führte ich meinen Bruder durch das Labyrinth der Menschen. Schon bald waren wir bei der freundlichen Frau angekommen, die sich so selbstlos von ihrem Eigentum trennen wollte.

»Der Krieg wird ganz sicher bald zu Ende sein«, sagte sie. »Und dann beginnt ein besseres Leben.«

Ich hatte schon viele Menschen diese oder ähnliche Worte sagen hören, aber zum ersten Mal stimmten sie mich zuversichtlich. Dieser Frau, die so wirkte, als würde sie mit beiden Beinen auf der Erde stehen, wollte ich einfach glauben. Zu gerne hätte ich sie gefragt, woher sie diesen Optimismus nahm, aber wir Jugendlichen waren so erzogen worden, den Erwachsenen nicht weiter Fragen zu stellen.

Heinz hob den Koffer an, als würde es sich um eine leichte Einkaufstasche handeln. Ich winkte der Frau noch, sie lächelte zurück.

Nachdem Heinz den Koffer neben dem Berg mit der Bettwäsche abgestellt hatte, zog er sofort wieder los, um weiter Matratzen vom Anhalter Bahnhof zu holen. Einige Jungs sah ich auch Einzelteile von Bettgestellen tragen.

Die Rote-Kreuz-Schwester mit dem straff zurückgekämmten Haarknoten – sie stellte sich als Schwester Ingeborg vor – zeigte uns Mädchen nun, wie wir die Laken in schmale Streifen zerreißen sollten, um sie anschließend aufzurollen. Einen von diesen Streifen mussten wir uns um den Oberarm binden, und die Schwester mit dem strengen Haarknoten malte mit einem Lippenstift ein rotes Kreuz darauf, damit jeder sah, dass wir Helfer vom Roten Kreuz waren.

Mehrere Stunden saß ich mit ungefähr sieben Mädchen in meinem Alter zusammen, um Verbandszeug aufzurollen.

»Ich würde jetzt gern im Kino sitzen und einen Liebesfilm gucken«, begann ein Mädchen das Gespräch. Sie hatte braune Zöpfe, die zu Affenschaukeln mit einer Schleife gebunden waren. Sie stellte sich als Elisabeth vor und war vielleicht ein Jahr jünger als ich.

»Ja, im Kolibri-Kino am Belle-Alliance-Platz mit seinen roten Plüschsesseln«, träumte ich weiter, während ich eine weiße Bohne lutschte, um meinen Durst zu vergessen. »Am liebsten würde ich noch einmal *Amphitryon* mit Fita Benkhoff und Paul Kemp sehen. Wie hieß er noch im Untertitel? *Aus den Wolken kommt das Glück*. Da gab es so viel zum Lachen.«

»Ich bin eher für die große Romantik. Carl Raddatz und Hannelore Schroth sind für mich das Liebespaar schlechthin«, schwärmte meine Nachbarin Carmen fort, die fast streichholzkurze braune Haare hatte. Diese freche Frisur gefiel mir außerordentlich gut.

»Hier können wir nur verschwitzten Jungen zuschauen, wie sie Matratzen schleppen«, seufzte Elisabeth.

»Wir mussten in der Schule immer zuschauen, wenn die Jungen aus der Knabenschule, die direkt neben unserer Mädchenschule lag, Box- oder Ringkämpfe austrugen«, fiel mir dazu etwas unvermittelt ein. »Vor dem Kampf sollten wir einen Jungen auswählen, der unserer Meinung nach gewinnen würde, und dann mussten wir ihn anfeuern.«

»Und was passierte, wenn er verlor?«, fragte Carmen. »Einer kann ja nur siegen.«

»Keiner durfte ›ätsch, ätsch‹ sagen oder eine abfällige Bemerkung über den Verlierer machen. Unser Rektor war der Ansicht, siegen könne jeder, aber verlieren sei eine Kunst.«

»Unsere Lehrerin sagte immer: ›Liebet eure Feinde.‹ Sie hat uns sehr christlich erzogen.« Ein Mädchen mit weizenblonden Zöpfen, die an den Ohren zu Schnecken gelegt waren, und einem Rock aus einem abgewetzten Tweedstoff sprach die Worte leise, kaum hörbar. Als hätte es etwas Verbotenes gesagt.

»Können wir die Russen lieben?«, fragte Elisabeth.

»Vielleicht nicht lieben«, sagte ich, »aber möglicherweise anerkennen, wenn sie uns gut behandeln.«

»Sechs Uhr. Schluss für heute!« Schwester Ingeborg unterbrach unser Gespräch. »Morgen machen wir weiter.«

Sechs Uhr. Ich hätte nicht sagen können, ob es sechs Uhr morgens oder sechs Uhr abends war. Es kam mir vor, als würde ich in einer anderen Zeitzone leben. In einer futuristischen Zone.

Heinz und die anderen Jungen mussten auch die Arbeit beenden. Am liebsten hätte ich meinen Bruder an die Hand genommen, so erschöpft sah er aus. Aber er sollte sich nicht vor seinen Altersgenossen genieren. Selbst der quirlige Martin, der bei dieser Aktion ebenfalls mit angepackt hatte, blieb nirgendwo stehen, um ein Schwätzchen zu halten. Er wollte nur noch zu seiner Mutter und seinem Bruder.

Frau Drescher und meine Mutter waren mit Willi beschäftigt, als wir bei ihnen auftauchten. Sie erzählten ihm abwechselnd ein Märchen von einem Jungen, der im Land der Mohren Abenteuer mit Drachen und Rittern erlebte. Die Geschichten hatten sie sich gerade ausgedacht.

Bald bricht unsere zweite Nacht im Bunker an, dachte ich, während ich mich auf meinen Platz setzte und meine Mutter mir und Heinz ein kleines Stück trockenes Brot reichte. Frau Drescher war gerade an der Reihe, zu erzählen. Dazu öffnete meine Mutter ein kleines Glas mit Leberwurst, die sie gegen eine Dosenmilch getauscht hatte. Das war auch Krieg, ein großes Tauschen von Sachen und Lebensmitteln. Immer mehr begriff ich, was er bedeutete, wie er das Leben von Menschen bestimmte.

In diesem Moment fiel mir der Tag im Wohnzimmer meiner Pflegeeltern ein. Nach der Scheidung meiner Mutter lebten mein Bruder und ich bei Marie und Gustav Ribbeke in Glienick, einem kleinen Bauerndorf zwischen Rangsdorf und Zossen in der Mark Brandenburg. Jeden zweiten Sonntag fuhr meine Mutter mit dem Zug zu uns raus. Diese Sonntage waren paradiesisch für uns, da wir Ausflüge unternahmen oder einen gastierenden Wanderzirkus besuchten. Außerdem mussten wir an diesem Tag nicht zwischen den Reihen von Mohrrüben knien und Unkraut jäten.

An diesem Tag stürmte ich in die Stube und niemand von den Erwachsenen sagte: »Kannst du denn nicht langsam laufen?« oder »Musst du immer so die Türen aufreißen!« Meine Pflegemutter und mein Pflegevater saßen nur stumm auf der braun gemusterten Sofagarnitur und machten Gesichter, wie ich sie bislang nur auf der Beerdigung eines Verwandten von den Ribbekes gesehen hatte. Die Atmosphäre war unbeschreiblich erdrückend. Ahnungslos, aber aus Gewohnheit schuldbewusst, blickte ich von einer Person zur anderen.

»Kind, wir haben Krieg«, sagte Marie Ribbeke.

»Krieg?«, wiederholte ich mit der ganzen Unschuld meiner neun Jahre. »Prima!«

Schon hatte ich vergessen, warum ich es so eilig gehabt hatte, und wollte begeistert weiter Fragen stellen, aber die schockierten Blicke meiner Pflegeeltern, die gerade Hitlers Kriegserklärung im Volksempfänger gehört hatten, machten mir klar, dass ich etwas Ungehöriges gesagt hatte.

»Sie ist halt noch ein Kind«, sagte Gustav Ribbeke. »Das versteht sie noch nicht. Sie hat ja keine Ahnung, was uns noch alles bevorsteht.«

Meine Pflegemutter tätschelte mir die Wange und ich versuchte krampfhaft, ebenfalls ein ernstes Gesicht zu machen. Erst als man mir sagte, dass dort viele Soldaten ihr Leben lassen würden, Häuser zerstört würden und Menschen vor Hunger stürben, ahnte ich, dass Krieg nicht nur ein Spiel war, bei dem man umfallen, aber auch wieder aufstehen konnte.

Bei der erstbesten Gelegenheit zog ich mich aus dem Wohnzimmer zurück, um meinen Bruder zu suchen. Der würde vielleicht staunen. Endlich wusste ich einmal etwas, was er nicht wusste. Meistens war es umgekehrt.

Ich fand ihn dort, wo ich ihn vermutet hatte, im Wald hinter den Stallungen in einem selbst gebauten Baumhaus. Heinz, der bereits elf Jahre alt war, saß dort oben in der Linde mit seinem Schulfreund Ferdinand.

Sobald sie mich erblickten, warfen sie mit Tannenzapfen nach mir, die sie dort oben gebunkert hatten. Ich ließ mich jedoch davon nicht abschrecken, sondern kletterte im Hagel ihrer Wurfgeschosse die wackelige Leiter hinauf.

»Wir haben Krieg«, sagte ich, wobei ich mir Mühe gab, Worte und Tonfall des vorhin Gehörten möglichst genau nachzuahmen.

Obwohl die beiden Jungen zwei Jahre älter waren als ich, hatten auch sie keine richtige Vorstellung von einem Krieg. Sie redeten sich nur die Köpfe heiß, und ihre größte Sorge war, dass der Krieg vorbei sein könnte, ehe sie im wehrfähigen Alter sein würden.

Heinz und ich waren damals naiv, wir wussten es nicht besser. In der Zwischenzeit war all das eingetreten, was mir meine Pflegeeltern über den Krieg erzählt hatten.

Über meinen Gedanken war ich eingeschlafen, den Kopf auf den Händen. Weit entfernt hörte ich noch die Stimme meiner Mutter, die von einem gütigen Kalifen sprach, der unzählige Schimmel sein Eigen nennen konnte. Ich schlief viele Stunden, ohne wach zu werden. Später lernte ich, sogar im Stehen zu schlafen.

Dritter Tag im Bunker · Lippenrot für den Feind

Das kleine Stück Brot mit Honig war schnell hinuntergeschlungen. Auf meinen Platz legten wir die azurblauen Sonntagsbettdecken, so hatte meine Mutter ein bequemes Lager, auf dem sie ihr Bein ausstrecken konnte. Anschließend machte ich mich mit Heinz und Martin auf den Weg zum Roten Kreuz. Ich hatte nach wie vor meinen Wollrock an, meine weiße Bluse, den bunt gemusterten Pullover und die Cordrippjacke. Die Zöpfe hatte ich gar nicht erst aufgeflochten, seit drei Tagen war ich ungewaschen. Mir fiel ein, dass ich den Totenschein von Mario immer noch mit mir herumtrug.

Carmen und Elisabeth waren vor mir angekommen, mühsam zerrissen sie gerade ein fest gewebtes Damasttuch. Ich freute mich, sie wiederzusehen.

»Tagchen«, begrüßte ich die beiden.

»Hast du auch so einen Mordshunger wie wir?«, fragte Carmen.

Ich nickte und holte aus meiner Rocktasche drei Bohnenkerne hervor.

»Das lenkt ab«, sagte ich und verteilte meinen kleinen Schatz.

Als hätte Schwester Ingeborg unsere Worte gehört, kam sie mit einem Blechteller an, den sie neben Elisabeth auf die Bank stellte.

»Stullen mit Margarine!«, rief Carmen. »Wie im Schlaraffenland.«

»Lasst aber auch was für die anderen Mädchen übrig«, sagte Schwester Ingeborg. »Und im Übrigen sollte eine von euch durch den Bunker gehen und Lippenstifte einsammeln. Wir wollen damit rote Kreuze auf einige Bettlaken malen und sie am Bunker anbringen.«

Ich meldete mich sofort. Carmen, Elisabeth und das Mädchen mit den blonden Schnecken, die jetzt auch zu unserer Runde gehörte, hatten nichts dagegen einzuwenden. Sie zeigten wenig Begeisterung, von Raum zu Raum zu gehen, um erneut die Menschen anzusprechen.

»Mir reichten gestern schon die Bettlaken«, sagte Elisabeth. »Ich bin doch keine Hausiererin.«

Nachdem ich meine Stulle aufgegessen hatte, machte ich meinen Rundgang durch die verschiedenen Räume, in denen die Luft immer stickiger wurde und noch strenger nach Ausdünstungen roch. Gestern hatte ich noch einen Hauch Eau de Cologne wahrgenommen, mit dem sich die Frauen wohl frisch gemacht hatten. Aber diese Vorräte waren nun anscheinend völlig aufgebraucht. Es wird für sie sicherlich nicht leicht sein, dachte ich mir im Stillen, sich jetzt auch noch von ihren Lippenstiften zu trennen. Ich wusste von meiner Mutter, wie wichtig die Lippenfarbe war, um sich schön zu fühlen. Selbst nach den furchtbarsten Bombennächten war sie am nächsten Tag nie ohne einen angemalten Mund hinausgegangen. Als würde die Lippenfarbe sie davor schützen, die Würde zu verlieren.

»Wozu braucht ihr denn die Stifte?«, wurde ich immer wieder gefragt.

»Um rote Kreuze auf Bettlaken zu malen. Die sollen am Bunker angebracht werden.«

»Dann sind die Russen nicht mehr weit«, hörte ich oft als Antwort.

In meinem Rock sammelten sich nach einer Weile die unterschiedlichsten Lippenstifte. Einige hatten Hüllen aus Metall und sahen schon ziemlich rostig aus, andere eine Hülse aus Bakelit. Die meisten konnte man herausdrehen, aber es gab auch Modelle darunter, wo man einfach nur die Hülle abnahm und der Wachsstift stand ohne Schutz da. Meine Mutter steuerte zwei Exemplare bei, die sie bei Hertie eingekauft hatte. Und die freundliche Frau mit dem Wäschekoffer überreichte mir einen in einer nachtblauen Metallhülse.

»Aber ein letztes Mal will ich mir noch die Lippen nachziehen«, sagte sie, bevor sie ihn mir in den angehobenen Rock warf. »Selbst in Notzeiten dürfen sich Frauen nicht vernachlässigen.«

Jetzt erst fiel mir auf, wie viele von den Frauen selbst im Bunker noch einen Lippenstift benutzten. Schon allein die Tatsache, dass sie einen eingesteckt hatten, als sie sich auf den Weg zu diesem Ort machten, erstaunte mich. Allein aus diesem Grund war mein Rockschoß schon nach kurzer Zeit mit Stiften gefüllt.

Auf dem Weg zur Rote-Kreuz-Station ertönte wieder einmal der Lautsprecher: »Volksgenossen verzagt nicht.« In den letzten Stunden wurden immer häufiger diese Durchhalteparolen ausgegeben. Manchmal war auch von »Nachschub« und »Verpflegung« die Rede. Ich hoffte dann nur, dass auch etwas an meine Mutter verteilt werden würde. Heinz und ich bekamen ja hin und wieder etwas von Schwester Ingeborg zugesteckt.

Vor der Schwesternstation leerte ich meinen Rock.

Vierzig bis fünfzig Lippenstifte kullerten auf den Boden.

»Zu viert nehmt ihr euch jetzt ein Laken und malt ein rotes Kreuz drauf«, sagte Schwester Ingeborg, die sich sichtlich zufrieden über unsere Sammelaktion zeigte.

»Schaut mal, hier ist ein ganz dunkles Rot«, strahlte Elisabeth, die einen goldfarbenen Metallstift herausgedreht hatte.

»Wie das von Zarah Leander«, begeisterte sich auch Carmen.

»Und das ist ein Marika-Rökk-Lippenstift«, schwärmte Marianne, das Mädchen mit den Schnecken, die ebenfalls die Hülle eines Stifts entfernt hatte. »So ein schönes Rosa! Und riecht auch noch nach Pfirsich!«

»Zarah hin, Marika her, die Kreuze müssen fertig werden.« Schwester Ingeborg war wieder in ihrem Element. »Und, Kinder, nicht ganz bis zum Rand malen, sonst kann man die Laken nicht richtig anfassen.«

Wir vier Mädchen – die anderen drei waren nicht wieder erschienen – suchten uns nun aus dem Wäscheberg ein Laken heraus und breiteten es auf dem Boden aus. Der Gang war vorher geräumt worden, auch durfte sich niemand mehr hier niederlassen. Wir entfernten sämtliche Hüllen von den Lippenstiften und legten sie in die Mitte des Lakens. Jeder konnte sich anschließend eine Farbe wählen. Ich suchte mir ein dunkles Rot aus, weil es mir am besten gefiel.

Nach Anweisung von Schwester Ruth kniete an jeder Ecke des Betttuchs ein Mädchen und malte einen Balken von der Mitte nach außen. Danach begannen wir mit dem Ausmalen. Leider reichte dazu der eine Lippenstift nicht aus, auch nicht ein zweiter. Ich suchte unter den vielen verschiedenen Farben nach einem ähnlich dunklen Rot, aber es gab kaum identische Farben.

»Die Töne passen ja überhaupt nicht zusammen«, sagte ich mit leichter Kritik in der Stimme.

»Ist doch egal«, lachte Elisabeth und ihre Affenschaukeln wippten dabei. »Nimm es doch, wie's kommt.«

Sie hatte Recht, dennoch ärgerte ich mich ein wenig. Wenigstens passten Elisabeths Striche haargenau in meine Linie. Und als wir fertig waren, sahen alle Kreuze geradezu einheitlich rot aus. Schon gar in dieser 25-Watt-Beleuchtung.

Während wir die Kreuze malten, kamen immer wieder Menschen vorbei und verbreiteten Gerüchte. Ein Mann rief in den Gang: »Der Iwan kommt, er steht schon am Halleschen Tor.« Ich konnte mir das überhaupt nicht vorstellen, denn das Hallesche Tor war nicht weit vom Anhalter Bahnhof entfernt. Kurze Zeit später hieß es: »Der Panzerspähtrupp Mölders bricht vom Potsdamer Platz durch und treibt den Iwan zurück.« Ein solcher Spähtrupp bestand aus vielleicht maximal drei Panzern. Später fand ich heraus, dass es eine Panzerdivision Mohnke gab, eventuell hatte der Mann auch Mohnke gesagt, aber ich verstand auch hier wieder Mölders. So steht es jedenfalls in meinem Tagebuch. Auch hatte ich »Panzerspähtrupp« gehört und nicht »Panzerdivision«, die möglicherweise aus Hunderten von Panzern bestand. Ich kann mir nicht vorstellen, dass ich diese beiden Begriffe verwechselt hatte – in der Schule war uns der Unterschied genau erläutert worden. Gesehen habe ich die Panzer aber nicht.

Schließlich kam der Bunkerwart vorbei und sagte, dass der Führer in Berlin kämpfen würde, in den vordersten Reihen.

»Wie sollen wir uns das vorstellen? Mit einem Schwert in der Hand?«, fragte Elisabeth.

»Ja, wie bei Friedrich dem Großen. Er sitzt auf einem weißen Hengst, hält aber ein Gewehr in der Hand.« Man sah Carmen an, wie sie ihr früheres Geschichtsbuch nach passenden Bildern in Gedanken durchblätterte.

»Und dann prescht er voraus.« Marianne hatte anscheinend ähnliche Schlachtengemälde im Kopf.

»Das glaubt ihr doch wohl selbst nicht«, platzte ich heraus.

Alle Mädchen lachten.

Plötzlich hörten wir, wie jemand aufgeregt sagte: »Der Sprit geht langsam zur Neige. Wo kriegen wir denn Sprit her?« Das Wort »Sprit« brachte ich nur mit Alkohol in einen Zusammenhang. Vielleicht, so überlegte ich, war der Schnaps ausgegangen, mit dem im Lazarett die Wunden desinfiziert wurden.

»Das ist keine gute Nachricht«, sagte Marianne.

»Wieso?«, fragte Carmen, die ähnlich ratlos war wie ich.

»Das Benzin brauchen sie für die Aggregate«, erklärte Marianne. »Wir werden wohl bald im Dunkeln im Bunker sitzen müssen.«

Zügig malten wir an unseren roten Kreuzen weiter, sie sollten auf jeden Fall so weit fertig werden, dass sie an den Außenwänden des Bunkers angebracht werden konnten.

Gerade als wir den letzten Lippenstift aufgebraucht hatten, ertönten wieder die Lautsprecher: »Lagerhallen und Güterzüge am Anhalter Bahnhof stehen in Flammen. Wer sich von euch Volksgenossen traut, der kann dorthin gehen und sich nehmen, was er will.«

Jetzt gab es kein Halten mehr. Überall erhoben sich Menschen, um den Bunker zu verlassen. Es waren bestimmt einige Hundert. Hunger und Durst ließen jede Gefahr vergessen. In diesem Moment dachte ich, wie gut es sei, dass meine Mutter wegen ihres Fußes nicht hinauskonnte. Um sie brauchte ich mir wenigstens keine Sorgen zu machen. Heinz winkte mir von dem Matratzenlager aus zu, er wollte auch nach draußen und ich sollte mit ihm kommen. Ich entschied mich, an seiner Seite den Bunker zu verlassen. So konnten wir sicher sein, dass Hilfe in der Nähe war, falls einem von uns etwas zustoßen sollte.

Auf dem Güterbahnhof brannte es lichterloh. Viele der Züge waren zerschossen, die zerbombten Lagerhäuser standen offen. Menschen schleppten Kisten und Säcke wie emsige Ameisen. Die Artillerie schoss pausenlos, und die Einschüsse hörten sich beängstigend nah an, aber wirklich nervös machten mich nur die so genannten Stalinorgeln. Gleich Schatten sah ich sie durch die Luft fliegen, und sie heulten so enervierend, dass man das Gefühl hatte, das Gehirn sei am Durchdrehen. Am liebsten wäre ich mit dem Kopf gegen eine Wand gerannt, um dem durchdringenden Geräusch zu entkommen. Es half auch nicht, sich die Ohren zuzuhalten, das Pfeifen war viel zu penetrant.

Außerdem konnte ich auch nicht schnell genug laufen, wenn ich mir mit den Händen die Ohrmuscheln bedeckte.

Uniformierte streckten uns ihre Hände entgegen, um uns hinauf in die Waggons zu ziehen, andere schoben von hinten nach. Heinz griff nach einem Sack, den ihm ein Landser entgegenhielt. Er war mit Grieß gefüllt und wog schätzungsweise zehn Kilogramm. Ich freute mich über ein Holzfässchen mit Butter, das ich mir vor den Bauch hielt. Da wir die Hände voll hatten, schaufelte einer der Soldaten mit einem Feldbecher so viel Zucker aus einem Sack in unsere Hosen- und Jackentaschen, wie nur hineinpasste, was den ohnehin zerknitterten Totenschein auch noch klebrig machte. Heinz musste sogar seine Jacke ausziehen. Der Soldat band ihm die Ärmel zu und schüttete anschließend Spiralnudeln in beide Ärmel.

Unermüdlich mussten unsere Schutzengel im Einsatz gewesen sein, denn Heinz und ich gelangten unverletzt zum Bunker zurück, obwohl wir mit den schweren Sachen und der lose über die Schultern gelegten Jacke nur langsam gehen konnten. Andere wiederum bezahlten ihren Marmeladeneimer oder Kekskarton mit dem Leben.

Meine Mutter schaute uns erleichtert an, als sie uns die Treppen raufkommen sah.

»Schlimmer kann es nun nicht mehr werden«, sagte sie.

Aber es kam noch schlimmer. Zum Glück wussten wir das in diesem Moment nicht.

Heinz füllte unsere Becher mit Grieß, den wir mit etwas Wasser und Dosenmilch anrühren wollten.

Da wir keinen Dosenöffner hatten, fragte ich unsere Treppennachbarn, ob sie einen besäßen. Jeder schüttelte den Kopf. Erst auf der obersten Stufe konnte mir eine Frau aushelfen. Auf der Dosenmilch stand »Milchmädchen«, und die Milch war sehr süß und so dick, dass man sie nur mit einem kleinen Löffel aus der Dose bekam. Der Brei schmeckte herrlich, ein wohliges Gefühl breitete sich im Bauch aus.

»Der Willi wollte auch rausstürmen«, erzählte Frau Drescher. »Aber ich habe zu ihm gesagt: ›Du bleibst mir hier.‹ So musste ich auf ihn aufpassen und konnte nicht zu den Waggons. Aber ich hätte sowieso nicht den Bunker verlassen, der Beschuss draußen ist mir zu stark geworden.«

Martin hatte seiner Mutter und seinem Bruder ebenfalls Grieß und Nudeln mitgebracht – Letztere waren besonders begehrt, sie wurden roh gegessen. Aber wir hätten unsere Kostbarkeiten auch mit ihnen geteilt. Ich konnte mir nicht mehr vorstellen, ohne Frau Drescher, Martin und Willi zu sein.

Nach dem Essen rollten wir aus Grieß, Butter und Zucker kleine Kügelchen, die wir Marzipankartoffeln nannten. Meine Mutter bewahrte sie in der Ecke eines Kopfkissens auf, die Heinz mit seinem Taschenmesser zugeschnitten hatte. Oben wurden die Zipfel zugebunden, und wann immer wir Hunger verspürten, durften wir uns eine nehmen.

Einige Stufen über mir bekam eine Frau plötzlich einen Weinkrampf. Sie weinte und weinte und konnte nicht mehr aufhören. Keiner wusste den Grund. Wie ein Lauffeuer musste sich das Verhalten der Frau herumgesprochen haben, denn kurze Zeit später kamen zwei Sanitäter mit einer Trage und holten sie ab. Wahrscheinlich hatte man Angst, dass im Bunker eine Panik oder Massenhysterie ausbrach. Die Lautsprecher setzten auch sofort wieder ein: »Volksgenossen, beruhigt euch!«

»Na ja, lange kann´s ja jetzt nicht mehr dauern.« Dieser täglich so oft gehörte Satz kam dieses Mal aus dem Mund des Soldaten mit der Augenklappe. Er schien sich ein wenig erholt zu haben, denn Heinz und Martin hatten ihn dazu überreden können, mit ihnen Karten zu spielen. Ich holte meine Schreibhefte heraus und notierte die Ereignisse des Tages.

Vierter Tag im Bunker · Tödliche Hilfsbereitschaft

»Das hat mir gerade noch gefehlt«, hörte ich meine Mutter zu Frau Drescher sagen, während ich langsam die Augen öffnete. »Ich habe meine Tage bekommen. Hast du vielleicht eine Binde in deinem Koffer?«

»Meine Periode bleibt schon seit Monaten aus«, antwortete Frau Drescher.

Ich erinnerte mich, dass meine Mutter und Frau Drescher früher ihre Menstruation immer in einem Abstand von ein paar Tagen bekommen hatten. Wollte die eine ins Schwimmbad gehen, konnte die andere nicht und umgekehrt. Die benutzten Binden wurden dann gewaschen und zum Trocknen auf die Leine gehängt. Glücklicherweise war ich davon noch nicht betroffen. Viele Frauen hätten in den letzten Kriegsjahren ihre Tage nicht mehr bekommen, das sagte wenigstens meine Mutter. Sie nannte diese Frauen »Hungerkünstlerinnen«.

»Vielleicht kann ich ja helfen«, mischte ich mich in das Gespräch ein und stand auf.

Von meinem weiteren Plan erzählte ich nichts, meine Mutter hätte vor Sorgen wieder nur die Hände überm Kopf zusammengeschlagen und mich nicht weggehen lassen wollen. Ich nahm die Milchkanne und eine leere Milchmädchen-Dose mit, stieg die Treppen hinunter und machte mich auf den Weg zum Anhalter Bahnhof. Gestern, auf dem Weg zum Güterbahnhof, hatte ich gesehen, dass überall Rollen von Wellpappe herumlagen. Die zweischichtige Pappe – sie bestand aus einer glatten, festen Seite und einer gewellten – wurde benutzt, um Verletzte darauf zu legen. Auf diese Weise wurde das Blut aus den Wunden aufgefangen, es sickerte somit nicht in den Boden ein. Auch wurden damit Tote und Blutlachen abgedeckt. Von dieser Wellpappe wollte ich nun ein Stück besorgen.

Draußen blendete mich helles Licht. Trotz der vielen Rauchwolken konnte man die Aprilsonne erahnen. Ansonsten war es noch sehr kalt. Für einen kurzen Augenblick dachte ich daran, dass bald die Zeit der Kniestrümpfe anfangen würde. Meine dicken Baumwollstrümpfe fingen langsam an zu kratzen, zumal ich sie seit einigen Tagen trug.

Jetzt erst sah ich, dass rund um den Bunker unsere mit roten Kreuzen bemalten Bettlaken an den Betonwänden befestigt waren. Hoffentlich lassen die Russen uns in Ruhe und tun uns nichts Schlimmes an, dachte ich. Gestern hatte ich gehört, dass sie auch Bunker stürmen und Leute erschießen würden, weil sie davon ausgingen, dass sich Soldaten darin verschanzt hätten. So lauteten die Gerüchte. Schnell verbannte ich derartige Vorstellungen aus meinen Gedanken.

Der Anhalter Bahnhof war nur noch ein klappriges Skelett, das kurz vor dem Zusammenbrechen war. Auf dem Bahnhofsplatz sah ich einige Sanitäter, die dabei waren, mit einer Schere, die am obersten Knopf der Uniform an einer Schnur baumelte, größere Teile Wellpappe von den Rollen zu schneiden. Zu einem von ihnen ging ich hin.

»Ein so großes Stück brauche ich nicht«, sagte ich

zu dem Sanitäter, der kaum älter als mein Bruder war und gerade Pappe in der Größe eines Kinderzimmers abrollte. »Im Format eines Badehandtuchs, das würde reichen.«

»Ist ein Baby verletzt?«, fragte er mich erschrocken.

»Nein. Ich will es nur unter den verwundeten Fuß meiner Mutter legen«, log ich.

Der Sanitäter rollte die Pappe wieder auf und schnitt mir die gewünschte Größe ab. Anschließend klemmte ich sie mir unter den Arm und stellte mich in der Bahnhofshalle in die Schlange der Wartenden, die wie ich Wasser pumpen wollten. Ein Landser stand neben der Pumpe und hatte die Aufgabe, die Menschen bei heraufziehender Gefahr zu warnen – die Pumpe stand immer mal wieder unter Beschuss. Gott sei Dank war es in dieser frühen Morgenstunde relativ ruhig.

Mein Blick schweifte in der Gegend umher. Was ich sah, stimmte mich traurig. Überall lagen auf den Bürgersteigen, unter Bäumen oder in den noch verbliebenen Hauseingängen Leichen. Manchmal war es nur eine Person, dann wieder eine kleinere Gruppe. Alle waren sorgfältig mit Decken, Tüchern oder jener Wellpappe abgedeckt, sodass man keine Gesichter sehen konnte, nur Hände oder Füße, die hervorschauten. Noch vor Tagen gab es Räumungs- und Bergungskommandos, jetzt trug man die Leichen nur noch auf Haufen zusammen. In meinem Gehirn wollte sich der Gedanke festsetzen, dass die Friedhöfe in der Bergmann- und Belle-Alliance-Straße schon in russischer Hand waren, aber ich verscheuchte ihn in die hintersten Gehirnzellen. Ich wollte das nicht denken. Wahrscheinlich hatten die Kommandos einfach keine Zeit mehr für diese Dinge.

Immer wieder schauten Menschen unter die Abdeckung, um nach Angehörigen zu suchen. Ich denke, dass ich überhaupt nicht richtig registriert habe, was ich damals sah. Wie sonst hätte ich diese Anblicke ertragen können? Hinterher fiel mir auch erst ein, dass ich in der zerstörten Bahnhofshalle hinter dem Sanitäter, der mir die Wellpappe zuschnitt, Berge von übereinander gestapelten Toten aus den Augenwinkeln wahrgenommen hatte.

Während ich weiter darauf wartete, im richtigen Moment hinüber zur Pumpe zu sprinten, beobachtete ich einen Jungen, der vielleicht zwei, drei Jahre jünger war als ich. Er machte sich an einer Plane zu schaffen, unter der mehrere Leichen lagen. Mein erster Gedanke war, dass er die Toten beklauen wollte. Wütend rannte ich los und packte ihn im Genick. Ich hatte durch meinen Bruder gelernt, dass dies die beste Methode war, um niemanden entwischen zu lassen.

Aber als ich in das völlig verrußte und tränenverschmierte Gesicht mit den versengten Haaren sah, wusste ich, dass ich mich geirrt hatte.

»Ich suche doch bloß nach meiner Mutti«, jammerte er.

Der Junge hieß Peter Krüger und auf meine Frage, wo er denn wohne, kam die Antwort: »Nirgends. Wir sind ausgebombt worden.«

»Komm doch mit in den Bunker«, schlug ich Peter vor. »Vielleicht ist deine Mutti ja da.«

Überglücklich und voller Hoffnung, dass er seine Mutter dort finden könne, kam er mit mir, nachdem ich meine Gefäße mit Wasser gefüllt hatte. Mit beiden Händen trug ich das kühle Nass vorsichtig zum Bunker. Ich musste aufpassen, dass nicht zu viel überschwappte, auch konnte man sich am oberen Rand der Milchdose verletzen, da der Dosenöffner eine scharfe und zackige Kante hinterlassen hatte.

Im Bunker übergab ich den Jungen Schwester Ingeborg, die selbst fünf Kinder hatte, vier davon waren evakuiert. Das hatte sie uns beim Malen der roten Kreuze erzählt. Sie hörte sich seine Geschichte an und tröstete ihn: »Halb so schlimm, Peterle, wir werden uns jetzt erst mal das Gesicht waschen, dann bekommst du was zu essen und anschließend suchen wir deine Mutti.«

Vollkommen entrüstet widersprach Peter: »Aber ich habe mich doch schon heute Morgen gewaschen, auch hinter den Ohren.« Er selbst wusste ja nicht, wie er aussah.

Alles ertrug dieser kleine Kerl, den Weltuntergang, den Verlust der Mutter, aber der Verdacht, dass er sich nicht richtig gewaschen hätte, machte ihn zornig. Was macht der Krieg bloß aus Kindern?, dachte ich wieder einmal.

Später brachten die Lautsprecher eine Suchmeldung, eine von den vielen, die jetzt nahezu stündlich ausgegeben wurden: »Frau Krüger wird von ihrem Sohn Peter gesucht. Peter befindet sich in der Rote-Kreuz-Station im Untergeschoss neben dem Aufgang F.«

Nachdem ich Peter in guter Obhut wusste und die Wellpappe bei Schwester Ingeborg gelassen hatte, brachte ich die Gefäße mit dem frischen Wasser zu meiner Mutter. Von Heinz und Martin war keine

Spur zu sehen, sie waren wieder im Bunker unterwegs und machten sich nützlich. Eigentlich hätte ich für das Zerschneiden der Wellpappe das Messer von meinem Bruder gebraucht. Aber es wird auch anders gehen, dachte ich.

Eine Weile blieb ich bei meiner Mutter sitzen, dann ging ich erneut hinunter zur Roten-Kreuz-Station, wo Schwester Ingeborg dabei war, irgendwelche Anordnungen zu geben.

»Wo ist Peter?«, fragte ich, als sie sämtliche Aufgaben verteilt hatte.

»Seine Mutter hat ihn noch nicht abgeholt«, erwiderte sie. »Sie wäre kaum ohne ihr Kind in den Bunker gegangen. Aber das wollte ich nicht in Peters Anwesenheit sagen.«

»Was wird aus ihm?«

»Erst einmal bleibt er bei mir im Lazarett.«

Ich musste mich jetzt anderen Dingen widmen und bat Schwester Ingeborg, mir eine Schere auszuleihen. Sie überreichte mir eine ohne weitere Nachfrage, und ich schnitt die flexible Wellpappe in längliche kleine Rechtecke mit abgerundeten Kanten, die ich schließlich mit Bettlakenstreifen umwickelte.

»Was machst du da?«, fragte Schwester Ingeborg, nun neugierig geworden.

»Das werden Binden für meine Mutter«, antwortete ich.

»Das ist ja wirklich praktisch, und man kann sie bestens entsorgen. Das werde ich weiterempfehlen. Deine Mutter wird selig sein.«

Sie war es auch wirklich. Sofort humpelte sie die Treppen zu den Eimern hinunter.

»Die Dinger kratzen auch nicht«, sagte sie freudestrahlend nach ihrer Rückkehr.

In diesem Moment flackerte die Beleuchtung im Bunker. Plötzlich war um uns tiefste Dunkelheit. Wir hielten den Atem an und warteten darauf, dass die Glühbirnen wieder angingen. Aber nichts dergleichen geschah. Dieses Mal blieb es stockfinster. Über Lautsprecher wurden wir informiert, dass die Aggregate ausgefallen seien.

Nach einer Zeit der Stille begann um uns herum ein eifriges Rascheln. Meine Mutter holte aus einem unserer drei Koffer eine Kerze, die sie anzündete. Einige Wachstropfen ließ sie auf die Treppe fallen und drückte die Kerze darauf. So musste nicht immer einer von uns das Licht halten. Viele von unseren Nachbarn taten es ihr nach. Einige hatten Taschenlampen bei sich, die sie aufblitzen ließen, wenn sie zu den »Toiletten« gingen, manche hatten dynamobetriebene Pumptaschenlampen. Aber schon nach relativ kurzer Zeit erlahmten die Hände oder bekamen einen Krampf.

»Unsere Kerzen werden nicht mehr lange reichen«, konstatierte meine Mutter, deren schönes Gesicht in dem schwachen Widerschein geheimnisvoll aussah. Auch funkelte ihr goldener Ring, den sie an der rechten Hand trug. Ich weiß nicht mehr, ob es ein Erbstück war oder ihr umgearbeiteter Ehering; jedenfalls war es ihr einziges Schmuckstück.

»Not macht erfinderisch«, sagte der einstige Soldat mit der Augenklappe. Ich hatte gehört, wie Frau Drescher ihn mit Jens ansprach. Während ich Bettlaken und Lippenstifte gesammelt hatte und meine Zeit beim Roten Kreuz zubrachte, mussten sich die Menschen hier auf der Treppe näher gekommen sein. »Wir brauchen leere Konservendosen, Öl, Schmalz und den leeren Grießsack.«

Meine Mutter schüttete den Grieß in unsere Kopfkissen und Jens begann Notlichter herzustellen. Dazu trennte er den Leinensack auf und zog einzelne Fäden heraus. Sie ergaben ideale Dochte. Als er den Versuch unternahm, Butter statt Schmalz in die leeren Dosen zu füllen, sprühte der Docht jedoch nur Funken und es knisterte wie in einer Bratpfanne. Als nach Stunden die Kerzen aufgebrannt waren, kamen unsere Notlichter zum Einsatz. Es stank und rußte in unserem Treppenaufgang, sodass unsere Augen tränten, aber wir konnten wenigstens etwas sehen.

Ich saß neben meiner Mutter und schrieb fast blind einige Stichwörter in mein Tagebuch. Es war viel zu dunkel, um ganze Geschichten festzuhalten. Als ich gerade »Pumpe unter Beschuss« hinkritzelte, sprach sich wieder einmal eine Parole wie ein Lauffeuer herum: »Die Russen stehen am Halleschen Tor. Alles, was ihr habt, Volksgenossen, wo ein Hakenkreuz darauf zu sehen ist, muss vernichtet werden. Wenn den Russen das in die Hände fällt, dann ist das ein Grund für sie, euch zu erschießen.«

Nun war es kein Gerücht mehr, sondern es schien Wirklichkeit zu sein: Die Russen waren keine zwanzig Minuten Gehweg von uns entfernt. Ich nahm meine provisorische Rote-Kreuz-Armbinde ab, obwohl darauf gar kein Hakenkreuz zu sehen war, und von meinem Jackenrevers eine Anstecknadel, die ich für einen gewonnenen Schwimmwettbewerb erhalten hatte. Um mich herum fingen die Leute an, kleine Feuer auf den Treppenabsätzen zu machen, in denen sie ihre Lebensmittelmarken und Geldscheine verbrannten. Die Atmosphäre war gespenstisch.

»Wir können doch nicht unsere Lebensmittelkarten verbrennen«, regte sich meine Mutter auf. »Wer weiß, vielleicht bekommen wir darauf noch etwas zu essen – hinterher.«

Ich habe getan, was man mir gesagt hatte. Ich vernichtete die Armbinde und das Sportabzeichen, indem ich beide Teile in einem Siel außerhalb des Bunkers verschwinden ließ. Mit meinen Gedanken war ich in dieser Situation nicht wirklich bei mir. Ich ließ mich treiben und wollte das alles wohl nicht wahrhaben. Befremdlich schaute ich auf die größeren Feuer, die auf dem Bunkervorplatz knisterten. Die Menschen warfen Uniformen in die Funken und Fahnen, viele Frauen trennten sich von Fotos, auf denen ihre Männer als Soldaten zu sehen waren. Manche verbrannten auch das eine oder andere kleine Bildnis von Hitler, das sie noch im Koffer verwahrt hatten.

Nachdem ich meinen Beitrag zur »Hakenkreuz-Vernichtungswelle« geleistet hatte, wollte ich wieder mit meiner Milchkanne zur Pumpe am Anhalter Bahnhof, um Wasser zu holen. Ständig hatten wir Durst, auch wollte ich endlich den Fuß meiner Mutter kühlen. Ich ärgerte mich darüber, dass ich nicht schon längst auf die Idee gekommen war. Aber es sollte das letzte Mal sein.

»Warte hier!«, befahl mir ein Landser, der gerade mit einem Emailleeimer auf dem Weg zur Pumpe war, und nahm mir meine kleine Kanne aus der Hand. Ich konnte erst gar keine Einwände erheben, schon war er mit langen Sätzen losgesprintet. Kurz darauf hinter dem Splitterschutz verschwunden. Soldaten mussten sich nicht zum Wasserholen anstellen.

Als ich die ramponierte Bahnhofshalle betrachtete, bemerkte ich, dass sich immer mehr Menschen dorthin geflüchtet hatten, um Schutz zu suchen, so notdürftig er auch war. Ich sah Zelte mit einem roten Kreuz darauf, eine Feldküche sowie zahlreiche Uniformierte. Alle Waffengattungen waren vertreten, überwiegend hielten sich jedoch Sanitäter hier auf.

Mein Blick schweifte wieder zur Pumpe, und ich sah den Soldaten zum Vorschein kommen, links und rechts den Eimer und die Kanne tragend. Beide Gefäße waren randvoll, sodass viel kostbares Wasser beim Gehen überschwappte.

Ich konnte kaum fassen, was dann geschah. Auf halbem Wege zu mir fiel der Soldat zu Boden, als wäre er gegen eine Wand gelaufen.

»Sani! Sani! Hierher!«, schrien einige Menschen.

Erst jetzt verstand ich, dass der Landser von Granatsplittern getroffen worden war. Rasch trugen ihn Sanitäter in die Bahnhofshalle, legten ihn vorsichtig auf den mit Wellpappe bedeckten Boden und zerschnitten seine Uniform. Wie von Sinnen rannte ich zu dem verwundeten Soldaten und starrte ihn an. Sein Körper sah aus, als wäre er mit einem Rasiermesser aufgeschlitzt worden. Die Wunde fing immer stärker an zu bluten, und es bildeten sich blaue Bläschen, die von Sekunde zu Sekunde größer wurden.

Es waren aber keine Blasen, es waren seine Gedärme. Sie quollen einfach hervor und begannen in der kalten Aprilluft zu dampfen und einen entsetzlichen

Geruch zu verbreiten. Mir wurde so übel wie nie zuvor in meinem Leben. Einer der Sanitäter sagte: »Da ist nichts mehr zu machen.« Zu meiner Übelkeit gesellte sich ein unbändiger Zorn. Wieso war da nichts mehr zu machen? Sie konnten ihn doch operieren! Wozu gab es hier Ärzte und Sanitäter? Sie konnten ihn doch nicht einfach in dieser zugigen Bahnhofshalle sterben lassen.

Doch, sie konnten.

Nachdem man ihm eine Injektion gegeben hatte, liefen sie in die Richtung, aus der schon wieder jemand »Sanitäter« rief. Einer hatte mir noch geraten: »Verschwinde lieber, ehe es dich auch erwischt.«

Ich hockte mich neben den Verwundeten, fühlte seinen Puls und sagte: »Der Arzt kommt gleich.« Anschließend schob ich ihm meine Jacke unter den Kopf. Es war unsinnig, was ich tat, aber ich konnte ihn nicht einfach allein sterben lassen, nicht, ohne dass er das Gefühl hatte, man würde alles für ihn tun.

Der Soldat muss trotz der Spritze wahnsinnige Schmerzen gehabt haben. Sein Stöhnen hörte sich an, als hielte ihm jemand den Mund zu, sein Körper bäumte sich immer wieder für Sekunden auf. Kaum konnte ich den Todeskampf ertragen. Einmal hatte ich den Gedanken, dass ihm doch ein Sanitäter helfen könnte, sein Ende zu erleichtern, aber sie waren mit anderen Verwundeten beschäftigt. Ich weiß nicht, wie lange ich neben dem Mann kniete, nur dass er erst starb, als praktisch sämtliche Eingeweide neben ihm lagen und ich meine steif gewordenen Beine kaum zu bewegen vermochte. Als er nicht mehr lebte, war ich regelrecht froh, dass er sich nicht mehr quälen musste.

Nach kurzem Zögern zog ich vorsichtig meine Jacke unter seinem Kopf hervor und deckte ihn mit einem Stück Wellpappe ab. Als ich gehen wollte, fiel mir noch etwas ein. Ich tastete unter seinem Hemd nach der Erkennungsmarke, die jeder Soldat um den Hals tragen musste. Ich brach die eine Hälfte ab, was gar nicht so einfach war, denn ich musste dafür erst den Toten auf die Seite rollen, die perforierte Metallplatte auf einen Stein legen und mit einem anderen so lange dagegen drücken, bis das Blech in zwei Hälften zerbrach. »Inf. Ers. Btl.« stand darauf eingestanzt, und vier Zahlen, an die ich mich nicht erinnern kann, aber kein Name. Später erfuhr ich, was die Abkürzung bedeutete: Infanterie Ersatz-Bataillon. Die abgebrochene Hälfte steckte ich in meine Jackentasche zu dem klebrigen Totenschein.

Ich bemerkte nicht, was um mich herum geschah. Nur noch fort wollte ich. Egal wohin, nur fort, fort, fort. An die Gefahren verschwendete ich keinen Gedanken, sie interessierten mich nicht. Ich lief einfach eine Straße entlang, ohne bestimmtes Ziel.

Vollkommen chaotische Überlegungen gingen mir durch den Kopf. Wenn mich jetzt ein Splitter trifft, dachte ich, ob ich dann auch sofort tot wäre, wie dieser Soldat? Trefft mich doch endlich, ihr blöden Russen, wütete ich plötzlich. Das wäre das Beste, und ihr könnt sehen, was ihr davon habt. Aber es tauchten auch ganz banale Überlegungen auf: Heinz musste bald die guten Schuhe aus dem Koffer anziehen, die Turnschuhe würden nicht mehr lange halten. Mutters Knöchel müsste man kühlen, damit die Schwellung endlich abklingen würde. Essigsaure Tonerde sollte dafür gut sein. Ob es noch eine Apotheke gab? Was mochte aus Ilse geworden sein? Lebte meine Freundin noch? Seit unserer Konfirmation hatte ich nichts mehr von ihr gehört. Wenn wenigstens Alfred hier wäre, der wüsste sicher, was zu tun sei! Oder war der etwa auch schon tot? Schade um meine Milchkanne, die jetzt irgendwo vor dem Bahnhof herumlag. Sicher hatte sie schon jemand mitgenommen. Auch den Blecheimer. Kaum einen Gedanken konnte ich zu Ende denken, schon flatterte der nächste durch mein Gehirn.

Außer mir war in dieser Straße kein Mensch zu sehen. Nur ein paar notdürftig bedeckte Leichen. Diese verdammten Stalinorgeln! Es war unmöglich, sich bei ihrem ständigen Heulen noch normal durch die Welt zu bewegen. Warum wurde ich eigentlich nicht von einem Granatsplitter getroffen? Beschäftigte sich etwa eine ganze Armee von Schutzengeln mit mir?

Plötzlich fand ich mich auf dem Boden liegend wieder. Die Gegenwart hatte mich eingeholt. Ich war über einen Blindgänger gestolpert und bäuchlings in einer großen Öllache gelandet, die aus einem getroffenen Fahrzeug ausgelaufen war. Wie auf einer Eisbahn war ich ungebremst durch die glitschige Brühe geschlittert. Eigentlich wusste ich, dass der Straßenasphalt mit Einschlaglöchern übersät war, aus denen alle möglichen Blindgänger gerade noch mit den Flügelenden herausragten. Normalerweise achtete ich auch auf solche Fußangeln, aber an diesem Tag achtete ich auf nichts.

Ich begann zu schreien. Ich schrie, so laut ich konnte. Meine hysterischen Schreie taten mir selbst in den Ohren weh, aber ich konnte nicht aufhören. Mein Geheule war längst überfällig gewesen, erst dieser relativ harmlose Unfall führte dazu, dass sich meine tief im Innersten brodelnden Gefühle einen Ausweg verschaffen konnten.

Plötzlich war ich umringt von Menschen. Ich war erstaunt, dass es außer mir noch andere Personen in dieser Trümmerwelt gab.

»Das arme Kind«, hörte ich eine Frauenstimme sagen.

»Was ist mit dem Mädchen passiert?«, fragte jemand anderes.

Ein älterer Mann und eine junge Frau richteten mich auf und tasteten mich nach Verletzungen ab.

»Sie scheint völlig in Ordnung zu sein«, stellte die junge Frau fest.

Ich aber schrie weiter.

Kräftige Hände schüttelten mich, sodass ich auf dem öligen Boden hin und her rutschte.

»He, Mädchen, komm zu dir. Dir fehlt doch nichts. Was ist los?«

»Nichts ist los«, brüllte ich und wischte mit den schmierigen Ölhänden in meinem Gesicht herum. »Was soll denn los sein? Seht euch doch um. Alles bestens.«

Je mehr mich die Leute beruhigen wollten, desto mehr Blödsinn schleuderte ich heraus. Erst ein paar schallende Ohrfeigen brachten mich endlich zum Schweigen. Ich konnte anschließend nur noch schluchzen. Einige der Umstehenden brachten mich in ein nahe gelegenes Lokal, in dem ich mit meiner Mutter und Heinz noch vor einigen Wochen für fünfzig Pfennige einen Eintopf gegessen hatte. »Franziskaner« oder »Augustiner« hieß es, jedenfalls musste ich damals bei seinem Namen an einen Mönch denken. Es sah hier aber nicht mehr so aus, wie ich das Lokal in Erinnerung hatte, es glich eher einem Nomadenlager. Vor den mit Pappe und Brettern vernagelten Fenstern hatte man umgekippte Tische und Sandsäcke gestapelt, wenigstens einige Tische standen noch an ihren angestammten Plätzen. Und auf ihnen Schüsseln mit dampfender Suppe.

Die jüngere Frau setzte mich auf einen Stuhl und jemand stellte mir einen Teller Suppe hin.

»Das wird dir gut tun«, sagte sie.

Wie die Suppe schmeckte, weiß ich nicht mehr, aber wie der Tisch sich anfühlte, das werde ich nie vergessen. Er war beschichtet, und man konnte Wassertropfen darauf hin und her pusten, sodass sie auf der Oberfläche kullerten. Heinz und ich hatten das immer getan, wenn wir zu besonderen Anlässen mit meiner Mutter hier sonntags zu Mittag aßen. Unter meinen Handflächen fühlte der Tisch sich wie Samt und Seide an, so wie ich mir die Gewänder von Prinzen und Königen in meinen Märchen vorstellte. Ich streichelte die Oberfläche und sah dabei einen Prinzen in einem purpurnen Gewand vor mir. Gleich würde er erscheinen und mich aus einem bösen Traum erwecken.

Doch nichts dergleichen geschah. Vor mir stand nur der Teller Suppe, zu dem mir ein Löffel fehlte. Ich musste warten, bis mein Tischnachbar seine Mahlzeit beendet hatte und mir sein Feldbesteck ausborgte. Das Scharnier war so ausgeleiert, dass der Löffel immer wieder umknickte. Weil ich mich so sehr auf den wackeligen Löffel konzentrierte, beruhigte ich mich langsam.

»Wie heißt du denn?«, fragte der ältere Mann, der mich in das Lokal begleitet hatte.

»Waltraud. Waltraud Weiße.«

»Und wo wohnst du?«

»Im Anhalter Bunker, und ehe wir ausgebombt wurden, in der Saarlandstraße 29 c.«

»Iss mal jetzt in Ruhe deine Suppe. Später werden wir dich dorthin bringen.«

Langsam nahm ich das Leben um mich herum wahr. Überall lagen auf dem Fußboden des Lokals Zivilisten, Landser, Kranke und Verwundete. Die meisten von ihnen sprachen kaum ein Wort. Es war, als würden sie auf etwas warten. Auf die Engländer? Auf das Ende? Auf den Tod?

Plötzlich wurde die Lokaltür aufgerissen und »Kettenhunde« betraten den Raum. Diese berüchtigte Militärstreife wurde so genannt, weil die Männer eine Kette um den Hals trugen, an der ein blankes, sichelförmiges Schild hing. »Feldstreife« war darauf zu lesen. In Lokalen, auf Bahnhöfen oder in Zügen tauchten diese Männer auf und führten Razzien durch. Es gab »Kettenhunde« in einer feldgrauen Uniform und solche, die eine schwarze trugen, mit dem Totenkopfabzeichen am Kragen. Letztere waren meistens von sehr großer Statur und besonders gefürchtet, niemals habe ich einen von ihnen lächeln sehen. Betraten sie einen Raum mit mehreren Menschen, mussten sich die Zivilisten ausweisen, und jeder Soldat, der keinen gültigen Urlaubsschein oder Marschbefehl vorweisen konnte, wurde als Deserteur mitgenommen. Das nahm ich wenigstens an. Ich hatte schon öfter derartige Razzien erlebt und mich auch einmal gewundert, warum sich diese »Kettenhunde« von den Frontsoldaten sogar Streichholzbriefchen zeigen ließen. Als ich meinem Bruder davon erzählte, lachte er mich aus und meinte mit brüderlicher Überheblichkeit: »Bist du doof. Das waren doch keine Streichhölzer, das waren Pariser. Die muss jeder Soldat dabeihaben, damit er nicht geschlechtskrank wird.« Ich fragte ihn aber nicht weiter, was denn wiederum Pariser seien. Die Antwort darauf konnte mir später Ilse geben.

Vier waren es an der Zahl, vier schwarze »Kettenhunde«, die in das Lokal kamen. »Heil Hitler!« Sie grüßten zackig, mit zusammengeschlagenen Hacken. Zwei von ihnen blieben an der Tür, die beiden anderen gingen durch den Raum. Sie alle trugen auf ihren Uniformen den Totenkopf. Ich konnte nicht begreifen, dass sie in diesen Kriegswirren, wo das Ende der Kämpfe doch so sichtlich nah war, noch immer unterwegs waren. Und sie waren weder nervös noch in Eile.

»Halten Sie bitte Ihre Ausweispapiere bereit«, sagte nun der eine von den beiden, die durch das Lokal marschierten.

Es war die Höflichkeit der schwarzen Kettenhunde, die Angst machte. Immer traten sie übertrieben zuvorkommend auf und ordneten ihre Befehle in einem halblauten, aber bestimmten Tonfall an, der keinen Widerspruch duldete.

Die Atmosphäre wirkte wie eingefroren. Nichts war zu hören als ein leises »Danke sehr«, »Bitte sehr« oder »Gute Besserung, Kamerad«. Hin und wieder ertönte auch ein schärferes »Aha, ich verstehe« oder »Warten Sie bitte an der Tür«. Es gab einige Männer in diesem Lokal, die das gewünschte Papier nicht vorweisen konnten.

Ich selbst streichelte unentwegt die Tischplatte und dachte weiter an den Prinzen, der mich erlösen sollte, konnte doch auch ich mich nicht ausweisen. Glücklicherweise fragte mich keiner danach, ich erntete nur einen sehr langen, sehr intensiven Blick, der unter die Haut ging.

»Und was ist mit euch?« Die Frage richtete sich an zwei Soldaten, die auf dem Fußboden lagen.

»Wir sind Versprengte«, beteuerten sie.

»Dann zeigt eure Dienstwaffen vor.«

Die Soldaten hatten jedoch keine bei sich. Einer von den Kettenhunden nahm ihnen die Soldbücher ab und sagte ihnen, dass man sie mitnehmen werde. Ich konnte nur denken, wie gut es war, dass Alfred nicht auf meine Mutter gehört hatte und bei uns geblieben war. Nicht auszudenken, was ihm passiert wäre, wenn er diesen Furcht einflößenden Typen in die Hände gefallen wäre.

Mutter! Wieso war ich nicht bei ihr? Was um alles in der Welt hatte ich hier eigentlich zu suchen? Die Feldstreife nahm noch zwei Zivilisten mit, einer davon hinkte. Auch sie konnten sich nicht ausweisen, vielleicht waren es ja wirklich Deserteure gewesen.

Alles passierte innerhalb weniger Minuten. So schnell die Totenköpfe aufgetaucht waren, so schnell waren sie auch wieder verschwunden.

»Ich muss zurück in den Bunker«, sagte ich zu der jungen Frau, nachdem die Militärstreife das Lokal verlassen hatte. »Aber ich finde allein zurück. Ihr braucht mich nicht zu begleiten.«

Nachdem ich mich bedankt hatte, ging ich noch auf die Toilette, um mich im Spiegel zu betrachten. Der Anblick war Furcht erregend. Waren meine Haare vorher nur grau vom Kalkstaub, sahen meine Zöpfe jetzt aus wie Räucheraale, nur rochen sie nicht so angenehm. Ich versuchte, so gut es eben ging, das Öl mit einem herumliegenden alten Stück Zeitungspapier abzutupfen und mir die Schmiere aus dem Gesicht zu wischen. Da es weder Wasser noch Seife gab, war das nicht einfach.

Als ich etwas ordentlicher aussah und mich auf den Weg in den Bunker machen wollte, sah ich auf der Theke einen Siphon stehen. Da passen ein paar Liter Wasser rein, dachte ich. Wunderbar, den konnte ich hervorragend gebrauchen, nachdem ich keine Milchkanne mehr hatte. Also nahm ich ihn mit und niemand schien etwas dagegen zu haben.

Im Dauerlauf rannte ich zurück zum Bunker. Es war nicht weit, aber ich nahm den Umweg über die Bernburger Straße, weil die große und breite Saarlandstraße beschossen wurde, darauf bedacht, nicht erneut zu stolpern. Der gerade eben erst erworbene Siphon sollte nicht beschädigt werden. Es war ein ekelhaftes Gefühl, wie der Rocksaum schwer und feucht gegen meine Waden schlug. Irgendwo entdeckte ich eine intakte Wasserpumpe und füllte den Krug, der nun sehr schwer zu tragen war. Um mich herum schlugen permanent Granaten ein, doch ich wurde von keinem Splitter getroffen. Das habe ich Ursus zu verdanken, sagte ich zu mir. Ursus war ein Held aus meinen Büchern. Der getreue Ursus, der immer seinen Herrn beschützte. Jetzt war er zu meinem Schutzengel geworden.

Vor dem Anhalter Bunker sah ich nur wenige Soldaten. In dem Vorraum zur Treppe stand ein Zivilist und erteilte den Umherstehenden gute Ratschläge im Umgang mit Russen. Sein langes Gesicht mit den flinken Augen war schwarz von Ruß.

Er krempelte sich einen Jackenärmel hoch und zeigte uns an der Innenseite seines linken Unterarms einen tätowierten roten Stern mit gekreuztem Hammer und Sichel.

»Wer so etwas hat, dem passiert nichts«, gab er mit bedeutsamer Miene zu verstehen.

Nun begann er damit, den Leuten ein paar Worte auf Russisch beizubringen. Ich habe sie in meinem Tagebuch aufgeschrieben, wie ich sie verstanden habe.

»Wenn ihr zu russischen Soldaten *klebba* sagt, was so viel wie Brot bedeutet, dann geben sie euch was zu essen. Wenn aber ein russischer Soldat *ruckiwehr* schreit, dann müsst ihr die Hände heben.« Der Zivilist machte es uns vor.

In diesem Moment spürte ich zum ersten Mal Panik. Die Russen würden doch nicht wirklich kommen, oder? Irgendjemand würde sie doch aufhalten, ganz bestimmt Alfred. Ich wollte nicht weiter daran denken, besonders nicht an die Schauergeschichten, die ich in den letzten Tagen und Wochen aufgeschnappt hatte.

»Wenigstens du bist wieder da«, seufzte meine Mutter erleichtert, als ich wieder vor ihr stand. »Den Heinz habe ich auch schon seit Stunden nicht mehr gesehen.«

Die armen Mütter. Sie hatten es damals am schwersten und kamen aus den Sorgen nicht mehr heraus.

»Ich habe endlich ausreichend Wasser, um deinen Knöchel zu kühlen!« Stolz hielt ich meiner Mutter den bauchigen Krug entgegen. Sofort schüttete ich etwas auf einen Streifen Wellpappe und wickelte den Verband um ihren Fuß. Die nasse Pappe schmiegte sich an die heiße Haut und blieb dort kleben wie ein Heftpflaster.

»Ah! Das tut gut«, sagte sie.

Für einen Augenblick war ich der glücklichste Mensch auf Erden. »Ihr seid verrückt, das kostbare Wasser dafür zu verschwenden«, mischte sich Frau Drescher kopfschüttelnd ein, die im kargen Schein eines Notlichts mein Tun genau verfolgt hatte.

Mir war das egal. Sobald die Pappe wieder trocken war, tröpfelte ich erneut Wasser darauf.

Von meinen Erlebnissen mit dem toten Soldaten und der Razzia erzählte ich meiner Mutter nichts. Sie sollte sich nicht unnötig aufregen. Ich berichtete ihr nur, dass ich vor der Pumpe gestolpert und in eine Öllache gefallen sei. Das Aussehen von Rock und Zöpfen war ja nicht zu verheimlichen. Später, als in Deutschland über die Schuld der Deutschen Wehrmacht diskutiert wurde, über Opfer und Täter, musste ich immer an diesen einzelnen Soldaten denken, der für mich Wasser holen wollte und dabei starb.

Heinz kam nach einer Weile mit kallrotem Kopf zu uns.

»Eine Selbstmordepidemie ist ausgebrochen«, stieß er atemlos aus.

Es stellte sich heraus, dass mein Bruder nichts Genaueres darüber wusste, er hatte nur das Wort aufgeschnappt. Doch bald drang es auch bis zu unserer

Treppe durch. Man sprach davon, dass sich die Leute reihenweise umbringen würden, insbesondere die Bonzen. Man erzählte von aufgeschnittenen Pulsadern und davon, dass sich einige eine Kugel durch den Kopf gejagt hätten. Doch im Bunker selbst hörten wir keinen Schuss, wahrscheinlich wurde das außerhalb der Betonmauern ausgeführt. Jedoch wurden einige verhüllte Gestalten an uns vorbeigetragen. Ich konnte nur denken, dass dies bedeuten würde, die Russen würden tatsächlich kommen – oder sie waren schon da.

Keinen Schritt wagte ich mich von meiner Mutter zu entfernen. Ich sah das verschwommene Bild der beiden Erhängten vor mir, die ich in der Toilette entdeckt hatte. Obwohl es schon spät am Abend war – glaubte man der Uhr von Heinz –, konnte ich nicht einschlafen. Ich musste ständig an den Soldaten mit seinen herausgequollenen Gedärmen denken. Seine Hilfsbereitschaft war ihm zum Verhängnis geworden. Vielleicht würde er noch leben, wenn er nur einen Eimer gehabt hätte und nicht auch noch meine Kanne voll mit Wasser hätte pumpen und tragen müssen. Vielleicht wäre er dann ein paar Sekunden schneller gewesen. Oder wenn er langsamer gelaufen wäre. Wenn ... wenn ... wenn. Ich zermarterte mir den Kopf darüber, warum er nicht wieder heil bei mir angekommen war. Fing ich an, ein wenig wegzudämmern, sofort drang wieder sein Stöhnen in mein Ohr. Welchen Namen er wohl hatte? Er war nicht alt gewesen, vielleicht zwanzig Jahre. Ich stellte mir vor, wie seine Eltern weinen würden, wenn sie von dem Tod ihres Sohnes erfuhren. Möglicherweise hatte der Verstorbene sogar eine Braut.

Die Nacht wollte kein Ende nehmen.

Ende April 1945 · Flucht aus dem Bunker

»Volksgenossen, macht euch bereit, wir müssen den Bunker verlassen. Keine Panik! Lasst die Kinder nicht weglaufen. Sucht eure Sachen zusammen, der Bunker muss geräumt werden.« Die krächzende Stimme aus dem blechern klingenden Lautsprecher schreckte mich aus wirren Träumen auf. Für einen Augenblick musste ich doch eingeschlafen sein.

»Was ist los?«, fragte ich meine Mutter und rieb mir die Augen. »Wir müssen aus dem Bunker raus? Habe ich das richtig gehört? Wie spät ist es eigentlich?«

»Es ist noch früh, Motte. Vier Uhr morgens. Du hast richtig gehört, wir müssen den Bunker verlassen. Alle, die hier sind.«

»Aber wie soll das denn bewerkstelligt werden? Hier sind zehntausend Menschen, und viele davon sind krank und liegen in Betten? Was ist, wenn einer sich das Bein gebrochen hat? Das ist doch bestimmt ein makabrer Scherz.«

»Keineswegs. Die Kanaldecke am Bahnhof Gleisdreieck soll gesprengt werden«, antwortete meine Mutter. »Dadurch wird das Wasser aus dem Landwehrkanal in die darunter liegenden S-Bahn-Schächte laufen und damit auch automatisch durch die Verbindungstunnel direkt in den Bunker. So haben sie es wenigstens über die Lautsprecher gesagt.«

»Und warum wollen sie den Bunker fluten?«

»Vielleicht ist das eine Maßnahme, um die Russen aufzuhalten«, mischte sich Heinz in unser Gespräch ein.

Das konnte eine Erklärung sein, aber sie waren doch sowieso schon am Halleschen Tor. Was machte es da noch für einen Sinn?

Zwischendurch hörte ich noch Worte wie »Sprengung« und »russische Panzer«. Sofort erinnerte ich mich an die Sprengung der Brücken über den Landwehrkanal. Aber bevor ich weiter darüber nachdenken konnte, musste ich mich um meine Mutter und unsere Sachen kümmern.

Der Fuß meiner Mutter war immer noch so angeschwollen, dass er nicht in ihren Schuh passte, ein dunkelblauer Pumps, mit einem kleinen Absatz und einer blauen Lederschleife vorn am Spann. Absatzkante und Sohlenspitze waren mit einem Metallstreifen versehen, um den Schuh zu schonen. Diesen Pumps werde ich nie vergessen, weil ich selbst oft genug hineingeschlüpft war, natürlich mit Erlaubnis meiner Mutter, wenn ich ins Kino ging, um einen Film zu sehen, der erst ab achtzehn war. Meine Strategie funktionierte, denn niemals wurde ich nach meinem Alter gefragt.

Ich musste den Fuß meiner Mutter mit Bettlakenstreifen umwickeln und anschließend mit schmaleren Bändern umschnüren. Den nicht gebrauchten Schuh packte ich in ihren Koffer.

Die Menschen um uns standen auf, legten die Decken zusammen, auf denen sie gesessen hatten, zogen ihre Mäntel oder Jacken an und nahmen anschließend ihre Gepäckstücke in die Hand, um auf weitere Anweisungen zu warten. Nirgendwo brach Panik aus, jeder verhielt sich ruhig. Nur manchmal hörte ich ein »Ach Gott, jetzt auch noch das« oder »Was soll denn nun noch kommen?«.

In diesem Moment wurden wir von Ordnern und Militärpersonal aufgefordert, uns marschbereit zu halten: »Packt eure Sachen! Räumt die Treppe! Jungs über sechzehn ins Erdgeschoss, Ausländer in die dritte Etage! Mütter mit Kleinkindern hierher! Kinder nicht von der Hand lassen! Wer über siebzig ist, meldet sich in den nächsten zehn Minuten beim Roten Kreuz.«

Jeder versuchte nach Möglichkeit, die Anordnungen zu befolgen, aber die Ereignisse überschlugen sich. Die widersprüchlichsten Gerüchte wurden laut. Der Bunker solle Kampfgebiet werden, die Russen wollten uns ausräuchern. Weiterhin solle der Bunker nur noch als Lazarett dienen und alle, die noch gehen können, müssten hier raus. Jeder schien das zu glauben, was er glauben wollte. Ich für meinen Teil war ein Produkt meiner Zeit. Ich war zu blindem Gehorsam erzogen worden, also glaubte ich der offiziellen Version.

»Wir müssen sehen, dass wir schnell aus dem Bunker kommen«, trieb ich meine Mutter und Heinz zur Eile an. »Wir wollen doch nicht die Letzten sein.«

»So schlimm wird das mit der Flutung bestimmt nicht«, erwiderte Heinz seelenruhig. »Wer weiß, ob das auch tatsächlich stimmt. Es ist schon so manches gesagt worden.«

Wie viele Bunkerinsassen sich ausgerechnet haben mögen, dass das Wasser nur einen bestimmten Pegel erreichen würde, und sich daraufhin in die oberen Stockwerke zurückgezogen haben – falls sie es überhaupt durften –, weil sie sich dort in Sicherheit wähnten, weiß ich nicht. Ich wage auch kaum zu schätzen, wie viele schwer Verwundete und Kranke letztlich im Bunker verblieben sind. Ich weiß nur, dass es viele Monate später Zeitungsartikel gab mit Überschriften wie »Bunkergrab« und »Wettlauf mit dem Tode«. In diesen Berichten war von nur zwölf Überlebenden die Rede. Was ich für Unsinn halte.

»Wir nehmen nur zwei Koffer mit, meinen großen und den kleinen braunen von Motte«, entschied meine Mutter. »Nur die allernötigsten Sachen kommen da rein, alles andere bleibt hier.«

»Meine Schreibhefte müssen mit! Und meine Bücher. Auf jeden Fall *Der Schimmelreiter*.«

»Und mein Fotoapparat!« Für Heinz war die Voigtländer das Kostbarste, was er besaß.

Meine Mutter packte unsere Schätze neben ihren Schuh. Sie selbst legte aus dem Koffer von Heinz Fotoalben in den ihrigen, ein Bettlaken, ein paar Handtücher, zwei Tischdecken und die Turnschuhe von Heinz. Dazu noch ein paar Sachen von Frau Drescher, die wegen Willi nicht so viel tragen konnte. Unter den Arm klemmte sie die schwarze Henkelhandtasche mit dem goldenen Schnappverschluss, in der sie Geld und unsere Papiere aufbewahrte. In meinem Koffer brachten wir die Kopfkissen mit Grieß, Nudeln und den restlichen »Marzipankartoffeln« unter. Heinz und ich zogen unsere »guten« Ersatzschuhe an, die einzigen Lederschuhe, die wir besaßen. Die alten Schuhe ließen wir zurück. Es waren Schnürstiefel. Die von Heinz waren schwarz und hatten Ösen, um die er nur die Schnürsenkel legen musste; bei meinen braunen musste ich dagegen die Senkel durch Löcher fädeln.

Und da es alte Schnürsenkel waren, die an den Enden aufgesprungen waren, musste ich sie mit viel Spucke zusammendrehen, damit sie überhaupt durch die Löcher gingen. Ich fand das sehr ungerecht. Neben den Schuhen wechselten wir auch die Strümpfe und die Unterwäsche. Die Oberbekleidung behielten wir an, wir hatten sowieso keine weitere; wir besaßen nur die Teile zum Anziehen, die wir am Körper trugen.

»Motte, könntest du mir nicht ein Schild basteln, mit einer Seite aus deinem Schreibheft, wo unser Name und unsere Adresse draufsteht?« Meine Mutter blickte wehmütig auf den Koffer, obwohl sie die Entscheidung getroffen hatte, ihn im Bunker zu lassen.

»Wir haben doch gar nichts zum Ankleben«, sagte Heinz. »Den Koffer finden wir nachher schon wieder.«

Wie jeder andere Mensch in dieser schrecklichen Zeit tröstete sich meine Mutter mit allem. Ein Überleben wäre sonst gar nicht möglich gewesen.

Zuletzt legte ich mir meine wieder zusammengerollte azurblaue Steppdecke um den Hals. Ich muss wie eine Wurst ausgesehen haben. Noch immer ging es nicht vorwärts und wir mussten warten. Also setzten wir uns wieder auf die Stufen, mein Bruder hatte den großen Koffer zwischen seinen Beinen, ich den kleinen auf meinem Schoß. Neben mir stand der Siphon, den ich zurücklassen wollte, weil er so schwer war. Das restliche Wasser teilten wir untereinander auf.

»Heinz, du musst dich wärmer anziehen«, bemutterte ich meinen großen Bruder, der nur sein kurzärmeliges Hemd trug. »Draußen ist es noch ziemlich kalt.«

»Ich schwitze hier wie blöde. Wer weiß, wie lange es noch dauert, bis wir aufbrechen. Und draußen vor dem Bunker können wir ja auch nicht warten, weil ganz Berlin unter Beschuss liegt.«

Brüder haben ihren eigenen Kopf. Dennoch waren wir auch froh darüber. Heinz ignorierte einfach den Befehl, demzufolge alle Sechzehnjährigen ins Erdgeschoss sollten. Aber Mutter und ich mussten Heinz noch lange gut zureden, bis er sich wärmer anzog. Zum Abschluss hängte er sich eine zum Dreieck gefaltete Luftschutzdecke um, die er bei seinen Außengängen wohl einem Toten abgenommen haben muss. Auch ließ er sich wieder das Kopftuch umbinden. »Für alle Fälle«, sagte meine Mutter. Mit seinen großen Kulleraugen sah er aus wie eine Großmutter aus dem Märchenbuch. Das sagte ich ihm aber nicht.

Endlich gab es konkrete Befehle. Inzwischen musste es sechs Uhr geworden sein, vielleicht war es auch halb sieben. Wir sollten den S-Bahn-Schienen bis zum Stettiner Bahnhof folgen, heute heißt er Nordbahnhof. Dort würden wir versorgt und verpflegt werden, und zwar im Postbunker. Weiterhin sagte man uns, dass der Endsieg nahe sei, denn durch die Sprengung der Kanaldecke sei es feindlichen Panzern unmöglich, das Stadtzentrum zu erreichen.

»Die binden uns einen Bären auf«, entrüstete sich Heinz. »Ich komme da nicht mit. Jeder Bunker ist bis auf den letzten Platz voll. Ich geh lieber nach Hause und suche mir einen Keller in unserer Nachbarschaft.«

»Ich finde, das klingt ganz plausibel«, konterte ich. »Im Postbunker waren immer nur die Flüchtlinge untergebracht worden, die dann weitergeschickt wurden. Da ist bestimmt noch Platz für uns.«

»Bist du dir da so sicher? Du weißt, was in den letzten Tagen alles zerstört worden ist.«

»Ach, komm! Es sind doch nur vier S-Bahn-Stationen. Das schaffen wir in zwei bis drei Stunden. Und man wird uns dort sicher versorgen, wie damals die Flüchtlinge.«

Anscheinend wirkte ich so zuversichtlich, dass mein Bruder schließlich bereit war, gemeinsam mit uns aufzubrechen. Meine Mutter brachte natürlich wieder ihren Spruch an: »Schlimmer kann es schließlich nicht mehr werden.«

Nach und nach setzten sich die Menschen in Bewegung. Frau Drescher und ich halfen meiner Mutter auf die Füße. Auch sie hatte sich die gerollte Steppdecke um den Hals gelegt und ihren blauen Hängermantel übergezogen. Überall standen Soldaten und sagten: »Hier entlang! Hier entlang!« Zuerst schoben wir uns durch lange, schmale und notdürftig beleuchtete Gänge, dann erreichten wir – nach ewiger Zeit, wie mir schien – einen Bahnsteig der S-Bahn-Station Anhalter Bahnhof. Wir kamen nur im Schneckentempo voran, da der schier endlose Treck von Menschen so breit war, wie es die Tunnelwände erlaubten. Zwei bis drei Stunden – ich war bei dieser Streckenberechnung ein Optimist gewesen. Allein mit meiner Mutter und meinem Bruder hätte ich das geschafft, nicht aber inmitten dieses mühseligen Geschiebes. Tausende von Menschen mussten in eine Richtung geschleust werden, das war eine unvorstellbar große Masse. Manchmal dachte ich, dass sie uns am Anfang in die verschiedensten Gänge geführt hatten, nur damit der Bunker schnell leer wurde.

Als die Massenflucht aus dem Bunker am Anhalter Bahnhof begann, ahnte ich nicht, dass die Sprengung bereits eingeleitet worden war. Ich fühlte mich wie ein Hering in einer Konservenbüchse, ständig stieß ich mit den Knien an irgendeinem Gepäckstück an, oder hatte Angst, ein kleines Kind an der Hand seiner Eltern zu übersehen. So ein Winzling muss doch da unten ersticken, dachte ich – und war froh, dass ich so groß gewachsen war.

Vom Bahnsteig aus wurden wir durch ein viereckiges, dunkles Loch dirigiert, aus dem unheimliche Laute zu mir drangen. Keine Schreie oder dergleichen, sondern nur undefinierbare Geräusche, hohl und verzerrt. Manchmal knirschte es, als würde jemand trockene Hühnerknochen zerbrechen. Die Hölle, das ist die Hölle, dachte ich in diesem Moment. Meine Fantasie schlug Purzelbäume, und ich hatte große Mühe, nicht an den Teufel zu denken, der jedem, der durch das Loch klettert, die Knochen bricht.

Zu beiden Seiten der finsteren Öffnung standen Gestalten, die genau in das Bild passten, das ich mir vom Ort der Verdammten gemacht hatte. Mit rußgeschwärzten Gesichtern und heiseren Stimmen schrien sie Befehle, die ich nicht verstehen konnte. In den Händen hielten sie lodernde Fackeln, von denen schwarzer Rauch aufstieg.

Alles in mir sträubte sich, in diesen Furcht erregenden, dunklen Schacht hineinzugehen, aber es gab kein Zurück mehr. Wir standen bereits an der Bahnsteigkante, und die Menschen hinter uns waren wie eine

Mauer, die unaufhaltsam näher rückte. Einer nach dem anderen musste hinunter auf die Schienen, dem Vordermann in die Fersen tretend und den Hintermann im Genick spürend. Es gab blaue Flecke und umgeknickte Knöchel, aber niemand konnte stehen bleiben. Ich passte auf, dass ich nicht hinfiel, denn dann wäre es schwer gewesen, wieder auf die Füße zu kommen.

Die Fackelträger schoben uns förmlich in den dunklen S-Bahn-Tunnel hinein. Es roch dort muffig und rauchig und es war kalt. Hier und da war an den grauschwarzen, rauen Wänden eine Fackel angebracht, aber in diesem Halbdunkel erkannte ich nichts anderes als eine wogende Menschenmasse. Ich achtete auf nichts weiter als auf den Boden unter meinen Füßen und darauf, dass ich Heinz und meine Mutter nicht aus den Augen verlor. Die Schachtwände waren mit einem etwa ein Meter breiten Streifen in einer grünlich phosphoreszierenden Farbe gestrichen, der von Sturmlaternen angeleuchtet wurde. Einen solch gespenstischen Lichteffekt hatte ich noch nie gesehen.

Der Schotter zwischen den Schwellen verursachte diese knirschenden Geräusche, die mir so zuwider waren. Da alle Leute metallbeschlagene Schuhe trugen, war der Widerhall viel lauter, als wenn sie Ledersohlen oder Turnschuhe getragen hätten. »Die rauen Schottersteine zerkratzen das schöne Oberleder meines Pumps«, schimpfte meine Mutter. »Später werde ich dann zwei völlig unterschiedlich abgenutzte Schuhe haben.« Es war immer wieder wichtig, sich mit kleinen Alltagssorgen zu beschäftigen, um das wirkliche Grauen wenigstens zeitweise zu vergessen.

Glücklicherweise waren meine Beine lang, und meine Schritte hatten sich schnell den Abständen zwischen den Schwellen angepasst, sodass ich von Schwelle zu Schwelle gehen konnte. Kinder und ältere Menschen traten abwechselnd auf Schotter und Schwelle und entwickelten dadurch einen hinkenden Gang, der sicherlich sehr beschwerlich war. Dazu kam, dass der Schotter zusätzlich das Gehen erschwerte, weil er unter den Tritten wegrutschte.

Ich blickte meine Mutter von der Seite an. Sie konnte wesentlich besser laufen als noch vor ein paar Tagen.

»Es könnte schlimmer sein«, lächelte ich sie aufmunternd an, sie an ihre eigenen Worte erinnernd.

Es konnte in der Tat schlimmer sein. Ich war froh über meine Größe und dass ich dadurch weniger Gehprobleme hatte als viele andere. Wenn ich sah, wie Menschen sich quälten, weil sie durch ein Leiden behindert waren oder Kinder auf ihren Schultern trugen, wie hochschwangere Frauen kaum noch laufen konnten, dann erschien mir meine eigene Situation fast schon beneidenswert. Auch Frau Drescher hatte große Schwierigkeiten mit ihrem Sohn Willi. Er verstand nicht, warum er von Schwelle zu Schwelle gehen sollte, und fürchtete sich im Gedränge der vielen Menschen. Nur indem sie ihm seine Lieblingslieder vorsang, war er gewillt, weiter mit uns zu gehen.

War es nicht überhaupt ein großes Glück, dass wir noch lebten und beisammen waren?

Plötzlich geriet der lange Treck unerwartet ins Stocken. Es war, als geriete man zwischen zwei Mahlsteine. Die Menschen, die hinter uns kamen, schoben uns nach vorn, die vor uns waren, drängten uns zurück. Überall Schmerzensschreie, Kinderweinen, Kommandostimmen. Die Nerven waren angespannt; keiner wusste, was los war.

Fallen konnte man nicht, dazu standen wir zu dicht aneinander gedrängt. Ich musste jedoch höllisch aufpassen, um nicht erdrückt zu werden. Nur sehr langsam und widerwillig ließ sich der Menschenstrom aufhalten.

»Geht es noch mit deinem Fuß?«, fragte ich meine Mutter.

»Er schmerzt, aber ich kann zumindest auftreten.«

Heinz war ein Stück vor uns, ich erkannte seine Decke. Hin und wieder drehte er den Kopf nach uns um, einmal sagte er: »Ganz schön unheimlich hier unten.« Ich konnte ihm nur beipflichten. Frau Drescher war weit hinter uns, ich konnte sie an ihrem cremeweißen Kopftuch ausmachen, das sie sich extra umgebunden hatte, um nicht verloren zu gehen.

Es schien eine Ewigkeit zu dauern, ehe es wieder vorwärts ging. Schließlich sahen wir auch den Grund für die Verzögerung: Eine riesige Stahlplatte, die den gesamten Schacht ausfüllte und anscheinend eine Panzersperre darstellte, wie jemand sagte, versperrte den Weg.

»Wie um alles in der Welt hat man die hier hineinbekommen«, rief ich aus. »Vielleicht schräg?«

»In einzelnen Teilen«, meinte Heinz. »Es sind Schweißnähte zu sehen.«

Im unteren Bereich der Stahlplatte gab es eine Öffnung, durch die nun die Tausende von Menschen einzeln hindurchkriechen mussten. Sie war sehr schmal. Wieder halfen uns Soldaten dabei. Sie reichten die Gepäckstücke durch den Durchlass, bis auf die großen

Koffer, Kisten und Körbe, die zu groß für die Öffnung waren.

»Das Gepäck könnt ihr später abholen«, hieß es. Alle glaubten es, weil sie es glauben wollten. An das kommende Wasser wollte keiner denken.

Unsere Habseligkeiten gelangten ohne Schwierigkeiten auf die andere Seite des Lochs; auch waren wir zu dünn, um in ihm hängen zu bleiben. Wie war wohl den Menschen zumute, die ihr aus Trümmern gerettetes Eigentum nach all den Schleppereien hier zurücklassen mussten? Doch Traurigkeit half in dieser Situation auch nicht weiter.

Da sich immer nur eine Person durch die Sperre schlängeln konnte, gab es hinter der Stahlplatte kein Gedränge mehr. Wir kamen richtig zügig voran, ohne dabei jemandem auf die Füße zu treten.

Bald darauf erreichten wir eine weitere Panzersperre. Dieses Mal war es keine Stahlwand, sondern eine hohe und breite Barrikade, die mit Brettern und Mauersteinen verschalt war, keine so primitive aus Stacheldraht und Gerümpel, wie wir sie aus der Großbeerenstraße und von woanders her kannten. Auch hier halfen uns Soldaten, diesen unmenschlichen Gewaltmarsch erträglicher zu machen. Sie hielten uns ihre ineinander gefalteten Hände und gebeugten Knie hin, sodass wir sie als Trittleiter benutzen konnten. Oben auf der Barrikade waren zudem zwei Soldaten platziert, die das Gepäck hinüberreichten.

Was in der Welt über mir geschah, interessierte mich nicht mehr. Meine Welt war hier unten. Und in dieser wurde nicht geschossen, sondern Schritt für Schritt vorwärts gegangen, von einer S-Bahn-Schwelle zur nächsten. Ich trottete immer der blauen Steppdecke hinterher, die nun längst nicht mehr nach Sonntag aussah. Das war meine Mutter. Und wo war Heinz? Ach, da. Gut. Weiter.

Immer wieder bekam ich mit, wie die Menschen sich noch in dieser Situation hilfsbereit zeigten. »Geht es denn noch, liebe Frau?«, wurde meine Mutter angesprochen, als sie einmal anhielt, um sich ihren Fuß zu reiben. Aber ich hörte auch, wie zu Frauen gesagt wurde, die ein kleines Kind im Arm trugen: »Kommen Sie, ich nehme Ihnen das Kind eine Weile ab.« Es gab auch eine Menge Trost: »Aber, aber. Wer wird denn weinen! Wir haben es ja gleich geschafft.«

Das stimmte zwar nicht, aber immerhin wurde es vorne im Schacht heller, und wir erreichten die Station Potsdamer Platz. Die beige gekachelten Wände konnte man vor lauter Menschen kaum sehen. Überall auf dem Bahnsteig standen oder lagen Menschen, es herrschte dort ein größeres Gewusel als früher zur Hauptverkehrszeit. Wahrscheinlich waren diese Leute aus ihren ausgebombten Häusern geflohen, um hier Schutz zu suchen. Einige von ihnen hatte ich vielleicht vor dem Anhalter Bunker gesehen, seit die Soldaten den Menschen nur noch S-Bahn-Stationen als Schutz vor Bomben anbieten konnten.

Unser Treck bewegte sich weiter auf den Schienen, nur wenige Leute aus dem Bunker hangelten sich auf den Bahnsteig und blieben dort. Auf dem Bahnsteig standen zwei oder drei riesige schwarze Tonnen, aus denen Rote-Kreuz-Schwestern Malzbier verteilten. Ich kam nicht so nah an die Tonnen heran, um einen Becher voll mit diesem dunklen Getränk zu ergattern, zu groß war die Traube von Menschen, die sich um das Malzbier drängten. Doch meine Mutter hatte es geschafft. Zufrieden hielt sie mir eine Henkeltasse hin, nachdem sie sich einen Weg zu mir gebahnt hatte. Eine Schwester hatte die Emailletasse in die ausgestreckte Hand meiner Mutter manövriert. Ich lehnte es ab, von dem Getränk zu kosten. Hauptsache, meine Mutter hatte etwas zu trinken. Ich lutschte auf einer meiner weißen Bohnen herum, um ausreichend Speichel im Mund zu haben.

»Wollt ihr auch eine Bohne?«, fragte ich.

»Bloß nicht! Diese glibbrigen Dinger«, wehrte mein Bruder ab. »Die sind so eklig.«

Meine Mutter schüttelte nur den Kopf.

»Am liebsten würde ich hier bleiben«, sagte sie. In ihren Worten war eine große Erschöpfung nicht zu überhören. »Mich einfach auf den Bahnsteig setzen, wie die anderen auch, und warten, bis alles vorbei ist.«

»Mutti, das geht nicht. Der Bahnsteig ist überfüllt. Außerdem müssen wir weiter«, mahnte ich. »Denk an das Wasser. Es wird auch hierher kommen.«

»Aber gewiss nicht bis zum Bahnsteig.«

»Da wäre ich mir nicht so sicher. Lasst uns besser gehen!«

Ich trieb meine Mutter und meinen Bruder an, eine innere Stimme sagte mir, dass es sonst gefährlich für uns werden könnte. Heinz nahm meiner Mutter die Tasse ab, trank den letzten Tropfen aus und warf sie geschickt einer Schwester in die Hände. Es war unmöglich, so dicht an sie heranzukommen, um sie ihr zu überreichen.

Fugsam ließen wir uns in den dunklen Schacht am anderen Ende des Bahnsteigs hineinschieben. Der Treck war wieder geschlossener geworden, wahrscheinlich hatten die meisten Bunkerbewohner die Panzersperren unter- oder überquert und uns nach unserer Pause eingeholt.

Ohne ein Wort miteinander zu wechseln, schritten wir im Rhythmus der ölverschmierten Holzschwellen voran. Beim Gehen fiel mir eine Wanderung ein, ein Schulausflug, der kurz nach meiner Rückkehr aus Znin angeordnet worden war. Wir marschierten damals mit der Klasse über den Hermannplatz in Richtung Buckow. Nachdem wir eine Weile an einer S-Bahn-Linie entlanggegangen waren, tauchen Felder und Bauernhäuser auf. Wir sangen »Hoch auf dem gelben Wagen« und »Schwarzbraun ist die Haselnuss«. Zeigten wir Müdigkeitserscheinungen, wurde »Es zittern die morschen Knochen« angestimmt. Ziel dieser Wanderung war es, für den Naturkundeunterricht Coloradokäfer zu sammeln. Herr Ostendorf, unser damaliger Klassenlehrer, hatte uns gesagt, dass feindliche Flugzeuge diese Schädlinge tonnenweise über Ackerland abgeworfen hätten, um unsere Kartoffelernten zu vernichten.

Zwei Stunden Laufen ohne Pause wurde Wandern genannt, alles, was darüber hinausging, Ertüchtigungsmarsch. Irgendwo an der Grenze zum Ertüchtigungsmarsch durften wir uns auf einem kleinen Wiesenrand neben einem Kartoffelacker ausruhen und noch einmal eingehend die mitgebrachten toten Käferexemplare betrachten. Dadurch wollte Herr Ostendorf sicherstellen, dass wir auch tatsächlich Coloradokäfer auflasen.

Als wir uns anschließend den von unserem Lehrer

ausgesuchten Acker betrachteten, entdeckten wir ungefähr dreißig Landarbeiter, die sich nicht weit von uns am Feldrain neben einem Pferdewagen und einem Kübel niedergelassen hatten. Aus Feldgeschirr – ein Metallbehälter, der aus zwei miteinander verklammerten Teilen bestand, die man durch Ziehen voneinander trennen konnte – löffelten sie einen Eintopf.

Neugierig schauten Ilse und ich diesen Männern zu.

»Allo, desmoiselles, bon ratatouille«, riefen die Landarbeiter, die wir aus der Entfernung für Arbeitsdienstler gehalten hatten. Aber sprachen diese Französisch? Schließlich winkten sie uns zu sich heran, und als wir uns ihnen näherten, warfen sie uns Schokoladenriegel zu. Wir fingen die Schokolade auf und sagten »Merci«, worüber wir sehr stolz waren. Erst als eine Zigarettenschachtel in Richtung von Herrn Ostendorf fiel, wurde dieser Begegnung leider ein Ende gesetzt.

»Wir wollen keinen Unrat hinterlassen«, sagte Herr Ostendorf und steckte sich die Schachtel einer mir unbekannten Zigarettenmarke in die Tasche, »aber auch keine Fraternisation mit dem Feind betreiben.«

»Was bedeutet das?«, fragte Ilse, die dieses Wort nie zuvor gehört hatte.

»Das sind keine normalen Landarbeiter«, klärte uns Herr Ostendorf auf. »Das sind Kriegsgefangene, die von zwei deutschen Soldaten bewacht werden. Seht ihr, die beiden Männer dort! Und mit Kriegsgefangenen, also unseren Feinden, verbrüdert man sich nicht. Das heißt fraternisieren. Verstanden?«

»Wir werden uns nie wieder mit Kriegsgefangenen fraternisieren«, versprach Ilse hoch und heilig.

»Aber warum haben Kriegsgefangene Schokolade?« Mich persönlich interessierte diese Frage viel mehr. Ich hatte seit Monaten keine Schokolade mehr gegessen, die einzige Süßigkeit, die wir kaufen konnten, waren Panfavlintabletten aus der Apotheke. Man erhielt sie in Röhrchen und sie waren leicht bräunlich. Wenn man sie mit etwas Fantasie lutschte, konnte man glauben, sie schmeckten nach Schokolade. Doch leider waren es Halsschmerztabletten, und hinterher hatte man eine Zunge, die sich wie eingeschlafene Füße anfühlte.

Da Herr Ostendorf keine Antwort gab, stellte ich ihm noch einmal die Frage. Er sagte dann etwas von einem Genfer Abkommen, in dem festgelegt worden war, wie Kriegsgefangene zu behandeln seien und dass ihnen keine Rote-Kreuz-Pakete aus der Heimat oder von sonstigen Spendern vorenthalten werden dürften.

Coloradokäfer haben wir an jenem Tag nicht mehr gesammelt.

Wieder wurde es vor uns im Schacht heller.

»Das ist Unter den Linden«, sagte Heinz.

Mein Bruder hatte Recht. Aber an dieser Station gab es weder etwas zu trinken noch zu essen, obwohl es auch hier von Menschen wimmelte. Wieder entschieden sich einige aus unserem Treck dafür, hier zu bleiben. Ich sah dem Gesicht meiner Mutter an, dass sie diesen Menschen nur zu gerne auf den Bahnsteig gefolgt wäre.

»Bitte, Mutti!«, flehte ich sie an. »Wir müssen weiter.«

Ich weiß nicht, warum meine Mutter nicht ihrem Wunsch nachgab. Vielleicht folgte sie mir, weil sie sich in den letzten Tagen ohnehin auf mich verlassen oder weil sie ihren eigenen Willen aufgegeben hatte. Vielleicht spürte sie meine Angst und wollte diese ernst nehmen. Vielleicht dachte sie aber auch nur, dass wir entscheiden sollten, da es in ihren Augen um unser Leben ging.

»Ich habe Hunger«, vermeldete mein Bruder, der ansonsten keine Müdigkeitserscheinungen zeigte.

Meine Mutter holte aus dem Koffer, den ich trug, das Kopfkissen mit den Marzipankartoffeln.

»Die riechen aber furchtbar«, sagte Heinz, der gerade in eine Kartoffel hineinbeißen wollte.

»Stimmt«, erwiderte meine Mutter, nachdem sie die Nase in das Kopfkissen gesteckt hatte. »Die Butter ist ranzig geworden, wir müssen die Kartoffeln wegwerfen. Sonst werden wir krank.«

Die letzten Nudeln waren inzwischen aufgegessen, so blieb nur der trockene Grieß aus dem anderen Kopfkissenzipfel. Dieser rutschte jedoch nur schwer durch die ausgedörrte Kehle. Und der Zucker, mit dem er vermischt war, machte den Durst nur noch schlimmer.

Ich habe keinen Durst, ich habe keinen Durst, sagte ich mir immer wieder, so wie ich in der Schule mal rund um das Klassenzimmer laufen musste mit den Worten: »Ich habe keine Zahnschmerzen, ich habe keine Zahnschmerzen, ich habe keine …« Hätte ich jetzt etwas zu trinken, tröstete ich mich, dann müsste ich viel öfter hinter einem Pfeiler verschwinden und würde womöglich den Anschluss verpassen.

Auf dieser Odyssee kümmerte ich mich auch um andere Dinge, sodass ich für eine Weile meinen Durst vergaß. Eine Frau fiel der Länge nach hin, und ich half ihr zusammen mit meinem Bruder, wieder auf die Füße zu kommen. Eine junge Frau suchte verzweifelt nach ihrem dreijährigen Mädchen, das sie aus den Augen verloren hatte, weil es halb im Schlaf weitergetrottet war, als die Mutter hinter einem Pfeiler ein Bedürfnis verrichtete. Ich und andere halfen dabei, die kleine Nina zu finden. Die Erleichterung der Mutter, als ihre Tochter endlich gefunden wurde, war nicht zu beschreiben. Ein Moment des schieren Glücks im Angesicht des Todes. Mich hat diese Erfahrung für den Rest meines Lebens geprägt. Nina war von anderen Menschen aufgehalten worden, die sich darüber gewundert hatten, warum ein kleines Mädchen allein durch den Schacht irrte.

Immer wieder schauten wir auch nach dem Knöchel meiner Mutter. Der Verband hing nur noch in Fetzen. Es war klar, damit konnte sie es nicht bis zur Zielstation Stettiner Bahnhof schaffen. Mehrere Male probierte sie es, in ihren zweiten Schuh zu schlüpfen, aber noch immer gelang es ihr nicht.

Manchmal kamen wir an einer Stelle im Schacht vorbei, an der eine Luftmine die Straßendecke aufgerissen hatte. Konnten wir für einen kurzen Moment einen Blick auf die Außenwelt werfen, so war nie zu erkennen, ob es Tag oder Nacht war. Stets sahen wir nur roten Feuerschein und Funken, die durch die Luft wirbelten. Berlin war ein einziges Flammenmeer. In diesen Augenblicken dachte ich, dass es gut sei, hier unten den S-Bahn-Schacht entlangzulaufen, denn hier brannte nichts.

Wenn der Treck zu langsam wurde, machte sich kurz darauf eine gewisse Hektik breit. »Geht´s denn nicht schneller?«, sagte dann der eine oder andere. »Tempo, Leute, wir wollen doch nicht erst Weihnachten ankommen.« Geradezu gehorsam bemühten wir uns, etwas schneller zu gehen, um bald darauf wieder in den alten Trott zu verfallen. Zu schwer waren die Gepäckstücke, die wir bei uns trugen, zu schwer die Gedanken, die die Menschen bewegten.

Ich weiß nicht, wie viele Stunden wir schon unterwegs waren, auf jeden Fall waren es mehr als die von mir geschätzten zwei oder drei. Meine Augenlider wurden immer schwerer und klappten oftmals einfach zu. Auf diese Weise verschlief ich ein paar Schritte und schreckte erst wieder auf, wenn ich eine Schwelle verfehlte oder gegen einen Pfeiler lief. Beim Aufwachen sah ich jedes Mal völlig andere Menschen um mich herum als vorher und ein paar verzweifelte Sekunden suchte ich nach meiner Mutter und Heinz.

Als ich wieder einmal auf diese Weise meine Mutter suchte, fand ich sie schließlich weit hinter mir. Sie sprach gerade auf eine hochschwangere Frau ein, die weinend in einer Nische des Schachts hockte.

»Kommen Sie, ich helfe Ihnen. Wir gehen gemeinsam weiter«, ermunterte meine Mutter die Frau.

»Nein, lassen Sie mich. Ich kann nicht mehr. Ich will auch nicht mehr.«

»Sie können hier nicht allein sitzen bleiben.« Meine Mutter gab nicht auf und versuchte jetzt, die Frau hochzuziehen. Doch sie schüttelte die Arme meiner Mutter ab. Kein gutes Zureden konnte sie animieren, noch einen Schritt zu machen.

»Dann lass sie doch in Ruhe, wenn sie es so will«, sagte Heinz, der nicht länger stehen bleiben wollte.

»Es macht mich traurig, sie einfach dieser unwirtlichen Gegend auszusetzen«, sagte meine Mutter. »Wer weiß, was ihr passieren wird. Vielleicht kommt bald das Kind. Ich darf gar nicht daran denken.«

Mit gesenktem Kopf löste sich meine Mutter von der Schwangeren. Wir haben sie – wie viele andere – nicht wiedergesehen. Später erzählte mir meine Mutter, dass sie nur unseretwegen weitergegangen war, sie selbst wäre bei der Frau geblieben. Sie sagte: »Lieber ein Ende mit Schrecken als ein Schrecken ohne Ende.« Über das ungewisse Schicksal der Schwangeren ist meine Mutter nie richtig hinweggekommen.

Während wir uns wieder auf dem Weg Richtung Friedrichstraße befanden, kamen wir an einem abgestellten S-Bahn-Zug vorbei. In den sieben oder acht schmutzig gelben Waggons saßen viele Menschen, auch Verwundete, und die Verlockung war groß, dort nach einem Platz zu suchen, auf dem man sich ausstrecken und schlafen könnte.

»Ich schlage vor, wir machen hier eine Pause«, sagte Heinz und rieb sich mit der rechten Hand über Schultern und Nacken. Immerhin hatte er die ganze Zeit über den schweren Koffer getragen.

»Wir können uns im Postbunker ausruhen«, hielt ich dagegen. »Da ist es sicherer.«

Meine Mutter schlug einen Kompromiss vor: »Könnten wir nicht wenigstens für eine Stunde auf einer Bank sitzen?« Das Zurücklassen der schwangeren Frau hatte ihr sichtbar zugesetzt.

Aber auch davon wollte ich nichts wissen. Der Postbunker war für mich das Paradies und in das Paradies wollte ich so schnell wie möglich gelangen. Seit meinem Bahnhofsdienst verband ich ihn mit warmen Räumen und einer heißen Suppe. Dort wollte ich hin, dort erwartete mich genau das, was ich mir so sehnlichst wünschte. Wenigstens ging ich unbeirrt davon aus. Nichts sollte mich davon abhalten.

Unterdessen hatten sich einige ebenso unentschlossene Menschen um uns versammelt und hörten uns zu. Schließlich sagte eine kleine Frau mit einem faltigen Gesicht: »Wer weiß, warum das Mädchen nicht in den Zug will. Junge Menschen haben manchmal einen untrüglichen Instinkt.«

»Die Runde geht an dich«, sagte mein Bruder und hob den Koffer an, um den Weg fortzusetzen.

Meine Mutter protestierte nicht. Sie hatte in solchen Auseinandersetzungen zwar anfangs noch eine eigene Meinung, aber sie versuchte nie, sie vehement durchzusetzen. Meistens machte sie am Ende das, was mein Bruder und ich entschieden hatten.

Einige Menschen hangelten sich dennoch hinauf in die überfüllten Zugabteile, trotz der Proteste derjenigen, die sich schon in den Waggons befanden.

Kurze Zeit später sahen wir einen verwundeten Soldaten, der an einem Pfeiler gelehnt stand. Er sah aus, als würde er jeden Moment in sich zusammensacken. Sein Kopfverband wies nicht die kleinste weiße Stelle mehr auf. Da meine Mutter und ich nichts mehr außer unseren Decken trugen – meinen kleinen Koffer hatte ich vor der Stahlplatte Frau Drescher gegeben, weil sie ihren großen nicht mehr tragen konnte und ihre aussortierten Habseligkeiten nun in meinem verstaut hatte –, legten wir seine Arme um unsere Schultern, sodass wir ihn in unserer Mitte hatten. Die Steppdecken rahmten ihn ein. Der Mann war sehr schmal und kaum dreißig Jahre alt. Er nahm kaum noch wahr, was mit ihm geschah. Sein Kopf hing wie der eines Babys auf dem Hals, ohne jeglichen Halt.

»Wo kommen Sie denn her?«, fragten wir den Soldaten überflüssigerweise. Wo sollte er schon herkommen? Mit großer Wahrscheinlichkeit hatte er zuvor im Lazarett des Bunkers gelegen. Einige Verwundete, die laufen konnten, hatten wir ja im Treck gesehen. »Können wir Sie mitnehmen? Der nächste Bahnhof ist Friedrichstraße.«

Der Soldat gab jedoch keine klare Antwort, ab und zu murmelte er nur: »Ach, Kamerad, nimm mich noch ein Stück mit, nur noch ein kleines Stück. Es ist so kalt hier.« Wir waren zwar nicht seine Kameraden, sondern Zivilisten, doch da wir mit ihm sprachen, mochte er sich in seinem wirren Zustand gedacht haben, er marschiere mit seinen Leuten.

Bislang hatte ich angenommen, ein paar gesunde Füße seien in unserer Situation das Wichtigste, aber ich hatte mich gewaltig geirrt. Das Wichtigste war ein gesunder Kopf. Ein Kopf mit einem intakten Gehirn, das dem restlichen Körper sagte, was er tun sollte. Dieser Verwundete schien ein solches heiles Hirn nicht mehr zu haben. Jedenfalls war es nicht imstande, seinen Füßen den Befehl zu geben, dass sie jetzt laufen müssten. Sie schleiften einfach über die Schwellen hinter uns her, und als die Stiefelspitzen einmal an einem Holzbalken hängen blieben, fielen wir zu dritt hin.

Ich rief nach Heinz, damit er uns half, aber er hörte uns nicht. Er trottete einfach weiter, das Kopftuch hatte er schon längst abgenommen. Frau Drescher konnte ich auch nirgends erkennen. Eigentlich hatte ich sie und ihre Söhne schon seit der zweiten Panzersperre nicht mehr gesehen. Erst jetzt fiel es mir auf.

»Hallo, hören Sie uns? Können Sie aufstehen?«, fragte ich den Soldaten verzweifelt.

»Der Mann ist tot«, sagte meine Mutter, eine Hand an seinem Puls.

»Wir müssen ihn vor dem Treck retten, sonst wird er noch totgetrampelt.« Meine Stimme hatte einen fast hysterischen Klang angenommen.

»Motte, er ist tot. Aber du hast Recht, hier auf den Schwellen sollte er nicht liegen bleiben.«

Vorsichtig trugen wir den Soldaten mithilfe einiger Frauen an die Seite und lehnten ihn gegen die Schachtwand.

»Hoffentlich wird er bald abgeholt und kommt unter die Erde«, sagte meine Mutter, begleitet von ihren vertrauten Seufzern.

»Lange hätten wir ihn auch nicht mehr tragen können«, stellte ich fest und war erschrocken über meine eigene Äußerung.

»Was ist bloß mit uns los? Wir spüren Erleichterung, weil wir nun wieder ungehindert laufen können? Sind wir schon dermaßen abgestumpft?« Meine Mutter war richtig laut und wütend geworden. So hatte ich sie selten erlebt.

»Kein Wunder«, gab eine der Frauen zu verstehen, die uns geholfen hatten, den Soldaten zur Wand zu tragen. »Wir erleben einen Schock nach dem anderen. Normal kann man da nicht mehr sein.«

Ich bückte mich zu dem Toten und brach seine Erkennungsmarke entzwei. Die eine Hälfte landete in meiner sich mit Unheil anfüllenden Jackentasche, die andere blieb an der Schnur um seinen Hals hängen, damit man ihn später identifizieren konnte.

Derselbe Tag nachmittags · Das Wasser kommt

Irgendetwas war anders geworden. Etwas fehlte plötzlich. Wie eine Musik, die die ganze Zeit über gespielt wurde und auf einmal aufhörte. Nur dauerte es eine Weile, bis ich begriff, was es war. Das Knirschen des Schotters klang fremd, nicht mehr so laut, und plötzlich sah alles verändert aus. Um mich herum glitzerte es, der Schein der Fackeln spiegelte sich auf einem seltsam ölig aussehenden Boden. Im nächsten Moment bemerkte ich, dass meine Füße nass waren. Das Wasser hatte uns eingeholt. Und es war nicht nur eklig nass, es war auch verdammt kalt.

»Das Wasser kommt!«, schrie jemand. Keiner schien darüber verwundert zu sein, aber alle liefen auf einmal schneller.

»Ich bin froh, dass wir auf dich gehört haben, Motte«, sagte meine Mutter. »Du hast geahnt, dass das Wasser uns noch erreicht.«

Heinz gab dazu keinen Kommentar ab, aber ich konnte an seinem Gesicht erkennen, dass er mit meiner Mutter einer Meinung war.

In mir stieg Panik auf. Ich hatte in der Schule gelernt, dass der Landwehrkanal recht lang war, einige Kilometer, und zwischen Kreuzberg und Spandau den Schifffahrtsweg der Spree verkürzte. Ich dachte, jetzt würde der ganze Kanal auf uns zustürzen und womöglich noch das Wasser der Spree mitnehmen.

U-Boote, die torpediert wurden, liefen auch erschreckend schnell mit Wasser voll – das jedenfalls hatte ich einmal in einem Kriegsfilm gesehen.

Mit der Zeit ließ meine Angst nach, da das Wasser nur langsam an unseren Beinen emporkroch. Um nicht ständig in diesem Nass gehen zu müssen, balancierten wir anfangs auf dem Stromabnehmer entlang, aber das erwies sich auf Dauer als zu mühselig. Also gingen wir wieder in gewohnter Weise von Schwelle zu Schwelle. Zuerst versuchten wir es im Entengang und setzten die Füße von oben herab in das Wasser, doch dabei spritzte es unangenehm hoch. Manchmal bekam ich auch Spritzer im Gesicht ab, und da es recht eklig aussah, schlurfte ich lieber mit den Füßen durch die Brühe. Das aber war so anstrengend, dass ich in der Folge Wadenkrämpfe bekam, da sich das Wasser mehr und mehr in einen dickflüssigen Kleister verwandelte. Manchmal dachte ich, die Füße schaffen es nicht mehr. Bei jedem Schritt passten wir auch auf, dass wir nicht stolperten. Jeder wusste, wer nur einmal ins eiskalte Wasser fiel, der würde in seiner durchnässten Kleidung und in dieser Zugluft bald zum Eiszapfen erstarren.

Heinz hatte seine Trainingshose so weit es ging aufgekrempelt, Mutter und ich schürzten unsere Röcke und steckten sie oben in den Bund. Die langen und dicken Mako-Strümpfe knöpften wir ab und rollten sie hinunter, damit sich das Wasser nicht an ihnen hochsaugen konnte. Nun hatten wir Söckchen, die zwar klitschnass wurden, aber die Oberschenkel und der Unterleib bekamen nichts von dieser kalten Nässe ab. Mehr Schwierigkeiten bereitete der Mantel meiner

Mutter. Ich hatte ja nur eine kurze Jacke an, aber meine Mutter trug ihren langen, dunkelblauen Mantel aus Krimmer Stoff. Es war ein Hänger, der oben von einem großen Knopf zusammengehalten wurde.

»Was mache ich nur mit meinem Mantel?«, fragte meine Mutter verzweifelt. »Ohne Gürtel kann ich ihn nicht kürzer ziehen.«

»Kein Problem«, sagte Heinz und holte sein Taschenmesser hervor. Er nahm einen Zipfel des Hängers in die Hand und stach ein Loch hinein, mit dem zweiten Zipfel ging er ähnlich vor. Schließlich zog er beide Zipfel mit den Löchern über den oberen großen Knopf.

»Ach, der schone Mantel«, rief meine Mutter entsetzt. »Jetzt hat er Löcher. Jetzt ist er ruiniert.«

»Das war doch pfiffig von dem Heinz«, versuchte ich sie zu beruhigen. »Nun wird dein Mantel wenigstens nicht nass, und die Löcher kann man stopfen.«

Wenn das Wasser weiter steigt, dachte ich, werden wir unseren Koffer bald auf den Schultern tragen oder womöglich noch zurücklassen müssen. Denn je weiter wir gingen, desto mehr Gepäckstücke sah ich neben den Schienen oder an den Schachtwänden stehen. Hauptsächlich waren es große Wäschekörbe, die an den jeweiligen Henkeln von zwei Menschen getragen werden mussten. Durch das Wasser war diese Transportform wohl zu mühselig geworden. Die Leute nahmen die wichtigsten Gegenstände heraus und ließen den Korb stehen. Aber ich entdeckte auch Holzkisten und Rucksäcke. Man musste wirklich höllisch aufpassen, um nicht zu stolpern.

Einmal erspähte Heinz einen Lederkoffer, der ihm

ausnehmend gut gefiel. Er war aus schwarzem Lack, hatte braune Lederecken und war nicht allzu groß.

»Den nehme ich mit«, beschloss er.

»Du weißt ja gar nicht, was drin ist. Der ist doch abgeschlossen und du hast keinen Schlüssel dazu.« Ich versuchte meinen Bruder von seiner Idee abzubringen.

»Wir können doch alles gebrauchen.« Mit diesem Argument schlug mich mein Bruder. »Außerdem könntest du auch mal unsere Sachen tragen.«

Der Lackkoffer war allerdings so schwer, dass Heinz ihn nicht weit schleppte, vielleicht fünfzig, hundert Meter. Danach stellte er ihn wieder an die Schachtwand und befreite mich von unserem Koffer.

»Mutti, vielleicht solltest du mal wieder probieren, in den Schuh zu kommen«, sagte ich. »Das Wasser ist so kalt, da könnte sich dein Fuß zusammengezogen haben.«

So war es dann auch. Nachdem Heinz die inzwischen gänzlich verknoteten Bettlakenstreifen mit seinem Taschenmesser aufgeschnitten hatte, konnte meine Mutter ohne größere Schwierigkeiten in ihren zweiten Pumps schlüpfen. Ihre frühere Sorge, zwei unterschiedlich schöne Schuhe zu haben, erwies sich angesichts des schlammigen Wassers als völlig nichtig.

»Ich bin froh, dass wir euch wieder eingeholt haben.« Das war die Stimme von Frau Drescher. Martin und Willi waren über und über mit Schlammspritzern versehen, dennoch konnte ich erkennen, wie ein Lächeln über ihr Gesicht huschte. Sie waren mit ihrer Angst nun nicht mehr allein. Frau Drescher trug noch den kleinen Koffer von mir und ihre große Handtasche, Martin einen weiteren Koffer und Willi seinen Tornister, den er immer wieder abzunehmen versuchte, weil er ihn nicht mehr tragen mochte.

»Wir wollen versuchen, zusammenzubleiben«, sagte meine Mutter. »Aber lasst uns nicht länger hier herumstehen. Beim Gehen sind die kalten Füße nicht so zu spüren.«

Es gab noch Fackeln und Laternen an den Schachtwänden, aber die Abstände wurden größer und größer. Auch sahen sie so aus, als würden sie bald erlöschen. Ich machte mir Gedanken darüber, was hier unten geschehen würde, wenn völlige Dunkelheit herrschte. Wir müssen es vorher schaffen, sagte ich zu mir. Wir müssen vorher in mein Paradies kommen! Ich erlaubte es mir nicht, andere Möglichkeiten in Betracht zu ziehen. Wir würden es schaffen. Ganz bestimmt.

»Los, Heinz, keine Müdigkeit vorschützen!«

»Komm, Mutti, gleich sind wir da, dann kannst du deine Schuhe ausziehen und schlafen.«

Aber bislang hatten wir nicht einmal die Station Friedrichstraße erreicht.

Auf der Oberfläche des Wassers schwammen bald alle möglichen Gegenstände und Unrat, man konnte ihnen aber ganz gut ausweichen. Auch einige Ratten paddelten im Wasser herum. Manchmal sah ich ihnen zu, wie sie um ihr Leben schwammen oder hektisch versuchten, die Wände hochzuklettern, aber ihr nasses Fall zog sie wieder nach unten und sie drehten sich eine Weile im Kreis, bis sie in die Tiefe gerissen wurden. Die Ratten taten mir Leid und in diesem Moment tat auch ich mir Leid. Ihre Hilflosigkeit übertrug sich auch auf mein Gemüt.

Es war seltsam, das Schicksal der Ratten berührte mich in diesem Augenblick mehr als das der Schwangeren oder des toten Soldaten. Ich verdrängte diese Menschen, konnte mir sagen, man würde sich um sie kümmern, wenn ich nur an der nächsten Station einem Soldaten sagen würde, dass einige Leute Hilfe bräuchten. Erst Monate, ja sogar Jahre später stiegen die Erinnerungen an sie hoch und ich konnte ihretwegen viele Nächte nicht einschlafen. Es war jetzt eben einfacher, sich mit einer ängstlichen Ratte zu identifizieren.

Ich versuchte mich abzulenken und hielt nach Menschen Ausschau, die größere Schwierigkeiten hatten als ich, durch das Wasser zu kommen. Zuerst sah ich mir die Brillenträger an. Ihre Gläser mussten durch das spritzende Wasser doch völlig verschmutzt sein. Solche Leute sahen sicherlich nur halb so viel wie ich. Was musste das schlimm sein, hier in diesem kloakigen Wasser nicht richtig sehen zu können oder gar blind zu sein. Ich schloss ganz fest die Augen, um sie schon nach ein paar »blinden« Stolperschritten dankbar wieder zu öffnen. Danke, lieber Gott, danke, dass ich nicht blind bin. Als ich vor mir einen Mann erblickte, der sich auf einen Gehstock stützte, dachte ich daran, wie gut ich es doch hatte, dass ich keinen Stock brauchte. War ich nicht besser dran als die meisten anderen Menschen? Ich war nicht seh- oder gehbehindert, ich hatte keine Bauchschmerzen, keinen Durchfall, keine Kopfschmerzen. Ich musste kein Kind trösten und keinen Angehörigen im Wasser suchen. Nur Heinz die Richtung angeben, der im Gehen halb schlief und zielgerade die Schachtwand ansteuerte: »He, du, aufwachen. Da geht´s lang. Na also.«

Mit meinem »Tick«, nach Leuten Ausschau zu halten, denen es schlimmer erging als mir selbst, konnte ich alles besser ertragen. Ebenso mit meinen Fantasien über Prinzen. Und ich hatte Ursus, meinen Schutzengel. Ihm erzählte ich auf dem langen Treck von meinen Ängsten, von dem, was ich um mich herum sah. So gut konnte er zuhören. Und immer machte er mir Mut, flüsterte mir zu: »Du wirst deine Mutter und deinen Bruder heil aus diesem Schacht führen.« Für mich waren Ursus und die Prinzen eine Art Therapie, die mir Kraft gab, all diese furchtbaren Erlebnisse wenigstens in Ansätzen zu verarbeiten und nicht an ihnen psychisch zu Grunde zu gehen. Meine Mutter und Heinz, die nicht auf derartige Mechanismen zurückgreifen konnten, hatten es in der Zeit nach dem Krieg viel schwerer.

Unaufhaltsam stieg das Wasser höher. Richtig furchtbar war das, was verborgen unter der Wasseroberfläche lag, was man in der dunklen Brühe nicht sehen konnte. Immer wieder stieß ich gegen etwas. Manchmal war es ein Mehlsack, dann wieder eine mit Wäsche gefüllte Papiertüte, oder ich stolperte über einen Tornister mit aufgeweichten Schreibheften und Büchern. Schade um das schöne Papier, dachte ich. Hin und wieder hatte ich Glück, ein Glas mit eingelegter Roter Beete oder eine Flasche mit Leinöl zu finden. Das Gemüse stillte den Hunger, aber der Saft davon brannte auf den inzwischen von zu wenig Flüssigkeit aufgeplatzten Lippen. Mit dem Öl schmierten wir uns die Lippen ein, aber es roch schon ein wenig ranzig.

Einmal griff ich ins Wasser und überlegte, dies

müsste ein Rucksack sein. Aber da, wo ich die Henkel vermutete, fühlte sich alles so rund an. Anstatt nun mit dem blinden Tasten aufzuhören und weiterzugehen, wollte ich nun unbedingt herausfinden, um was für einen Gegenstand es sich hierbei handelte. Nach einer Weile spürte ich etwas, das meiner Meinung nach ein Ohr sein konnte, schließlich hatte ich eine Nase zwischen den Fingern.

»Das ist ja ein Gesicht!«, schrie ich in diesem Moment heraus und griff nun mit beiden Händen ins schmutzige Wasser, wobei ich mich vor Schreck so tief hinunterbeugte, dass meine Steppdecke fast ins Wasser rutschte. Glücklicherweise wurde sie nur an den unteren Enden nass.

Es war ein Kind, was ich aus der Brühe hervorholte. Ein Junge, vielleicht drei oder vier Jahre alt, mit kurzen Haaren. Sein Körper war ganz steif. Wie bei den Erhängten habe ich keine weitere Erinnerung an ihn.

»Das Kind lebt nicht mehr«, stellte Frau Drescher nüchtern fest, die durch meinen Aufschrei sofort herbeigeeilt war. »Wir können ihm nicht mehr helfen.«

»Was soll ich denn mit ihm tun?« Hilflos blickte ich auf den toten kleinen Körper. Schon wieder hielt ich ein Kind in Händen, das nie wieder einen Atemzug tun würde.

»Du kannst den Jungen nur ins Wasser zurücklegen«, sagte meine Mutter tonlos, die nun ebenfalls an meiner Seite war.

Es gab keine andere Möglichkeit. So sehr ich mich dafür auch schämte, ich legte das Kind ins kalte, schmutzige Wasser zurück, so wie es mir meine Mutter gesagt hatte. Ich konnte nicht einmal weinen, so schockiert war ich. In meinen späteren Albträumen tauchte dieses Kind wieder und wieder auf.

Was ist mit der Mutter? Ist sie einfach weitergelaufen? War sie vielleicht krank und konnte nicht mehr weiter? Lag sie möglicherweise auch da unten im Wasser? Fragen über Fragen stellten sich mir.

»Das Wasser ist nicht tief genug, um darin zu ertrinken«, sagte Frau Drescher. »Möglicherweise war die Mutter so erschöpft, dass sie einfach mit ihrem Kind umgefallen ist.«

»Die aus der Oberwelt könnten aber auch ihre Toten hier unten abgelegt haben«, mischte sich mein Bruder ein und zeigte mit den Daumen an die Schachtdecke. »Da oben wird genug gestorben. Mehr als hier in der Unterwelt.«

»Das leuchtet ein«, sagte nun Martin. »Die da oben haben sich gedacht, hier unten ist es schön kühl, da kann nichts passieren, die Bahn fährt ja auch nicht mehr. Da der Krieg ja eh bald zu Ende ist, da haben sie sich gedacht, wir legen die Toten hier ab und später erhalten sie dann eine richtige Beisetzung.«

»Aber durch das Wasser werden sie weggeschwemmt und keiner wird sie später wiederfinden.«

»Als sie diesen Gedanken hatten, wussten sie doch nichts von der Überflutung der Bahnlinien.«

Das stimmte nun auch wieder. Später stießen wir auf unserem Weg noch gegen andere Tote, dann dachte ich an Martins Erklärung. Sie tröstete mich am meisten.

Langsam wurden wir unruhig, weil wir die Station Friedrichstraße immer noch nicht erreicht hatten. Als es vorne heller wurde, freuten wir uns. Jetzt wären wir bald angekommen. Doch wir täuschten uns. Es war nur ein Luftschacht. Das Gitter, das uns von der Außenwelt trennte, war erstaunlicherweise völlig intakt. Schüsse waren zu hören, keine einzelnen Schüsse, sondern ganze Salven.

»Unverkennbar Maschinengewehrfeuer«, konstatierte Heinz.

»Das Schießen muss doch mal ein Ende nehmen«, sagte meine Mutter. »Wir müssen doch irgendwann einmal hier raus. Sollten wir das alles nur erlitten haben, um dann dort oben noch erschossen zu werden?«

Ich dachte, es muss noch Tag sein, draußen ist es hell. Ein Blick auf die Uhr meines Bruders sagte mir, dass es erst kurz nach drei war. Seit Beginn unserer Wanderung durch die Unterwelt schien für mich eine Ewigkeit vergangen zu sein. Dabei waren es nicht einmal zwölf Stunden. Ich sehnte mich nach Alfred. Wenn er hier wäre, würde er mich sicher wieder zum Lachen bringen.

Das Wasser kam hinter uns her und holte uns mehr und mehr ein. Stellenweise reichte es mir schon bis über das Knie, bald würde es unsere hoch geknoteten Steppdecken erreicht haben. Den Koffer trugen wir jetzt tatsächlich auf den Schultern, aber es wurde immer beschwerlicher, auch wenn wir ihn abwechselnd übernahmen. Mir war immer noch nicht eingefallen, wie lang der Landwehrkanal eigentlich war und wie viel Wasser weiterhin durch die Schächte strömen würde.

»Ob wir nicht doch lieber nach oben gehen sollten?«, fragte meine Mutter.

»Schaut, da vorn ist der nächste Bahnhof!«, rief ich in diesem Moment aus. »Vielleicht erfahren wir da mehr.«

Jetzt konnten wir es auch in großen, schwarzen Buchstaben an der Wand lesen: FRIEDRICHSTRASSE. Soldaten zogen uns auf den Bahnsteig. Die Tatsache, dass es hier noch Soldaten gab, machte uns klar, dass der Krieg noch nicht zu Ende war. Einem Uniformierten teilte ich mit, dass wir eine Schwangere zurücklassen mussten und mehrere Tote gesehen hätten, darunter auch einen Soldaten. »Ach, Mädchen«, antwortete der Landser, »mach dir mal keine Sorgen. Wir holen die schon, ganz bestimmt. Wir sind unterwegs.« Überzeugend klang es nicht, aber ich wollte ihm so gern glauben und fühlte mich nach meinem Bericht ein wenig erleichtert.

»Ich brauche dringend eine Pause«, stieß Heinz unvermittelt hervor.

»Das geht nicht. Wir können nicht bleiben«, sagte ich. »Wir müssen weiter.«

Der Postbunker war für mich zu einer fixen Idee geworden. Ich wollte nicht eher Ruhe geben, bis wir da waren. Trotzdem gab es eine Verzögerung. Mein Bruder fiel um wie ein gefällter Baum. Glücklicherweise fingen einige um uns sitzende Menschen Heinz auf, sonst wäre er mit dem Kopf auf den Bahnsteig aufgeschlagen.

»Ich spüre meine Beine nicht mehr.« Heinz sah uns verzweifelt an.

Am anderen Ende des Bahnsteigs entdeckte ich einen Sanitäter, zu dem ich mich durchschlug. Ich bat ihn, sofort nach meinem Bruder zu sehen. Mit dem Blick des Erfahrenen sagte er, nachdem er nur kurz die wie Wachs anmutenden Beine betrachtet hatte: »Durchblutungsstörungen.« Im selben Moment griff er in seine Sanitätertasche und holte eine Flasche Schnaps heraus. »Wenn Sie mehr brauchen, es gibt genug davon.« Mit diesen Worten war er auch schon wieder im stetig dichter werdenden Gedränge der Menschen verschwunden.

Frau Drescher, Mutter und ich gossen uns gegenseitig den klaren Alkohol in die Hände und rieben mit der hochprozentigen Flüssigkeit die Füße und Beine meines Bruders ein. Anschließend kneteten wir mehrere Minuten seine Waden.

»Ich spüre immer noch nichts«, sagte Heinz mit einem Gesicht, das in seiner Bleichheit mit den Beinen konkurrieren konnte. »Wahrscheinlich werde ich nie wieder gehen können.«

»Du redest Unsinn«, gab ich ihm zu verstehen und verteilte eine weitere Runde Alkohol. Die Prozedur ging noch einmal von vorne los. Meine Hände brannten wie Feuer. Erst als wir die Flasche fast geleert hatten, meinte Heinz: »Es kribbelt.«

»Wunderbar, dann können wir ja zum Postbunker aufbrechen.« Mein Ehrgeiz, den Stettiner Bahnhof zu erreichen, war ungebrochen.

Schließlich dauerte es aber noch eine Weile, bis die »eingeschlafenen« Beine von Heinz wieder aufgewacht waren. In der Zwischenzeit rieben wir uns mit dem Rest Alkohol vorsichtshalber auch die Füße ein. Es konnte nicht schaden.

»Richtig heiß ist mir durch das Rubbeln geworden«, sagte Frau Drescher. »Ich könnte jetzt gut etwas trinken. Ein Königreich für eine Berliner Weiße mit Schuss.«

Doch es gab nichts. Nicht einmal Wasser. Nur Schnaps. Den wollte keiner von uns zu sich nehmen, um den Durst zu stillen.

»Ein weiterer Grund, um uns zum Postbunker aufzumachen«, triumphierte ich.

»Aber hier passiert uns bestimmt nichts.« Frau Drescher wäre zu gerne auf dem Bahnhof Friedrichstraße geblieben. »Hier gibt es noch mehr Ausländer als im Bunker und sie scheinen auch das Kommando zu haben.«

»Ja«, pflichtete Heinz ihr bei. »Internationalität kann nur Gutes bedeuten.«

»Ich vertraue Motte«, sagte meine Mutter. »Ich gehe mit ihr.«

Mein Bruder und Frau Drescher fügten sich, ich freute mich wie eine Schneekönigin. Als Heinz nach einigen Probeschritten sicher auf den Beinen stand, setzten wir uns an den Bahnsteigrand, um zurück in die Brühe zu springen.

»Halt! Hier könnt ihr nicht weiter«, rief uns ein Soldat zu. »Das schafft ihr nie. Geht rüber zur U-Bahn, die liegt höher, da ist es noch trocken.«

Die U-Bahn des Bahnhofs Friedrichstraße verlief ebenfalls zum Stettiner Bahnhof, heute Zinnowitzer Straße, nur bedeutete dies einen Umweg über die Station Oranienburger Tor. Um zur U-Bahn zu gelangen, brauchten wir nicht die Unterwelt zu verlassen. Man zeigte uns eine Treppe, die wir hinaufgingen, anschließend mussten wir einen langen Tunnel durchqueren.

Die U-Bahn-Strecke war tatsächlich weitgehend

trocken, nur hin und wieder mussten wir durch eine Pfütze waten. Einmal stürzte aus einem zerborstenen Deckenrohr eine Kaskade Wasser auf uns herab. Jeder aus dem Treck hielt ein Gefäß oder die hohlen Hände unter den Wasserschwall und trank gierig, obwohl eine Stimme uns warnte: »Nicht trinken, Leute! Das Wasser ist vergiftet.« Auch ich hatte die Hände voll Wasser, aber trinken konnte ich es nicht. Es roch so penetrant nach Gas, dass mir schon vom Geruch übel wurde. Seit meiner Gasvergiftung in Znin konnte ich es nicht riechen. Mutter und Heinz schreckte der Geruch jedoch nicht ab, ebenso wenig Frau Drescher und ihre beiden Söhne. Sie alle tranken mehrere Hände voll. In der Folge verloren wir viel kostbare Zeit, weil sie sich wie viele andere immer wieder übergeben mussten. Zum Schluss war es nur noch ein Würgen, weil sie nichts mehr im Magen hatten. Da ich davon verschont blieb, wurde ich mit jedem Halt ungeduldiger und mahnte die Geplagten, dass wir vorwärts kommen müssten. Später wurde mir mein strenges Antreiben oft vorgehalten.

Derselbe Tag abends · Das Inferno

Auf der letzten Etappe zum Stettiner Bahnhof waren wir nicht mehr viele aus dem Bunkertreck. Irgendwo unterwegs hatten die meisten sich dazu entschlossen, aufzugeben. Sie waren in abgestellten Zügen geblieben oder auf Bahnsteigen oder sind über Treppen beziehungsweise Luftschächte zurück auf die Straße gegangen.

Ein paar hundert Menschen erreichten jedoch mit uns den Stettiner Bahnhof. Fast alle aus diesem kleineren Treck blieben auf dem Bahnsteig der grauen und sehr schmutzig wirkenden U-Bahn-Station. Nur eine kleine Gruppe von vielleicht zwanzig Personen schloss sich meiner Mutter, Frau Drescher, Heinz, Martin, Willi und mir an. Wir wollten in den Postbunker.

Ich war überglücklich, so nah an unser Ziel gekommen zu sein. Vor lauter Aufregung konnte ich es kaum abwarten, nach draußen zu gelangen, um den kurzen Weg dorthin auch noch zu schaffen. Auf der Treppe nach oben wäre ich fast ausgerutscht. Auf einer Stufe lag Erbrochenes, das ich in meiner Vorfreude übersehen hatte.

Als wir auf der Straße standen, waren wir schockiert. Wir hatten schon alles gesehen, vernagelte Fenster, brennende Dachstühle, zerbombte Häuser, doch jetzt wurden wir mit dem Untergang konfrontiert. Mir fiel Pompeji ein, wahrscheinlich, weil ich in meinem Geschichtsbuch eine so eindrucksvolle Schilderung von der Zerstörung dieser Stadt gelesen hatte.

»Mein Gott, das ist ja furchtbar«, stieß meine Mutter aus. »Das reinste Inferno.«

Überall war Feuerschein zu sehen, wohin man blickte, um uns herum knisterte es, manchmal knallte etwas, so als würde man eine aufgepustete Papiertüte mit geballter Faust zum Platzen bringen. Keiner von uns konnte sich das Knallen erklären, nicht einmal Heinz wusste Rat. Bewohnbare Häuser gab es nirgendwo mehr, nur Gerippe, die bald zusammenbrechen würden, und mit Schutt blockierte Straßen. Die Arbeit vieler Generationen war mit einem Schlag vernichtet. Ich dachte, jetzt brennt bestimmt auch der Tierpark, es brennt das Brandenburger Tor und es brennen die Linden.

Wahrscheinlich standen wir alle eine Weile wie die Ölgötzen herum. Erst ein mächtiges Krachen brachte uns wieder zur Besinnung. Ein Dachstuhl war in unserer unmittelbaren Nähe zusammengestürzt. Es sah aus, als würde sich das Haus anfangs gegen den Zusammenbruch wehren, es ächzte und stöhnte, dann sackte aber ein rauchender Balken nach unten, schließlich ein zweiter, bis alles einbrach.

Jetzt nahmen wir auch wahr, dass aus allen Richtungen Beschuss zu hören war. Granatwerfer, Panzerfäuste und MG-Garben. Es war nicht auszumachen, wo Freund oder Feind stand. Wie viele Tonnen Munition waren eigentlich nötig, um ein solches Zerstörungswerk anzurichten? Eigentlich wollte ich das gar nicht wissen, aber mit Überlegungen dieser Art versuchte ich mich aus meiner Erstarrung zu lösen.

Unser großes Ziel war doch der Postbunker. Verwirrt schaute ich mich um. Seit meinem Bahnhofsdienst kannte ich diese Gegend in- und auswendig, doch jetzt hatte ich die Orientierung völlig verloren. Nirgendwo erblickte ich die Straße, die ich unzählige Male mit Flüchtlingen entlanggeeilt war.

Plötzlich bebte die Erde. Ich dachte, jetzt geht die Welt unter. Ein donnerndes Getöse erfüllte die Luft. Es wurde von Panzerketten verursacht. Jemand schrie: »Ein T34! Die Russen sind da!«

Ich hatte keine Ahnung gehabt, dass ein Panzer so schnell fahren kann, auch hatte ich noch nie ein solches einsatzbereites militärisches Fahrzeug aus dieser kurzen Entfernung gesehen, außer in Filmen. Sie kamen wie vorsintflutliche Ungeheuer auf uns zu und zermalmten alles, was unter die Ketten geriet. Wir sprangen wie die Hasen auseinander und suchten Schutz in den Häuserruinen. Vier oder fünf Panzer ratterten nun mit ohrenbetäubendem Lärm an uns vorbei. Ich konnte die Sehschlitze und Kanonenrohre erkennen, aber ob auf ihnen ein Balkenkreuz oder ein roter Stern angebracht war, weiß ich beim besten Willen nicht mehr. Jedenfalls wurde nicht auf uns geschossen. Dann war der Spuk auch schon vorbei. Später hat mir einmal ein Veteran erklärt, dass die Besatzung uns sicher nicht gesehen hatte, da wir uns im toten Winkel befunden haben mussten.

»Ich gehe zurück zur U-Bahn-Station«, sagte eine der Frauen, die sich unserer Gruppe angeschlossen hatten. »Mir ist das alles zu unheimlich.«

»Ich komme mit. Hier auf der Straße bin ich eine lebende Zielscheibe, jeder kann auf mich schießen, so ungeschützt, wie wir rumstehen.« Eine zweite Frau mit einem dicken Tuch um Kopf und Schultern schloss sich der ersten an, ihnen folgte noch eine weitere; der Rest der Gruppe blieb beisammen. Es war bekannt, dass die U-Bahn-Schächte nicht so sicher waren wie die tiefer liegenden der S-Bahn, viele befanden sich höchstens zwei Meter unter der Straßendecke.

Fieberhaft überlegte ich, wo das mir bekannte Schuhgeschäft lag, in das ich immer gern hineinschaute und von hübschen Sandalen träumte, die es dort zu sehen, aber nicht zu kaufen gab. Und wo war das Schild mit der Aufschrift »Kolonialwarenhandlung«? Mussten wir hier abbiegen – oder dort? Ich fand mich überhaupt nicht mehr zurecht. Kein bekanntes Haus mehr, keine Markierung, nichts. Einer rief: »Hier entlang!« Ein anderer: »Nein, da!« Wir wichen herabstürzenden, brennenden Balken aus, schützten unsere Haare so gut es ging vor Funkenflug und achteten auf alles, was sich in unserer Nähe bewegte. Jeder Schatten, den wir aus den Augenwinkeln wahrnahmen, wurde genauestens registriert. Die Angst, von einem russischen Soldaten getötet zu werden, war groß. Obwohl wir ja noch nicht einmal wussten, ob sie schon das Gebiet um den Stettiner Bahnhof eingenommen hatten oder nicht.

Nach einigen Irrungen und Wirrungen standen wir plötzlich vor dem Postbunker. All meine Hoffnung, mein einziges Ziel, das war dieser Bunker. Wie eindringlich hatte ich jeden zu überzeugen versucht, dass dieser Bunker unsere Rettung bedeuten würde. Jetzt standen wir zwar davor, aber man ließ uns nicht hinein.

»Der Bunker ist überfüllt«, winkten zwei Volkssturmmänner ab, »nicht einmal eine Katze würde dort Platz finden.«

»Aber man hat uns im Anhalter Bunker gesagt, dass wir hier Hilfe bekommen würden.« Kleinlaut wagte ich einen Vorstoß.

»Die Leute kriegen drinnen kaum noch Luft«, sagte ein Luftschutzwart, der zu den Volkssturmmännern hinzugetreten war.

Die Enttäuschung konnte ich kaum aushalten. Keine Suppe, nichts zu trinken, keine Ecke zum Schlafen, keine Wärme, nichts. Ich hätte mich in diesem Moment auf die Straße werfen und sagen können: »So, jetzt will ich nicht mehr, jetzt will ich auch sterben.«

Aber als Heinz anfing, mir Vorwürfe zu machen: »Na, siehst du, das hast du davon, hättest du doch auf mich gehört«, wurde ich sofort wieder störrisch.

»Das ist nicht der geeignete Moment, sich Vorhaltungen zu machen«, mischte sich ein älterer Mann mit einem dunklen Stoppelbart ein. »Wir müssen irgendwo hin, und zwar schnellstens.«

»Am besten, wir suchen uns den S-Bahn-Eingang vom Stettiner Bahnhof«, schlug eine stämmige Frau in einem Mantel mit hohem Pelzkragen vor, um den ich sie unter anderen Umständen wahrscheinlich beneidet hätte.

»Aber vielleicht hat das Wasser die Station überflutet«, gab Frau Drescher zu bedenken.

»Wir können es nur herausfinden, wenn wir nachsehen«, meinte achselzuckend die Frau mit Pelz.

Wie auf Kommando rannten wir los, in die Richtung, in der wir die S-Bahn-Station vermuteten. Wir fanden sie auch tatsächlich ohne große Umwege. Erschrocken hielten wir vor dem Eingang inne. Auf dem ersten Treppenabsatz lag ein Toter.

»Den kenne ich«, flüsterte ich. »Es ist der Mann aus dem Bunker mit dem tätowierten Sowjetstern.«

Schlaff lag sein rechter Arm auf den Steinen. Der Jackenärmel war aufgeschnitten und entblößte die Tätowierung. Neben dem Arm war mit Kreide in Druckbuchstaben das Wort VERRÄTER auf die Steine geschrieben. Wer hat ihn getötet, überlegte ich, war es ein Nazi? Oder gar ein Kommunist?

»Wir können uns nicht um den Toten kümmern. Wir müssen runter«, trieb uns der Mann mit den Bartstoppeln an. »Sonst können wir ihm gleich Gesellschaft leisten.«

Mir war immer noch nicht eingefallen, wie lang der Landwehrkanal war. Hoffentlich reicht das Wasser nicht aus, dachte ich, um bis zum Stettiner Bahnhof zu fließen. Bahnsteig und Gleise waren aber trocken. Erleichterung machte sich auf allen Gesichtern breit. Auf beiden Seiten des Bahnsteigs standen S-Bahn-Züge, die als Lazarett dienten. Wir sahen einige Zivilisten unter den Verwundeten, überwiegend lagen oder saßen dort aber Soldaten, die aus den verschiedensten Regionen kamen. Die Stimmung war gedämpft, einige unterhielten sich leise, und es lag eine gewisse Spannung in der Luft. Die Menschen hatten Angst, etwas zu verpassen, und warteten ab, was als Nächstes geschehen würde. »Alle Lazarette sind überfüllt«, sagte eine Schwester, als ich sie erstaunt fragte, warum denn hier unten ein Krankenlager errichtet worden sei. Neben einem Pfeiler breiteten wir meine nicht mehr ganz so azurblaue Bettdecke aus, mit der von meiner Mutter deckten wir uns zu. Wer keine Decke hatte, konnte sich ein Lager aus Altpapier bereiten, das in einer Ecke gestapelt war. Frau Drescher nahm davon und suchte sich in unserer unmittelbaren Nähe einen Platz.

Ich stellte mir vor, ich sei im Strandbad Wannsee. Manchmal hatten wir dort auch dicht gedrängt und frierend auf Handtüchern oder Wolldecken gelegen, wenn wir den nassen Badeanzug nicht sofort ausgezogen hatten, obwohl unsere Mütter es uns pausenlos eingeimpft hatten. Wenn ich die Augen fest schloss, konnte ich sogar einem Stimmengemurmel lauschen, hörte das Plantschen kreischender Kinder und die Zurufe der Wasserballspieler. Wenn wir so richtig fröstelten, die Lippen tiefblau waren, kam Ilse prompt auf die Idee, ein Eis zu essen. So schleckten wir an unserem Zitroneneis und genossen es, zuzusehen, wie sich die Härchen auf unseren Unterarmen vor lauter Gänsehaut aufstellten. Kurze Zeit später waren wir schon wieder im Wasser, wenn ich endlich meine Zöpfe unter die dämliche altmodische Badekappe mit den Rosetten gestopft hatte. Gegenseitig versuchten wir uns unterzutauchen oder Hand in Hand vom Drei-Meter-Brett zu springen, wobei sich Ilse mit der anderen Hand immer die Nase zuhielt. Wie lange war es eigentlich her, dass ich so unbeschwert und vergnügt in den Tag hineinleben konnte? Hatte es das wirklich jemals gegeben? Ich fing an, daran zu zweifeln.

»Motte, du kannst doch so gut organisieren. Versuch doch mal, was Essbares aufzutreiben. Geh aber nicht nach draußen.« Das war die Stimme meiner Mutter. Ich war nicht im Schwimmbad, das war schnell zu merken.

Ich ging zu einer Rote-Kreuz-Schwester, die in einem der Züge Zigaretten verteilte. Auch Schnaps gab es anscheinend noch in reichlichen Mengen.

»Kann ich vielleicht Wasser bekommen?«, fragte ich die Krankenschwester.

»Warte einen Augenblick«, lautete die Antwort.

Nachdem jeder im Waggon seine Zuteilung erhalten hatte, ging die Schwester mit mir zu einem der vorderen Abteile. Dort gab sie mir eine Dose Milch, füllte mit einer Kelle meine unterwegs gefundene Feldflasche halb voll mit Wasser – damit ich die Milch verdünnen konnte – und überreichte mir ein Stück steinhartes Brot.

»Das Brot kannst du in der verdünnten Milch einweichen«, riet sie mir.

Mutter, Heinz und ich waren zufrieden über das Mahl. Wir redeten kaum miteinander, wir dösten einfach vor uns hin. Schlafen konnte ich nicht, alles an mir schien noch in Bewegung zu sein. Die Füße waren wie ein aufgezogenes Uhrwerk, sie vermissten den Rhythmus der Schwellen und schienen immer noch zu laufen. Heinz hatte sich zwar von allem überflüssigen Gepäck getrennt, nicht jedoch von seinen Spielkarten. Also spielten Martin und er irgendwann wieder Schummeln, und meine Mutter fing an, sich wieder einmal mit anderen umhersitzenden Frauen über »die Zeit danach« zu unterhalten.

»Ob wir das noch erleben werden?«, hörte ich eine weibliche Stimme sagen, die tief und dunkel klang, als hätte sie zu viele Zigaretten geraucht, vielleicht hatten ihr auch nur die vielen schwelenden Feuerbrände zugesetzt.

»Wie sollen wir in dieser zerstörten Stadt je wieder eine Wohnung finden?« Das sagte eine junge und helle Stimme.

»Wovon sollen wir uns ernähren?« Hysterie war zu spüren.

»Schlimmer kann es nun wirklich nicht mehr werden.« Das war eindeutig meine Mutter.

Ich dachte daran, dass der Fuß meiner Mutter kaum noch geschwollen war. Anscheinend war nichts gebrochen, wie wir anfangs noch vermutet hatten. Auch ihr Finger heilte und Heinz konnte seine Beine wieder bewegen. Nur seine Lippen hatten eine unnatürlich blaue Farbe, das wiederum bereitete mir Sorgen.

Schließlich träumte ich weiter vom Wannsee. Meine Decke fühlte sich warm und weich an – wie der Sand an diesem See. Manchmal wurden wir dort von einem Fliegeralarm überrascht und mussten aus dem Wasser und in den Wald flüchten. Damals hatten wir auch Angst gehabt, aber nicht eine solche Angst wie heute. Ich habe keine Angst! Ich habe keine Angst! Ich habe keine Angst! Immer wieder sagte ich den Satz auf. Und ich hatte nach wie vor Ursus, meinen Schutzengel. Du wirst mich beschützen, nicht wahr, Ursus, du lässt es nicht zu, dass mir etwas passiert. Du bist unermüdlich im Einsatz und hast riesige Kräfte. Du wirst auch Mutti und Heinz beschützen. Das tust du doch. Danke!

Was war es dumm von mir, unbedingt in den Postbunker zu wollen. Hier war es doch auch fast gemütlich. Man war nicht einsam. Alle teilten das gleiche Schicksal. Die Züge waren sogar beleuchtet, mit Karbidlampen. Träge flossen meine Gedanken dahin, und ich freute mich jedes Mal, wenn vereinzelt noch Nachzügler aus unserem Bunkertreck eintrafen. Manche von ihnen waren nass bis auf die Haut. Einige berichteten, dass sie gestürzt seien, andere sagten, sie hätten stellenweise schwimmen müssen.

Von ihnen erfuhren wir auch, dass Hitler tot sein sollte. War das wieder ein Gerücht? Aber immer mehr Leute sagten: »Habt ihr schon gehört? Wisst ihr schon das Neueste? Unser Führer ist im Kampf gefallen. Er hat bis zum letzten Atemzug gekämpft.« Von seiner Heirat mit Eva Braun, seinem Selbstmord am 30. April 1945 und dem der Goebbels-Familie erfuhren wir erst später, als es wieder Zeitungen gab.

Dieser zeitlose Zustand des Dahindämmerns dauerte an, bis jemand von der Treppe schrie: »Die Bolschewiken kommen. Rette sich, wer kann!« Gleich darauf rief ein anderer Mann: »Weg mit dem Schnaps, Leute! Wenn die Russen erst betrunken sind, dann gnade euch Gott.«

Die nächsten Minuten waren erfüllt von dem Klirren zerberstender Schnapsflaschen, die gegen die Tunnelwände geworfen wurden. Ein Uniformierter sagte: »Wir werden uns jetzt in Gefangenschaft begeben und müssen euch eurem Schicksal überlassen. Gott sei mit euch.«

Keiner von uns sagte einen Ton, zu schockiert waren wir. Aus Angst verkrochen wir uns in unsere Decken und warteten. Ich versuchte mir vorzustellen, wie das sein würde, wenn die »Bolschewiken kommen«. Meine Fantasie reichte aber nicht aus. Es gab nichts, das ich mir imaginieren konnte. Einige Bilder lauerten in mir, aber ich ließ sie nicht zu.

Ich muss so etwas wie Panik empfunden haben, eine Panik, die das Herz fast stillstehen ließ und sämtliche Glieder lähmte. Niemand von den Menschen kam auf die Idee, in den Tunnel zu laufen oder laut zu schreien. Nur einige Menschen liefen ruhelos auf dem Bahnsteig auf und ab. Viele beteten laut. Ich konnte das eintönige Gemurmel kaum ertragen. Es machte für mich alles nur noch schlimmer. Fast hätte ich wieder angefangen, hysterisch zu schreien.

Quälend zogen sich die Minuten dahin. Noch immer sah ich keinen Bolschewiken. Erst als sie mitten unter uns waren, wurde ich in dem trüben Licht der fremden Gestalten gewahr. Ich weiß nicht, woher meine Mutter den Mut nahm, aber sie zupfte einem von ihnen am Hosenbein und fragte: »Na, Kamerad, wie sieht's aus? Wird es noch lange dauern?«

Der »Kamerad« wirbelte herum und trat heftig mit dem Fuß nach ihr. Ein Schwall unverständlicher Worte regnete auf uns herab und mein Herz setzte ein paar Schläge aus. Das waren sie also, die Bolschewiken. Nach näherer Betrachtung schien dieser Soldat nicht älter zu sein als Heinz. Plötzlich sprang ein Mann auf, begann wild in die Hände zu klatschen und rief: »Hoch, Genossen. Es lebe Stalin. Die Rotfront ...« Was er noch hatte sagen wollen, ging unter im Feuerstoß einer Maschinenpistole. Er kam von der Treppe. Danach sagte niemand mehr ein Wort.

Eine herrische Stimme ordnete »Ruhe!« an, obwohl wir längst keinen Laut mehr von uns gegeben hatten. Sie gehörte zu einem Mann, der auf der Treppe wie ein Feldherr auf einem Denkmal stand. Er war groß, hatte eine breite Brust und trug eine saubere Uniform mit vielen Orden; auf dem Kopf prangte eine Tellermütze, seine Maschinenpistole hatte er im Anschlag. In fehlerfreiem Deutsch, wenn auch mit deutlichem Akzent, erklärte er uns aber, dass uns nichts geschehen würde, wenn wir uns still verhielten. Das sollte auch ein Bolschewik sein? Das war doch ein Offizier und er sah aus wie ein Mensch. Der machte mir keine Angst. Die Männer neben ihm jedoch umso mehr. Sie verursachten mir eine Gänsehaut. Sie hatten kahl geschorene Schädel, keiner von ihnen trug eine Kopfbedeckung, die Augen besaßen die Form von Schlitzen, und sie steckten in durchgeknöpften Kosakenjacken mit Stehbündchen, die ihnen viel zu groß waren. Die Hosenbeine waren in Fußbandagen gestopft, die als Schuhe herhalten mussten, und die Jacken, die manchen von ihnen bis in die Kniekehlen hingen, waren in der Taille mit einem Gurt oder Strick zusammengebunden. Keiner von ihnen trug eine Schusswaffe. Das war auffällig. Sie hatten nur Messer am Gürtel stecken. Als ich später einen Kriegsveteran nach diesen asiatisch aussehenden Gestalten fragte, die wir nur »die Mongolen« nannten, bekam ich lediglich lakonisch das Wort »Kanonenfutter« zu hören. Sie waren nach wenigen Tagen nicht mehr in Berlin zu sehen.

Der Offizier drehte sich um und ging die Treppe hinauf, während die Gruppen von Mongolen jetzt die Stufen herunterkamen. Sie nahmen jede, auch die leiseste Bewegung wahr und der entsprechende Unruhestifter wurde mit Tritten und Flüchen bedacht. Es mussten schlimme Flüche sein, denn obwohl ich die Sprache nicht verstand, hörten sich die Stimmen Furcht erregend an.

Ihre Einschüchterungsmaßnahmen wurden begleitet von einer »Erleichterungsaktion«. »Uri, Uri, dawei«, Gold, Gold, schnell, brüllten sie jeden an. Heinz wurde seine Armbanduhr und die Voigtländer los, meine Mutter ihren einzigen Ring. Ich hatte nichts, nur meine Schreibhefte, die sie aber nicht interessierten. Vielleicht hätten sie anders gedacht, wenn sie gewusst hätten, was dort aufgeschrieben war.

»In dem Fotoapparat war noch ein Film«, empörte sich Heinz. »Was wollen die damit? Es sind doch Bilder von hier unten darauf.«

»Wahrscheinlich wären sie sowieso nichts geworden«, versuchte ich zu trösten.

Heinz hatte uns im Tunnel fotografiert, ohne Blitzlicht, weil es strengstens verboten war. Auch wenn die Bilder zu dunkel gewesen wären, ich konnte den Schmerz meines Bruders über den Verlust seiner Kamera nachempfinden.

Bei der geringsten Verzögerung der Übergabe unserer letzten Wertsachen hagelte es Fußtritte und ein zorniges »Dawei«. Wir beobachteten, dass die Mongolen die Lazarettzüge nicht betraten. Das erschien uns seltsam. Vielleicht hatten sie den Befehl erhalten, dass sie dort unten machen könnten, was sie wollen, nur die Züge, die müssten verschont bleiben. Eine andere Möglichkeit, über die wir nachdachten, war die, dass die Mongolen sich nicht in die Waggons reintrauten, weil sie Fallen, Handgranaten oder Minen darin vermuteten. Heinz hatte eine ganz schlichte Erklärung: »Die wissen nicht, wie sie die Schiebetüren aufbekommen.« Sicher, es war schwierig, die Türen ohne Elektrizität zu öffnen, aber ein wirklicher Hinderungsgrund konnte das nicht sein. Mein Bruder wollte Vorurteile pflegen.

»Mutti, warum hast du eigentlich den russischen Soldaten am Hosenbein gezupft?« Das Verhalten meiner Mutter wollte mir nicht aus dem Kopf gehen.

»Ich wusste nicht, dass es ein Rotarmist war. Ich war der Meinung, es sei ein Landsmann«, erwiderte sie. Die Antwort beruhigte mich.

In der Zwischenzeit waren weitere Rotarmisten auf den Bahnsteig getreten. Sie sind in mein Gedächtnis als Käppiträger eingegangen, darunter waren auch Frauen in Uniform, man nannte sie damals wenig schmeichelhaft »Flintenweiber«. Mit energischen Befehlen riefen sie die plündernden Mongolen zusammen.

Anschließend wurde mit schussbereiten Waffen die Räumung der Lazarettzüge angeordnet und überwacht. Alles, was deutsche Uniformen trug, hatte die Hände über dem Kopf zu verschränken, auch die wenigen Krankenschwestern. Es war traurig, zuzusehen, wie die Männer sich trotz ihrer Verwundung bemühten, auf die Füße zu kommen und die Arme oben zu behalten. Wie Schwestern oder Kameraden ihnen helfen wollten und mit Schlägen daran gehindert wurden. Wie viele von ihnen zusammenbrachen und einfach hinausgeschleift wurden. Kein einziger deutscher Soldat blieb zurück.

Ein Rotarmist zeigte auf Heinz und winkte ihm, mitzukommen. Andere Zivilisten wurden auf die gleiche Weise hinausbeordert.

»Was wird mit Heinz?« Meine Mutter sah fassungslos ihrem Sohn hinterher. »Wir werden ihn nie wiedersehen.«

»Beruhige dich, Mutti. Die töten keine Zivilisten.« Ich versuchte, meiner Mutter Trost zuzusprechen, aber sicher war ich mir bei meiner Äußerung auch nicht.

Heinz kam wieder. Ungefähr nach zwei bis drei Stunden. Er sah aus wie ein Geist und übergab sich pausenlos.

»Was hast du dort oben machen müssen?«, fragte ich.

»Hast du den Gefangenen geholfen?« Meine Mutter wollte auch wissen, wozu Heinz gebraucht worden war.

Auf unsere Fragen sagte mein Bruder nur: »Die Gefangenen kommen alle nach Sibirien.«

Was Heinz im Einzelnen erlebte, darüber hat er niemals mit uns gesprochen. Auch nach Jahren nicht. Andere, die mit Heinz nach draußen geschickt worden waren, erzählten die schauerlichsten Dinge. So mussten sie die Toten und »Halbtoten« nackt ausziehen und in einen Bombentrichter werfen. Wer sich weigerte, wurde mit Fußtritten ebenfalls in das Massengrab befördert.

Da die Züge nun leer waren, nahmen wir sie in Besitz. Es war zwar jetzt dunkel darin – die Karbidlampen hatten die Russen an sich genommen –, dafür gab es aber Bänke, auf die wir uns setzen konnten, auch wenn sie voller Blutflecken waren. Wir hatten uns im letzten Abteil des Zuges niedergelassen. Heinz schlug die rückwärtige Scheibe mit einem Nothammer ein, der über der Zugtür hing, um einen weiteren Ausgang zu haben. Dabei hatte mein Bruder seine Decken davor gehalten, um zu vermeiden, dass beim Einschlagen Splitter umherflogen. Meine Angst war nicht mehr ganz so groß, aber ich war immer noch misstrauisch. Zu viele Dinge hatte ich gehört, über Vergewaltigungen und Folter. Ich wäre ohne zu zögern lieber ins Wasser zurückgelaufen, als einem dieser Mongolen in die Hände zu fallen.

Nachdem sich die Leute auf einige Waggons verteilt hatten, blieben immer noch zahlreiche Personen auf dem Bahnsteig zurück, insbesondere Frauen. Ihnen erschienen die unbeleuchteten Züge zu gespenstisch. Sie fühlten sich auf dem wenigstens schwach erhellten Bahnsteig freier und sicherer.

Inzwischen war es tiefste Nacht geworden. Beim letzten Blick auf die Armbanduhr von Heinz, bevor er sie abgab, war es neun Uhr abends gewesen. Das war nun schon eine ganze Weile her. Und in dieser Nacht spielten sich die grausamsten Dinge auf dem Bahnsteig ab.

Es hatte nichts genutzt, die Leute zu warnen, dass sie jeglichen Alkohol vernichten sollten. Einige besonders Schlaue hatten Schnapsflaschen gehamstert und versuchten nun mit den Sowjets Tauschgeschäfte zu machen. Die Deals bestanden darin, dass einige der Mongolen tatsächlich für eine Flasche hochprozentigen Zeugs ein paar Zigaretten oder eine Hand voll Machorka hergaben – grober Tabak, der wie Sägespäne aussah. Anschließend tranken sie bis zur Besinnungslosigkeit. Dann gab es aber noch diejenigen, die eine dargebotene Flasche an sich rissen und, falls sie nicht schon entkorkt war, den Flaschenhals an einem Pfeiler abschlugen, sie der Spenderin in den Hals steckten und den Inhalt der Flasche in sie entleerten wie in einen Ausguss. Als ich diese Szene durch das Zugfenster beobachtete, sagte meine Mutter: »Motte, du versteckst dich am besten da draußen. Für Mädchen ist das hier nichts. Vielleicht kommen die Russen doch noch in die Züge.«

»Und was ist mit dir?«, fragte ich. »Bist du nicht auch in Gefahr?«

»Im Notfall werde ich dann auch kommen.« In dieser Nacht passierte ihr nichts.

Eiligst kroch ich zum Notausgang hinaus. Hinter dem Zug hatte ich mich auf die Stromschiene gekauert und mir die Ohren zugehalten, um nicht hören zu müssen, wie ein Mensch sich zu Tode schrie. Bei manchen dauerte es nur kurz, weil sie am eigenen Blut erstickten. Eine Frau schrie jedoch so lange, bis sie dadurch zum Schweigen gebracht wurde, dass ihr einer in den Mund pinkelte. Das weiß ich von meiner Mutter. Niemand, der die Schreie gehört hat, wird sie je vergessen können.

Anfang Mai 1945 · Hunger

»Kannst rauskommen«, sagte Heinz am nächsten Tag zu mir. »Die Russen sind weg. Bis auf ein paar vereinzelte. Die aber schlafen tief.«

Langsam wachte ich aus meiner Versteinerung auf. Zwar hatte ich seit längerer Zeit keine Schreie mehr gehört, aber ich hatte ständig gehorcht, weil im nächsten Moment ja doch noch die Welt einstürzen konnte. Vorsichtig wagte ich mich aus meinem Versteck und musste anschauen, was aus den Frauen geworden war, die den Bahnsteig für den sicheren Ort gehalten hatten. Wie es schien, waren sie alle tot, die Röcke hochgeschlagen, die Unterwäsche heruntergerissen.

»Nicht eine Nacht bleiben wir länger hier«, sagte meine Mutter und zog mich an der Hand über den Bahnsteig zur Treppe. Sie zupfte den toten Frauen, an denen wir vorbeimussten, die Kleider zurecht, um die blutigen Hakenkreuze zu bedecken, die die Mongolen auf ihren Körpern eingeritzt hatten, die Röcke schlug sie wieder nach unten. Ich hob eine Zeitung auf, um sie auf das bloß liegende Geschlecht eines laut schnarchenden Rotarmisten zu legen. Ich schämte mich so für ihn und konnte nur denken, was wohl seine Mutter sagen würde, wenn sie ihn so sehen könnte. Zum ersten Mal in meinem Leben hatte ich Männer nackt gesehen, einige von ihnen hatten die Hose ganz runtergezogen, bei anderen war nur der Hosenschlitz offen.

»Mein Gott!«, rief meine Mutter aus. »Die armen Frauen hatten tagelang nichts gegessen und dann der starke Schnaps, da muss doch innen alles verätzt sein.«

Sie versuchte mit ihrer Aussage von den Vergewaltigungen abzulenken. Aber ich begriff sowieso nicht, was da in dieser Nacht wirklich vor sich gegangen war. Nicht zu diesem Zeitpunkt. Das Gesicht von Heinz war noch weißer geworden, ganz nah ging er neben Martin. Frau Drescher hielt Willi die Augen zu. Wollte er im Bunker noch nach Hause und hatte dies auch lautstark zum Ausdruck gegeben, so war er während des Trecks immer ruhiger geworden. Sein Haar klebte am Kopf, ohne Murren ließ er sich von seiner Mutter führen.

Äußerst vorsichtig schlichen wir die Treppen hinauf und standen auf der Straße. Nichts war zu hören, die Stille tat richtig weh. Nicht einen Vogel hörten wir zwitschern, obwohl Frühling war. Noch tagelang war dies so. Dafür roch es extrem nach Rauch und die Sonne schien. Alles hatte ich erwartet, nur nicht, dass die Sonne schien. Wie war das möglich? Wieso konnte überhaupt jemals wieder die Sonne scheinen? Der Himmel war zwar nicht blau, aber was da oben aus dem Grau herausblendete, war zweifellos die Sonne. Ein richtig heller und greller Ball. Unfassbar.

Auf der gegenüberliegenden Straßenseite stand an einer Restmauer ein Mann. Selbst aus der Entfernung konnte ich sehen, dass sein Gesicht gelb wie eine Quitte war. Er starb im Stehen. Mit weit geöffnetem Mund, sodass ich dachte, sein Kiefer sei ausgerenkt, rutschte er im Zeitlupentempo an der Wand entlang zu Boden.

Ich sehe den Mann mit seinen aufgerissenen Lippen noch immer vor mir, ich könnte ihn nachzeichnen. Erst als er völlig zusammengesunken auf der Erde lag, sah ich weg.

»Ich will niemanden mehr sterben sehen«, sagte ich. »Ich will keine Toten mehr sehen, kein Elend, nur noch die Sonne.«

»Schau so oft du kannst nach oben, Motte«, antwortete Frau Drescher in ihrem schönen Singsang. »Es wird noch eine Weile dauern, bis die Sonne auch hier unten wieder scheint.«

Überall hingen rote Fahnen und weiße Tücher an zerstörten Fenstern, Türen und Mauerresten. Ob das bedeutete, dass der Krieg vorbei war? In Gedanken wiederholte ich ein paar Mal: »Der Krieg ist vorbei.« Aber das jubelnde Glücksgefühl, das ich mir für diesen Augenblick erhofft hatte, wollte sich nicht einstellen. Ich begriff nur, dass wir sechs ihn überlebt hatten – falls der Krieg tatsächlich zu Ende war.

Außer uns und dem Toten an der Mauer war kein Mensch zu sehen. Waren wir die einzigen Überlebenden auf der Welt? Es musste doch noch andere Menschen geben, nicht nur uns, oder? Wo waren die Russen? Wo die Mongolen? Waren sie weitergezogen? Was würde aus denen werden, die da unten auf dem Bahnsteig ihren Rausch ausschliefen? Wurden die denn nicht vermisst? Später sah ich viele Fahnenflüchtige, die sich in den Trümmern versteckten. Vielleicht waren einige von den Mongolen darunter, jene, die es nicht gewagt hatten, zu ihrer Einheit zurückzukehren.

Ich las laut vor, was jemand mit Kreide an die Mauer hinter dem Toten geschrieben hatte: »1. MAY 1945.«

»Aber so schreibt man doch nicht ›Mai‹«, sagte Martin. »Hier wird es mit so einem seltsam verschnörkelten Ypsilon geschrieben. Das sieht doch merkwürdig aus. Welcher Idiot macht denn das?«

»Vielleicht ist das ja die russische Schreibweise«, überlegte ich. »Vielleicht ist es aber auch ein russischer Soldat gewesen, der kein richtiges Deutsch kann.«

»Und dieser Soldat hat mit einem Fotoapparat – wahrscheinlich noch mit meinem! – ein Erinnerungsfoto geschossen und deshalb das Datum festgehalten«, meinte Heinz. »Dann ist heute also der 1. Mai 1945.«

»Aber der 1. Mai könnte auch gestern gewesen sein«, gab meine Mutter zu bedenken. »Der Soldat könnte es auch gestern an die Wand geschrieben haben. Dann wäre heute der 2. Mai.«

Ratlos schauten wir uns an. Niemand von uns wusste, was als Nächstes zu tun sei. Ganz unerwartet entschied meine Mutter: »Der Krieg ist vorbei. Jetzt gehen wir nach Hause.«

»Toll!«, sagte Heinz lakonisch. »Wo, bitte schön, sollte das wohl sein? Die Welt ist doch am Ende. Oder wenigstens Berlin.«

»Ich bin sicher, wir finden den Weg. Auch durch diese Wüste.« Meine Mutter ließ sich nicht beirren.

»Wenn wir erst auf der Friedrichstraße sind, dann brauchen wir nur bis zur Stadtmitte geradeaus laufen«, unterstützte Frau Drescher meine Mutter.

»Und wo kriegen wir etwas zu essen und zum Trinken her?« Wie zur Bestätigung knurrte Martins Magen.

»Vielleicht finden wir unterwegs etwas«, sagte Frau Drescher. »Nie die Hoffnung aufgeben.«

Die Häuserbrände waren mangels Nahrung langsam am Versiegen. Überall auf den Straßen und in den Ruinen sahen wir verkohlte oder verwesende Leichen. Die Luft war geschwängert mit einem süßlichen Geruch, den ich nie wieder vergessen werde und der mit keinem anderen Geruch zu vergleichen ist, den ich kenne.

Nirgendwo sahen wir Straßenschilder, noch vermochten wir uns in diesem Chaos anderweitig zu orientieren. Wir konnten nur hoffen, in die richtige Richtung zu laufen, nach Hause in die Saarlandstraße.

Es war die richtige Richtung. Nach und nach trafen wir auf vereinzelte Menschen, die uns bestätigten, dass wir uns inzwischen auf der Friedrichstraße befanden. Mehr wurde nicht miteinander gesprochen, die Leute liefen ansonsten achtlos aneinander vorbei. Jeder war mit seinem eigenen Überleben beschäftigt.

Unterwegs begegneten wir auch Rotarmisten, manche von ihnen fuhren in Autos an uns vorbei, andere ritten auf Pferden. Alle trugen saubere Uniformen mit Orden und waren bewaffnet. War nun der Krieg zu Ende oder nicht? Misstrauisch beäugten wir sie, wenn sie auf uns zukamen. Sie stellten aber immer nur ein und dieselbe Frage: »Fuhrahaus? Hietla? Reischdag?« Wir wedelten dann mit den Händen in die Richtung, wo wir den Reichstag und das letzte Führerhauptquartier vermuteten. Anschließend strebten wir eilig von ihnen fort.

»Die wollen alle nur Souvenirs einkassieren«, kommentierte Heinz das einseitige Ziel der Russen. »Damit sie hinterher in ihrer Heimat auch beweisen können, dass sie wirklich in Berlin gewesen sind.«

Einer dieser Souvenirjäger führte ein braunes Pferd am Zügel, und nachdem wir ihm den üblichen Weg gewiesen hatten, drückte er meinem Bruder die Zügel in die Hand und fing an, mit der Hand die Gebärde des Essens auszuführen. Wir müssen alle ziemlich verdutzt dreingeschaut haben, denn der russische Offizier grinste. Als er längst wieder entschwunden war, wurde uns klar, dass er gemeint hatte, wir sollten das Pferd schlachten. Der Vorschlag war gar nicht so abwegig, denn das arme Tier hatte eine klaffende Wunde am Hals und lahmte. Wir aber überließen es seinem Schicksal.

Wir gingen weiter die Friedrichstraße entlang, vom Oranienburger Tor bis zur Weidendammer Brücke. Auf beiden Seiten der Brücke standen zerschossene Panzer herum. Die Schrotthaufen auf der einen Straßenseite trugen alle das Balkenkreuz, jene auf der anderen Seite einen roten Stern. Gemeinsam war ihnen die tote Besatzung. Meistens war es nur jeweils einem Mann gelungen, dem Panzer zu entkommen, der lag dann verkohlt ein paar Meter neben dem Fahrzeug. Manche Soldaten hingen bis zur Unkenntlichkeit verbrannt über dem Lukenrand oder mussten sich noch im Innern des Panzers befinden. Ich wollte mir nicht vorstellen, wie ihre Leichen aussahen. Was ich überhaupt nicht verstehen konnte, war, dass von einigen Panzerfahrern nur die verkohlten Stiefel übrig geblieben waren, mit einem Stück Bein darin. Wo war der Rest dieser Männer geblieben?

Nur nicht darüber nachdenken. Wir mussten den Weg, den wir unterirdisch gegangen waren, nun wieder zurückgehen. Oft blickte ich auf den Boden und überlegte, wie viele Menschen es nicht geschafft hatten und durch die Überflutung ums Leben gekommen waren. Wir hatten Glück gehabt, dass wir zu den Ersten gehörten, die den Bunker verlassen konnten, weil wir, als der Treck losging, vorne auf den Treppen saßen.

Die Weidendammer Brücke war nicht gesprengt worden. Nachdem wir die Spree überquert hatten, entdeckten wir eine Feldküche mit einer Gulaschkanone. Sie war zwar schon von anderen Menschen vor uns geplündert worden, aber wir fanden trotzdem noch etwas Essbares. Ein paar Pakete Trockenkohl, küchenfertig geraspelt und zu ziegelsteingroßen Würfeln gepresst. Nur mithilfe eines Taschenmessers – Heinz hatte es im Schuh versteckt – gelang es uns, von den Würfeln kleinere Mengen abzuschaben. Es war ein herrliches Gefühl, etwas zum Kauen zu haben.

Nachdem wir den Bahnhof Friedrichstraße erreicht hatten, wurde es schwierig, die Friedrichstraße weiter entlangzugehen. Ein Bombentrichter nach dem anderen tat sich auf, sodass die Straße bis zum Belle-Alliance-Platz fast völlig aufgerissen war. Wir mussten über Berge von Trümmern klettern und konnten nun auch das Wasser sehen, das inzwischen die U-Bahn-Schächte gefüllt hatte. Am Halleschen Tor beispielsweise konnte man noch Jahre später deutlich erkennen, dass das Wasser bis kurz unter die Decke gestanden hatte.

Schließlich erreichten wir die Saarlandstraße. Wir warfen nur einen kurzen Blick in unsere Gasse hinein, sofort wussten wir, hier konnten wir nicht bleiben. Zahlreiche nackte Russen tanzten ausgelassen um drei Zinkwannen, wie ich sie aus unserer Waschküche kannte, und spritzten sich gegenseitig nass. Sobald sie uns sahen, riefen sie: »Frau, komm! Frau, komm!« Entsetzt rannten wir davon.

»Was nun?«, fragte meine Mutter. »Überall werden Russen sein, die sich Frauen und Mädchen holen wollen.«

»Wir können doch schauen, ob wir eventuell etwas Brauchbares im Bunker finden«, schlug Heinz vor.

Keiner widersprach. Wieder ein Ziel zu haben, war in diesem Moment das Wichtigste.

Es gelang uns nur, wenige Schritte in den Bunker hineinzukommen. Der Weg wurde durch muffig riechendes Wasser versperrt, auf dem mehrere Leichen, Kartons und leere Blechdosen schwammen.

»Raus hier«, sagte meine Mutter. »Hier holt man sich nur Typhus.«

Vor dem Bunker trafen wir die Mutter des kleinen Mario, die ich zuletzt im Lazarett gesehen hatte. Wirr hingen ihr die Haare ins blutleere Gesicht, ihre Augen flackerten wie Kerzen im Durchzug.

»Ich suche nach Essbarem«, sagte sie tonlos.

»Was machen die Nachbarn?«, fragte meine Mutter. »Haben sie alle überlebt?«

Frau Werner gab darauf keine Antwort. Sie redete sich einfach nur ihren Kummer von der Seele: »In der Nacht sind die Russen gekommen. Sie haben alle verwundeten Soldaten und Männer aus dem Lazarett geholt. Wahrscheinlich haben sie diese getötet.«

»Wie ist es Ihnen ergangen?«, fragte Frau Drescher.

»Die Russen haben gesagt: ›Hietla kapuut, Ruski gutt, Frau, komm.‹ Wer sich ihnen widersetzte oder sie daran hindern wollte, sich an uns zu vergreifen, wurde halb totgeprügelt. Dann haben sie uns unserem

Schicksal überlassen. Ich bin dann nach Hause gegangen. Dort haben sie alles aus unseren Wohnungen mitgenommen, was nicht niet- und nagelfest war und die Ausbombung überstanden hatte. Radios, Möbel, Kleider, sogar Waschbecken und Klosettschüsseln haben sie abmontiert.«

Meine Mutter nahm Frau Werner in den Arm, Frau Drescher streichelte ihr den Rücken. Ich dachte, ich werde nie wieder in die Saarlandstraße zurückkehren, um nichts in der Welt.

»Hätte man doch den Kinderwagen aus den Trümmern retten können!« Die Mutter von Mario erzählte immer weiter. »Niemand hat an den Wagen gedacht, als ich geborgen wurde. Er stand in einem Kellereingang und enthielt unter der Matratze all meine Habseligkeiten. Warum habt ihr ihn nicht da rausgeholt?« Mit weit aufgerissenen Augen schaute Frau Werner durch uns hindurch. Würde sie jemals wieder normal leben und empfinden können?

Es tat mir für sie Leid, dass sich keiner um den Kinderwagen bemüht hatte, ehe der Gang, in dem er stand, zusammenbrach. Aber jeder kümmerte sich damals darum, dass sie, ihr Mann oder der kleine Mario geborgen wurde. Oder um sich selbst. Siedend heiß fiel mir in diesem Moment ein, dass ich noch den Totenschein ihres Sohnes bei mir trug. Als ich ihn aus meiner Jackentasche holte und verstohlen darauf schaute, konnte ich die Schrift kaum noch entziffern. Jetzt war die Gelegenheit da, ihn der Mutter zu geben, aber ich traute mich nicht, ihren Schmerz durch weitere Erinnerungen zu vergrößern. Ohne dass sie es merkte, steckte ich ihn ihr in eine der großen Manteltaschen.

Tränenüberströmt riss sich nun Frau Werner aus der Umarmung meiner Mutter los und lief ziellos davon.

»Was sollen wir tun?«, fragte Frau Drescher. »Können wir sie allein lassen?«

»Nein, können wir nicht«, antwortete meine Mutter. »Aber wir müssen. Hoffentlich gibt es noch Nachbarn, die ihr helfen.«

Ich schaute Heinz an. Er war in einem Alter, in dem er anfing, sich für Frauen und Mädchen zu interessieren. Was mag er sich gedacht haben, bei all den Vergewaltigungen, die er mit eigenen Augen gesehen und von denen er gehört hatte. Ich weiß es nicht.

Traurig sahen wir der Mutter von Mario hinterher.

»Waren Sie auch im Bunker gewesen?« Eine männliche Stimme sprach uns von hinten an.

Wir drehten uns um, und vor uns stand ein Mann, der einmal ein Herr gewesen sein musste. An dem Schmiss an seiner Wange erkannte ich, dass er ein Akademiker war. Er trug einen Anzug mit Nadelstreifen, der jedoch völlig verschmutzt war. Die Hosenbeine waren zerrissen. Auf seinen Schultern lag ein dunkelgrauer Mantel, der auch schon mal bessere Tage gesehen hatte.

»Ja«, sagte meine Mutter und bestätigte ihre Aussage durch ein Nicken.

»Ich suche nach meiner Frau, aber ich habe sie im Treck verloren. Nun habe ich die Hoffnung, sollte sie noch leben, sie würde hierher kommen. So wie Sie.«

»Ich wünsche Ihnen, dass Sie bald wieder mit Ihrer Frau zusammen sind«, sagte Frau Drescher. »Hinterlassen Sie doch mit Kreide eine Nachricht an der Mauer des Bunkers. Schreiben Sie, wo Sie zu finden sind, falls Ihre Frau hierher kommt. Sehen Sie, andere machen das auch.«

»Das ist eine gute Idee. Aber was ich Sie noch fragen wollte: Haben Sie die Detonation von der Sprengung auch nicht gehört?« Der Mann fuhr mit seinem Gespräch fort. Wahrscheinlich brauchte er einen Menschen, der ihm zuhörte.

»Daran habe ich noch gar nicht gedacht«, antwortete Heinz. »Ich habe auch keinen Knall gehört.«

»Wissen Sie eigentlich, wer die Sprengung angeordnet hat?«, fragte nun meine Mutter. »Zu welchem Zweck? Die Russen sind trotzdem hier. Dabei haben doch nur Menschen ihr Leben verloren. Im Nachhinein kommt mir das alles so sinnlos vor.«

»Von einigen Leuten habe ich gehört, dass die Russen den Befehl zur Überflutung gegeben haben«, sagte der ältere Herr. »Aber das glaube ich nicht. Sie hätten uns nicht vorher darüber informiert. Sie hätten uns auch nicht aus dem Bunker gelassen. Ich denke eher, dass es zwischen den Deutschen und den Alliierten eine Absprache gegeben hat. Wer eine Stadt wie Berlin erobern will, der hat Angst vor großen Menschenansammlungen. Unter den Tausenden von Menschen hätten nur einige Heckenschützen sein müssen, schon hätten die Besatzer Probleme gehabt.«

»Vielleicht haben die Ausländer im Bunker das arrangiert, als sie nach draußen gerufen wurden«, meinte Heinz. »Die sollen doch Funkkontakt aufgenommen haben.«

»Das mag sein«, merkte der Mann an. »Ich habe auch einmal gehört, wie jemand sagte: ›Wir verlassen den Bunker in Absprache mit den Alliierten.‹ Damals habe ich das für eines dieser üblichen Gerüchte gehalten, heute bin ich mir nicht so sicher.«

Später brachten wir in Erfahrung, dass nur der Anhalter Bunker geflutet wurde, nicht der Zoobunker, nicht der Humboldtbunker oder der Bunker in Schöneberg. Aber diese Bunker waren ja auch nicht mit der Nord-Süd-Bahn verbunden, in die das Wasser floss. Vielleicht hatte man sich auch gedacht, da der Anhalter Bunker nicht allzu weit vom Reichstag und vom Führerbunker entfernt lag, dass sich Hitler oder sein »Wasserkopf« dort verschanzt haben könnten. Mir fiel dazu der Soldat mit seiner Augenklappe ein, der in Zivilkleidung bei uns im Bunker saß. Möglicherweise hatte es viele von ihnen gegeben. Aber das sind alles nur Vermutungen.

Es gab nichts mehr zu sagen. Der Mann verabschiedete sich von uns, wir wünschten ihm noch einmal viel Glück bei der Suche nach seiner Frau.

»Wollen wir uns hier nicht trennen?«, fragte nun Frau Drescher. »Wir sind zu sechst, das fällt auf.«

Meine Mutter schüttelte den Kopf. »Was ist momentan nicht gefährlich! Wir haben so viele schwierige Situationen zusammen gemeistert, lasst uns noch eine Weile zusammenbleiben, wenigstens bis jeder von uns ein Obdach gefunden hat.«

»Manchmal bin ich so verwirrt, dass ich nicht mehr weiß, was richtig ist.« Frau Drescher wischte sich eine Träne aus den Augenwinkeln.

»Mit wem sollte ich auch sonst Karten spielen«, mischte sich mein Bruder ein.

»Na, mit deiner Schwester.« Martin boxte ihn in die Seite – die üblichen Zärtlichkeiten von Jungs.

Wir irrten tagelang durch die zerstörte Stadt, zwischen Ost-West-Achse und Halleschem Tor. Wir lebten inmitten der Ruinen, schliefen zusammengekauert in irgendeinem Kellerloch, das wir aus Angst vor Entdeckung mit Trümmerteilen abgedeckt hatten. Auch scheuten wir uns bald nicht mehr, Fleischstücke aus toten Pferden mit Heinz' Taschenmesser herauszuschneiden und in einem Blecheimer über einem offenen Feuer zu kochen. Der Hunger war einfach stärker als menschliche Ethik oder Ekel. Die meisten Pferde stammten von der Roten Armee, ganze Pferdestaffeln hatten sich in Hinterhöfen angesiedelt. Manche Straßen rochen meilenweit nach Pferdestall. Durch Kampfhandlungen gab es viele herrenlos herumstreunende Panjepferde, wie wir die russischen Klepper nannten – oder eben stinkende Kadaver. Leute waren kaum unterwegs, wer eine Wohnung hatte, verkroch sich und ging nur im Notfall auf die Straße.

Wir hatten überlebt, andere Menschen waren in den Fluten ertrunken. Wir hatten vorher Hunger, jetzt hatten wir noch weniger zu essen. Das Leben war nicht einfach.

Manchmal fanden wir in den Ruinen noch Leichen, von Deutschen und Russen. Aus eigener Beobachtung wussten wir, dass es nicht ratsam war, sich in der Nähe eines toten Rotarmisten aufzuhalten. Denn wurde man von einem seiner lebenden Kameraden dort angetroffen, war das eigene Dasein nicht mehr sicher. Viel Frust und Hass musste man über sich ergehen lassen.

Seit unserem Aufstieg aus der Unterwelt hörten wir keine Schüsse mehr, nur noch in der ersten Nacht, als die Rote Armee überall in der Stadt Freudenfeuer entfachte und in die Luft schoss. Im ersten Augenblick dachten wir, der Krieg würde wieder von vorne anfangen, bis wir begriffen, dass der Sieg an diesem 1. oder 2. Mai gefeiert wurde.

Die Berliner waren nur damit beschäftigt, zu überleben. Niemand wollte wissen, wie übel es dem anderen erging. Intakte Pumpen gab es noch genügend, man musste nur herausfinden, wo sie standen. Durst litten wir also nicht mehr. Tagsüber durchsuchten wir die Umgebung nach brauchbaren Gegenständen, wie zum Beispiel Küchenutensilien, Konservendosen und Einweckgläser. Wir hatten gehört, dass Bezirke wie Neukölln und Tempelhof im Gegensatz zur Innenstadt nur halb so schlimm verwüstet waren. Dort wollten wir hin, aber wir Obdachlosen gerieten immer öfter in russische Arbeitsfallen. »Rabotta! Rabotta!«, hieß es dann. Jeden konnte es treffen, dass er angehalten und irgendwo hingebracht wurde, wo er stundenlang eine Arbeit verrichten musste. Meistens handelte es sich darum, Geröll von der Straße zu schaffen oder Gräber auszuheben.

Bei unserem ersten Rabotta-Einsatz, wenige Tage, nachdem wir dem Schacht entkommen waren, wurden wir zu einem U-Bahn-Eingang geschickt, wo bereits andere dabei waren, die Treppe von Schutt zu befreien. Ich glaube, es war die Station Kochstraße. Wir bildeten eine Reihe und reichten die Trümmerteile von Hand zu Hand weiter. Andere waren damit beschäftigt, mithilfe einer langen Stange, die vorn einen gebogenen Haken hatte, Leichen aus dem Wasser zu fischen, das fast Straßenniveau erreicht hatte. Sobald ein aufgedunsener Körper auf dem Trockenen lag, wurde er von unseren Bewachern gründlich nach Wertsachen durchsucht. Es war ein einträgliches Geschäft. Weder durchweichte Geldscheine noch vom Wasser unbrauchbar gewordene Uhren wurden verschmäht. Am schrecklichsten fand ich die Art und Weise, wie man Ringe von aufgequollenen Fingern herunterbekam: Sie wurden einfach abgeschnitten.

Doch es kam noch schlimmer. Schon einen Tag später wurden Heinz und ich wieder bei einem unserer Streifzüge durch die Stadt erwischt. Unsere Mutter war in unserem Versteck geblieben, weil sie blutigen Durchfall hatte, wohl die Ruhr. Auf eine gewisse Weise war das ihr Glück.

Mein Bruder und ich wurden zur Prinzenstraße gebracht. Ich musste mit einer Schaufel eine übelst riechende, breit ausgewalzte Masse vom Asphalt abkratzen, Heinz die zusammengeschabten Überreste mit einer Schubkarre auf einen Haufen bringen. Es war unschwer zu erkennen, dass es sich um menschliche Überreste handelte. Die Spuren der Panzerketten waren in diesem Brei, der auf der Straße angetrocknet war, noch deutlich zu erkennen. Heinz und ich schauten uns mit bleichen Gesichtern an. Keiner von uns sagte ein Wort, auch die anderen Arbeiter schwiegen. Ich war krampfhaft bemüht, nicht darüber nachzudenken, was ich da abkratzte, und drängte auch den leisesten Verdacht, dass es jemand gewesen sein könnte, den ich kannte, in den tiefsten Winkel meines Gehirns zurück. Mein Gott! Ich war vierzehn Jahre alt!

Überreste dieser Art wurden nicht in Gräbern beigesetzt. Sobald der zusammengescharrte Haufen groß genug war, wurde er mit Benzin übergossen und verbrannt. Einmal zusammen mit einem halben, zerstückelten Pferd. Jeder Atemzug schmeckte nach verbranntem Fleisch. Ich schmeckte es noch nach Jahren, sobald ich nur daran dachte.

»Komm, wir gehen sofort von hier weg«, sagte Heinz, als wir mit der Arbeit fertig waren und den unseligen Ort verlassen durften. »Ich halte das nicht mehr aus.«

Einige Meter weiter übergab sich mein Bruder. Ich streichelte ihm den Rücken, anschließend liefen wir Hand in Hand zu meiner Mutter zurück, die zusammengekrümmt in unserem Gewölbe lag.

Mit schwacher Stimme fragte sie: »Habt ihr etwas gefunden?«

»Ein Stück Pferdefleisch«, antwortete Heinz. Er hatte es von der toten Stutenhälfte abschneiden können, ohne dass unsere Bewacher es mit ihren Gewehrkolben verhinderten.

»Das ist gut. Wenigstens ihr sollt bei Kräften bleiben. Aber ihr riecht so angebrannt. Ist wieder irgendwo ein Feuer ausgebrochen?«

Heinz schüttelte den Kopf. »Auf den Straßen wurde nur alter Krempel angezündet.«

Wir wollten meiner Mutter nicht die Wahrheit sagen. Sie hätte mit ihren Klagen alles nur noch unerträglicher gemacht. Bis zum heutigen Tag ist es mir nicht möglich, mich über einen Zeichentrickfilm zu amüsieren, wo Goofy, Kater Karlo oder sonst jemand von einer Tür erschlagen, von einer Walze überrollt und platt gedrückt wird. Ich bekomme dann augenblicklich Horrorvisionen und rieche verweste Leichname.

Am nächsten Tag ging ich zur Pumpe, um meine inzwischen leicht zerbeulte Feldflasche mit Wasser zu füllen, die ich mir mit einer Mullbinde um den Leib geknotet hatte. Während ich überlegte, wie ich Medikamente für meine Mutter auftreiben könnte, drückte mir ein Rotarmist zwei Zinkeimer in die Hand. Energisch bedeutete er mir durch Gebärden, die Eimer zu füllen. Er achtete auch genau darauf, dass ich sie bis zum Rand voll pumpte. Anschließend wies er mich in eine Richtung und stieß mich mit seinem Gewehrlauf in den Rücken, um mich anzutreiben. Ich ging nämlich immer zögernder weiter, weil ich nicht wusste, was mir bevorstand. Außerdem wollte ich vermeiden, dass mir das überschwappende Wasser in die inzwischen wieder trockenen Schuhe lief. Die Feldflasche baumelte immer noch leer an der Binde.

Ich wurde zu einem Haus dirigiert, das mit roten Fahnen und einem weißen Emailleschild in russischer Sprache versehen war. Es könnte in der Puttkameroder Hedemannstraße gewesen sein, jedenfalls war es in Kreuzberg und sah nach einem Hotel oder Regierungsgebäude aus. Mich erstaunte sehr, dass es überhaupt noch Häuser gab, die benutzt werden konnten. Vielleicht sind bestimmte Gebäude auch absichtlich verschont worden, dachte ich.

Ich musste eine Treppe hinaufsteigen, eine andere wieder hinunter, bis wir eine riesige Küche erreichten, in der einige Frauen in grauen Kittelschürzen herumstanden. Eine von ihnen deutete mir an, das Wasser in einen großen Kübel zu schütten. Anschließend stieß sie mich an die Schulter, zeigte auf die Zinkeimer und sagte etwas zu mir, wobei ich nur »Dawei!« verstand.

Der Rotarmist winkte mit dem Gewehr, was so viel

hieß, dass ich ihm wieder folgen sollte. Noch viele Male musste ich von der Pumpe Wasser holen, brauchte jedoch wegen meines »Wachhundes« nicht anzustehen. Schließlich reichte die Wassermenge, und man gab mir zu verstehen, dass ich nun Kartoffeln zu schälen hätte – und zwar einen ganzen Berg. Eine solche Menge hatte ich seit Monaten nicht mehr gesehen. Sie fühlten sich frisch und saftig an, hin und wieder steckte ich mir ein paar Stücke in den Mund und in die Jackentasche. Ich stellte mir vor, wie ich in einem Märchenpalast krosse Kartoffelpuffer auf silbernen Tellern aß, dazu reichte mir ein Diener aus einer goldenen Schüssel feinstes Apfelmus. Aus meinen Mundwinkeln wischte ich heimlich Speichelfaden weg, die sich während meiner Tagträumereien unweigerlich gebildet hatten.

Die Frauen und der Rotarmist waren derweil damit beschäftigt, Pakete mit Schmalz auszuwickeln und auf den Boden eines großen Kessels zu legen. Als das Fett geschmolzen war, schütteten sie gelbe Erbsen hinein. Anschließend wickelten sie eine nach Knoblauch duftende Masse in Kohlblätter ein, die dann mithilfe von Schöpfkellen vorsichtig in die siedenden Erbsen hin eingehoben wurden. Eine wahre Konkurrenz zu meinen Kartoffelpuffern, noch dazu Wirklichkeit.

Das Gericht sollte in einem Saal an einer langen Tafel serviert werden. Für ungefähr vierzig Personen musste ich nach dem Kartoffelschalen den Tisch eindecken. An den Wänden hingen Bilder von Stalin und anderen russischen Persönlichkeiten, und ich nahm an, dass es nur Offizieren vorbehalten war, hier zu speisen.

Während die hohen Herren ihr Mittagsmahl einnahmen, durfte ich mich zum Küchenpersonal setzen und mich satt essen. Es schmeckte köstlich. Nach dem Abwasch gab es nichts mehr zu tun, ich konnte gehen. Der Rotarmist füllte mir reichlich Essensreste in einen Napf und übergab ihn mir. In diesem Moment schrie eine der Frauen »Njet« und riss mir den Topf aus der Hand. Stattdessen bekam ich ein Stück Dauerbrot in die Hand gedrückt. Auch gut. Meine Mutter hätte dieses üppige und ungewohnt fettige Mahl sowieso nicht essen dürfen. Ich selbst hatte auch zu viel von diesen »Kohlrouladen« gegessen und mir war leicht schlecht.

Meine Mutter wurde von Stunde zu Stunde schmaler.

»Wir müssen ein Mittel gegen den Durchfall finden«, sagte ich zu Heinz, als ich mit der gefüllten Feldflasche wieder in unserem Kellerversteck angekommen war. »Sie hat sich nicht einmal Sorgen gemacht, dass ich so lange weggeblieben bin. Das ist nicht normal.«

»Was sollen wir noch tun?«, fragte Frau Drescher, die tagsüber auch ständig unterwegs war und nur abends wieder in unserem Versteck eintraf. »Heute Vormittag habe ich alle Leute, denen ich begegnet bin, um Hilfe gebeten. Aber keiner besaß nur die geringste Arznei.«

»Wir müssen die ausgebrannten Drogerien und Apotheken durchsuchen. Vielleicht haben wir ja Glück und finden noch ein passendes Medikament.«

So gut meine Idee auch war, andere waren schon vor mir darauf gekommen. Was nicht verbrannt war, war längst geplündert worden, obwohl die Stadtkommandantur verlautet hatte, dass Plündern mit Erschießen bestraft werden würde. Diese Androhung ignorierten wir einfach. Unsere Mutter konnte kaum noch etwas bei sich behalten, fortwährend sprach sie von ihrem bevorstehenden Tod und was dann aus uns werden sollte. In einer solchen Situation wurde das Plündern zur Lebensnotwendigkeit.

Gegen Abend wurden wir endlich fündig. Durch eine Passage waren wir in einen Hof gelangt, in dem die Reste eines Gebäudes standen. Es sah aus, als wäre es einmal ein Gemeindehaus gewesen. Genau in seiner Mitte hatte eine Bombe eingeschlagen. Wir sahen einen tiefen Bombenkrater und um den Krater herum eingeschlagene Fensteröffnungen. Am Rande des Kraters balancierten wir entlang und kletterten durch ein Fenster in einen Keller.

»Donnerwetter!«, rief Heinz aus. »Was wurde denn hier gefeiert?«

»Möglicherweise Hitlers Geburtstag – bis die Bombe das Fest gestört hat.«

Was wir in dem Keller vorfanden, übertraf alle unsere Erwartungen. Wir standen vor einer Tafel, die für mindestens dreißig Personen gedeckt worden war. Von Gästen war jedoch keine Spur, weder tot noch lebendig. Geschirr und Gläser waren zerbrochen, größtenteils auch die Wein- und Sektflaschen. Von den wenigen, die heil geblieben waren, waren manche noch zur Hälfte gefüllt. Ein Durcheinander von Speisen hatte sich über das ehemals weiße Tischtuch verbreitet, nichts davon war mehr genießbar – außer für Käfer und Ameisen, die geschäftig darüber hinwegkrabbelten.

»Schau mal, Motte«, sagte Heinz und zog mich in einen Nebenraum, in dem einst unzählige Säcke mit

Eipulver gelagert hatten. Sie waren alle aufgeschlitzt worden und das gelbe Pulver hatte sich über den gesamten Raum verteilt. Knöcheltief wateten wir durch den gelben Staub. Es war, als würden wir auf Schnee treten. Wo es noch sauber und unberührt aussah, schaufelten wir es mit den Händen in zusammengebundene Stücke des Tafeltuchs. Heinz hatte für die Tafeltuchteile sein Taschenmesser benutzt, ich hatte einige mithilfe von Glasscherben abgerissen.

»Gute Zusatznahrung«, konstatierte ich, als wäre ich auf einem Kurs für Hauswirtschaftslehre.

Plötzlich sah ich an der Wand einen Holzkasten über einem Berg von Eipulver herausschauen. Aufgeregt grub ich ihn aus. Auf einer kaputten Tür entdeckte ich ein rotes Kreuz. Doch der Kasten enthielt nichts weiter als eine kleine braune Flasche mit Tabletten. Auf einem weißen Etikett stand handschriftlich »Chinin« geschrieben.

Heinz sagte: »Das ist bestimmt Gift, sonst hätte es schon jemand mitgenommen. Lass die Finger davon.«

Ich geriet in einen Gewissenskonflikt. War es wirklich Gift? Oder war es eventuell doch eine Arznei, die unserer Mutter helfen würde? Damals wussten wir noch nicht, was Chinin war.

»Nicht umsonst bin ich der geborene Optimist«, sagte ich und steckte kurz entschlossen eine der weißen Tabletten in den Mund. Unzerkaut schluckte ich sie hinunter. Im Hals entstand ein bitterer Geschmack. Als ich das Gesicht verzog, dachte Heinz, ich würde auf der Stelle sterben. Doch es passierte nichts. Auch nicht nach einer Weile. Die Gesichtszüge meines Bruders entspannten sich, meine übrigens auch.

»Da liegt noch eine volle Flasche Maggi auf dem Boden«, sagte Heinz unvermittelt. Ich war froh, dass er sich nicht mehr auf meinen Gesundheitszustand konzentrierte.

»Wir werden noch richtige Feinschmecker. Pferdefleisch mit Maggi, Kohlsuppe mit Maggi, ein wahrer Genuss. Und Maggitee ist auch etwas ganz anderes als abgekochtes Wasser. Besser als jeder Champagner.«

Bevor wir uns wieder durch das Fenster davonmachten, sammelten wir noch sämtliche Kerzenstummel ein, die wir in den Wandleuchtern und auf der Tafel fanden.

Die Tabletten brachten wir sofort unserer Mutter. Ich war immer noch putzmunter, und sie meinte, wenn es wirklich Chinintabletten seien, könnten sie ihr nicht schaden, und falls es doch Gift sei, würden wir uns den Rest teilen, dann hätten wir alles hinter uns.

»Mutti, sag so etwas nie wieder.« Heinz gingen die Depressionen meiner Mutter sehr zu Herzen. Ich sah ihm an, dass er in diesem Augenblick am liebsten weggelaufen wäre.

»Hör nicht hin«, flüsterte ich ihm zu. »Das ist das Beste.«

Ob es an den Tabletten lag oder an dem Eipulver oder an beidem zusammen – es wird für immer ein Geheimnis bleiben. Jedenfalls ging es unserer Mutter allmählich besser.

Um den 8. Mai 1945 · Die größten Ängste

In unserem Kellerversteck nisteten sich immer mehr Ratten, Mäuse und Ungeziefer ein. Als sie anfingen, an unseren allmählich völlig verdreckten Steppdecken zu knabbern, sagte meine Mutter: »Wir müssen nach Tempelhof oder Neukölln. Da soll es noch Wohnungen geben, in denen man leben kann. Das sagen wenigstens die Leute.«

Wir gingen die Bergmannstraße hoch und kamen schließlich in die Blücherstraße, ungefähr zwischen Kreuzberg und Neukölln. Vor einem vierstöckigen Mietshaus, von dem nur noch drei Stockwerke vorhanden waren, blieben wir stehen.

»Das Dach ist weg«, bemerkte Heinz.

»Sämtliche Türen sind ausgehakt.« Das stellte ich zur Diskussion.

»Aber es wohnen Menschen drin«, sagte meine Mutter. »Zumindest können wir sie fragen, ob sie nicht für zwei obdachlose Familien Platz hätten.«

Kaum hatte meine Mutter den Satz zu Ende gesprochen, kam ein Mann mit dunklem Bart und einem schwarzen Anzug aus derbem Wollstoff aus dem demolierten Hausflur.

»Suchen Sie was?«, fragte er.

Ich sah, dass ihm einige Zähne fehlten. Später sagte meine Mutter, dass er wahrscheinlich absichtlich seine Prothese nicht getragen hätte, um sich älter und hilfloser zu machen und dadurch den Rabolta-Einsätzen zu entgehen.

»Eine Bleibe für uns Frauen und die Kinder«, antwortete meine Mutter.

»Im dritten Stock ist eine Wohnung frei. Die Leute sind evakuiert, und bis sie wiederkommen, können Sie da bleiben«, meinte der fast Zahnlose auffordernd.

Frau Drescher sagte, wir sollten schon mal raufgehen und die »Lage peilen«, sie wolle sich mit ihren Jungs in der Umgebung umschauen und, wenn möglich, bei den Anwohnern etwas zum Essen erbetteln. Durch den jüngeren Martin und den behinderten Willi hatte sie mehr Chancen, etwas zu bekommen, als wir großen Kinder. Erfahrungsgemäß hatten Leute mit einer festen Bleibe immer noch Lebensmittel versteckt, die sie aus brennenden Geschäften herausgeholt hatten.

Über die schuttbedeckten Treppen stiegen wir in den dritten Stock. Der Mann blieb unten. Wir nahmen an, dass er ein Mieter oder vielleicht sogar der Portier des Hauses war. Ich hatte bei seinem Anblick ein unheimliches Gefühl, konnte es aber auch nicht deutlicher formulieren. Mein inneres Warnsystem war abgestumpft. Durch den Hunger hatten wir viel von unserer früheren Angst verloren. Hunger tat weh. Er verursachte Übelkeit, Magenschmerzen und Krämpfe in den Gedärmen, sodass man an nichts anderes mehr denken konnte. Ich wurde oft ohnmächtig vor Schwäche und wünschte mir dann, einfach so liegen bleiben zu können, ohne mich jemals wieder bewegen zu müssen. Endlich einzuschlafen und nie mehr aufzuwachen, solche Gedanken hatte ich. Hunger tötet jeden Optimismus, sogar den meinigen. Erst wenn ich wieder etwas im Magen hatte, regte sich meine Zuversicht und sagte zu mir: »Waltraud, wolltest du nicht aufschreiben, wie man dir nach einem deiner Ohnmachtsanfälle die Schuhe klauen wollte?« Dann schrieb ich auch weiter in meine Hefte und ging wieder los, um vielleicht ein paar Linsen zu finden.

Wir waren im dritten Stock angekommen. Es gab noch eine Wohnungstür, aber sie war aufgebrochen worden und nicht mehr abschließbar. Die Holzdielen der drei Räume waren teilweise herausgerissen, auch die Bretter, mit denen einst die Fenster vernagelt gewesen waren. Sie dienten mit großer Wahrscheinlichkeit als Brennmaterial. Über Frischluftmangel konnte man nicht klagen.

»Das ist eine schöne Wohnung«, seufzte meine Mutter. »Eine solche stelle ich mir für uns vor. Hell, groß und mit einer geräumigen Küche.«

Von den eigentlichen Mietern gab es kaum Hinweise. Kein einziges Möbelstück befand sich in den Zimmern, kein Bild hing an der Wand, nur ein Wäschekorb stand auf dem Hängeboden im Korridor. Heinz ging direkt davor in die Hocke. Ich verstand sofort, was er meinte, und stellte mich mithilfe dieser Trittleiter auf seine Schultern. So konnte ich den Wäschekorb mit beiden Händen greifen. Meine Mutter nahm ihn entgegen und setzte ihn auf dem Boden ab. Unsere Enttäuschung war groß, außer einigen Büchern und Feldpostbriefen fanden wir nichts Brauchbares darin vor.

»Jetzt ruhen wir uns erst einmal aus«, ordnete meine Mutter an und breitete ihre verlauste Steppdecke in einer Ecke aus, in der es nicht ganz so heftig zog. Mit einem Plumps ließ sie sich auf die Decke nieder. Vorher hatte sie sich einen Stapel Feldpostbriefe gegriffen, um sie aus Langeweile oder Neugierde zu lesen.

Ich legte mich zu ihr, die ewige Suche nach Nahrung hatte mich erschöpft, der ewige Hunger, der nie gestillt wurde, schwächte meinen Elan. Heinz schaute sich weiter in der Wohnung um.

»Ach, wie schön!«, stieß meine Mutter hin und wieder beim Lesen der Briefe aus.

»Was ist denn so schön?«, fragte ich sie, nachdem sie schon zum dritten Mal diese Worte ausgerufen hatte.

»Das sind Liebesbriefe von einem Soldaten der Westfront an seine Frau. Er liebt seine Frau über alles. Was für Worte der findet, um seiner Zuneigung Ausdruck zu verleihen, davon kann man nur träumen ...«

Mein Prinz, dachte ich nur, wann kommt endlich mein Prinz? Ursus, kannst du mir nicht auch so einen vorbeischicken, der mich aus diesem Albtraum wach küsst? Heinz setzte sich in diesem Moment zu uns auf die Decke, aber er war mein Bruder, nicht mein Prinz. Irgendwann musste es doch auch für mich wieder eine heile Welt geben.

Plötzlich hörten wir ein Poltern.

»Das sind Männer in Stiefeln«, flüsterte Heinz. »Wenn das Russen sind, dann hat uns der Zahnlose verpetzt.«

Ängstlich umklammerte ich meine Mutter. Nach oben konnten wir nicht mehr ausweichen, das Dach war ja abgebrannt. Fieberhaft überlegte ich weiter: Was ist, wenn der Mann den Russen gesagt hat, geht mal nach oben, da sind Frauen und ein junges Mädchen. Ich hatte davon gehört, dass Russen deutsche Männer bedrohten und fragten: »Wo Frau, wo Frau?«, und für entsprechende Hinweise Naturalien verteilten. Vielleicht hatte dieser düster aussehende Mann gesagt: »Da oben schöne Frauen, schönes Mädchen.« Nun holten sich die Russen ihre Opfer. Meine Fantasie ging mit mir durch, aber was in den nächsten Minuten passierte, war schlimmer, als ich es mir je hätte ausmalen können.

In aller Eile warf meine Mutter die zweite Steppdecke über uns und schärfte uns eindringlich ein: »Ihr sagt keinen Mucks, egal was passiert. Ihr rührt euch auch nicht von der Stelle.«

Und was die Mutti sagte, befolgten wir auch. An einer Stelle lupfte ich ein wenig die Decke, um nicht zu ersticken. Ich konnte nichts sehen, aber alles hören.

Die Soldaten kamen in die Wohnung. »Frau, Frau!«, riefen sie. Ich konnte zwei unterschiedliche russische Stimmen ausmachen, die aber außer diesen Worten nicht weiter Deutsch sprachen. Anscheinend waren sie nun auf den Haufen in der Ecke aufmerksam geworden, der aus mir und meinem Bruder bestand, denn ich vernahm, wie meine Mutter »Baby, Baby« sagte und »Pst, Pst, Baby schlafen«.

Dann wurde es entsetzlich.

Ich musste zuhören, wie zwei Männer meine Mutter vergewaltigten.

Ich weiß nicht, wie lange es dauerte, aber ich konnte hören, wie sie wieder weggingen. Langsam hoben Heinz und ich unsere Decke von den Köpfen. Meine Mutter lag nur da und weinte, weinte und weinte.

Vorsichtig versuchte ich sie anzusprechen: »Mutti, kann ich dir helfen?«

»Lasst mich, lasst mich mal.«

Für uns Kinder war es furchtbar, einfach zugucken zu müssen, wie sie litt. Lange saßen wir bei ihr, ohne ein Wort zu sagen, bis sie sich langsam ein wenig beruhigte. Dann sagte sie: »Seht zu, dass ihr einen Eimer Wasser bekommt. Ich brauche einen Eimer Wasser.« Mehr nicht.

Heinz lief los und schaffte es auch in kurzer Zeit, mit einem vollen Zinkeimer zurückzukommen. So wild, wie sein Blick war, vermutete ich, dass er ihn einer Person auf der Straße entrissen hatte.

»Stell den Eimer in die Küche!« Heinz tat, was ihm unsere Mutter befohlen hatte. Er bewegte sich, als wäre er von fremden Mächten gesteuert.

Während sich meine Mutter wusch, sagte Heinz: »Sind Männer so?« Erschrocken schaute ich meinen Bruder an. Wie würde ein Sechzehnjähriger dieses Erlebnis verarbeiten? Mein Bruder war nicht so stark wie ich, das hatte ich in den letzten Monaten erfahren. Später wollte Heinz von Frauen nichts wissen, auch nichts von Männern.

Wir wussten, dass es nicht fair war, dennoch überhäuften Heinz und ich uns gegenseitig mit Vorwürfen.

»Wieso bist du einfach liegen geblieben«, fauchte ich ihn an. »Du bist doch fast ein Mann. Du hättest ihr helfen können.«

»Und du?«, verteidigte sich mein Bruder. »Lagst da wie angewachsen. Hättest ja wenigstens um Hilfe rufen können.«

Wir warfen uns gegenseitig an den Kopf, was wir alles hätten tun können. Erst als wir beide völlig entnervt heulten, sagte meine Mutter: »Hört auf! Hört sofort damit auf. Lasst es uns einfach vergessen. Es ist nichts geschehen. Vergesst es! Wir wollen nie wieder davon reden.«

Würde ich heute den Männern begegnen, die meine Mutter vergewaltigt haben, ich könnte ihnen nicht den Kopf einschlagen und sagen: »Ich hasse euch für das, was ihr meiner Mutter angetan habt.« Die Zeit war schlimm, aber sie ist vorbei. Und keiner weiß, was für Kriegserlebnisse diese Männer durchgemacht haben.

In der Zwischenzeit waren Frau Drescher, Martin und Willi in die Wohnung eingetreten. Frau Drescher zeigte uns eine Hand voll Erbsen, die aber keiner zu würdigen wusste. Jetzt ahnte sie, dass etwas Furchtbares passiert war. Sie zog meine Mutter in die Küche, wir Kinder blieben allein zurück und schauten uns betreten an. Martin und Willi konnten wir nur erzählen, dass Russen gekommen seien und meiner Mutter wehgetan hätten.

»Wir müssen für die Nacht eine andere Bleibe suchen.« Leise war meine Mutter zurück in das Zimmer gekommen, das wir nie hätten betreten dürfen.

Ich rollte die Steppdecken auf, Heinz holte den Eimer aus der Küche, Frau Drescher nahm Martin und Willi an die Hand. Vorsichtig traten wir mit unseren Füßen auf den Stiegen auf, um nur keinen Lärm zu machen. Es sollte uns keiner sehen, schon gar nicht dieser Zahnlose in seinen schwarzen Kleidern.

Nicht weit entfernt entdeckten wir den Fichtebunker, der in Nähe der Blücherstraße lag. Der Fichtebunker ähnelte in keiner Weise dem Anhalter oder Postbunker. Er war rund und sah aus wie ein Gaswerk, auch hatte er überhaupt nichts Militärisches an sich. Innen gab es Korridore mit Toiletten, die aber leider alle total verstopft waren. Wir entdeckten auch richtige kleine Zimmer mit Etagenbetten, jeweils drei übereinander. Sämtliche Räume waren leer. Eine Falle? Misstrauisch schauten wir uns im Schein unseres Kerzenstummels um. Beim Gehen passten wir auf, dass wir nicht aus Versehen das Licht löschten, denn unsere Streichhölzer gingen zur Neige.

»Wollen wir nicht lieber woanders hingehen?«, fragte ich. Mein sechster Sinn funktionierte wieder und ließ eine innere Alarmglocke ertönen.

»Ich kann nicht mehr«, sagte meine Mutter. »Ich muss mich hinlegen, und zwar schnellstens.«

Wir gingen bis ins oberste Stockwerk hinauf, es war wohl die vierte Etage. Wir fanden ein Zimmer am äußersten Ende des Gangs, weit entfernt von der Treppe. Meine Mutter, Frau Drescher und Willi belegten die Betten auf der linken Seite, Martin, Heinz und ich die auf der rechten; Martin lag unten, Heinz in der Mitte und ich ganz oben. Es lag sich hart auf den Betten, aber es war wundervoll, sich einfach ausstrecken zu können.

Die Tür hatte zwar in diesem Fall ein Schloss, aber keinen Schlüssel. Um uns vor unliebsamen Besuchern zu schützen, hatte Heinz die kleine Metallleiter, mit deren Hilfe man auf die oberen Betten gelangen konnte, unter die Türklinke geklemmt, sodass niemand die Tür von außen öffnen konnte, es sei denn mit roher Gewalt.

In der Nacht erwachte der Fichtebunker zum Leben. Wir hörten Stiefelgetrappel, laute Stimmen, die wir nicht verstanden, Gröhlen, Lachen und Singen, begleitet von Mundharmonikaklängen, dazwischen Schreie von Frauen und einzelne Schüsse. Jetzt wusste ich, warum sich niemand hier aufhalten wollte.

Wir verhielten uns mucksmäuschenstill. Das war das Einzige, was wir machen konnten. Selbst unser Atmen kam mir zu laut vor, sollte doch niemand auf die Idee kommen, dass sich in diesem kleinen Raum Menschen aufhielten.

Nachdem wir lange überlegt hatten, ob wir den Kerzenstummel ausblasen oder lieber das Streichholz sparen sollten, mit dem wir ihn später wieder hätten anzünden müssen, nahm uns der Gang der Dinge die Entscheidung ab. Die Flamme begann immer stärker zu flackern, und Heinz meinte, dies würde aus Sauerstoffmangel geschehen. Also blies er das Licht aus und wir versuchten zu schlafen. Aber es wollte bei mir nicht klappen. Die Gedanken waren zu chaotisch, auch wurde es immer wärmer in dem kleinen Zimmer. Der Schweiß lief uns aus allen Poren. Nach einer Weile entschied Heinz: »Wir müssen die Tür aufmachen, sonst ersticken wir.« Nach einer kurzen Debatte wurde entschieden, dass die Tür geöffnet werden sollte. Leise schlich sich nun Heinz zur Leiter und entfernte sie. In diesem Augenblick passierten mehrere Dinge gleichzeitig.

Ein frischer Luftzug wehte mich an, der Strahl einer starken Taschenlampe stach in die Dunkelheit, Heinz wurde gegen die Wand geschleudert und Willi schrie. Zwei Männer tauchten im Türrahmen auf, sie standen hintereinander, weil sie nebeneinander keinen Platz hatten. Der Lichtstrahl glitt durch den Raum und blieb dann auf Willis Gesicht haften, der immer noch seine Angst in heiseren Urlauten zum Ausdruck brachte. Sein Gesicht, das normalerweise schon recht abschreckend aussah, lag voll im Lichtkegel. Sogar ich, die ihn so gut kannte, fand keine Worte, mit denen ich es hätte beschreiben können. War es zuvor durch seine Behinderung verzerrt, hatte es durch die Panik, die Willi empfand, kaum noch die geringsten menschlichen Züge. Die Situation wurde für mich dadurch so entsetzlich, weil allein dieses Gesicht angeleuchtet wurde.

Einer der beiden Männer gab einen dumpfen Laut von sich und ergriff die Flucht. In diesem Moment kam ich wieder zur Besinnung, denn ich hatte Angst, dass sein Stiefelgetrappel noch andere Rotarmisten herbeilocken könnte. Zum Glück war der Fichtebunker sehr groß.

Der zweite Mann verharrte mitten im Raum. Sein Lichtschein wanderte noch einmal durch den Raum und blieb jetzt auf dem obersten Bett der linken Seite haften. Darin lag meine Mutter. Zur Sicherheit hatte sie sich extra nach oben verzogen. Auf den Ellbogen aufgerichtet lag sie auf ihrer Ruhestatt und sagte tonlos: »Nein, lieber Gott, nein.« Ganz allmählich begann ich zu begreifen. Die Ereignisse von heute Nachmittag sollten sich wiederholen. Diesen russischen Soldaten war es unten im Bunker anscheinend langweilig geworden und sie hatten sich auf Erkundungstour begeben. Sie schlichen durch den Bunker, um etwas zu finden, egal was. Nun hatten sie uns gefunden. Weiß der Kuckuck, wie lange sie schon vor der Tür gehorcht hatten. Vielleicht hatten sie sogar versucht, die Türen zu öffnen, ohne dass wir es bemerkt hatten. Sie wussten womöglich auch, dass wir aus Luftmangel irgendwann die Tür öffnen würden.

Mein Herz schlug so laut, dass ich dachte, der verbliebene Russe müsste es hören. Er hatte sich inzwischen mit dem Rücken zu mir aufgestellt und ließ weder meine Mutter noch Frau Drescher aus den Augen. »Du Frau, du komm! Du Frau, komm!« Mehrmals wiederholte der Rotarmist diese Worte, während sich der Lichtstrahl von oben nach unten bewegte. Frau Drescher hatte schon die Füße auf dem Boden und angelte mit einer Hand nach oben zu Willi. Was ich dachte, weiß ich nicht mehr. Ich rief nur nach meinem Schutzengel: »Ursus hilf! Bitte, bitte, Ursus, hilf uns!« Ob ich es laut rief oder nur in Gedanken, auch daran kann ich mich nicht mehr erinnern. Ich weiß nur, dass ich mir plötzlich das Gewehr schnappte, das der Russe umhängen hatte. Mit beiden Händen griff ich rechts und links seines Kopfes zu, der in Höhe meiner Bettkante war. Ich fühlte kaltes Metall und etwas wie Leder und Stoff. Die Zehenspitzen hatte ich zwischen Wand und Bettgestell verhakt und zog mit aller Kraft an der Schusswaffe. Was wollte ich damit erreichen? Vielleicht wollte ich ihm die Waffe entreißen, um ihn am Schießen zu hindern, aber ganz sicher wollte ich mit aller Macht verhindern, dass er meine Mutter mitnahm. Wie eine Ertrinkende hielt ich mich an dem Gewehr fest. Ich spürte, die Waffe würde ich nicht mehr loslassen, selbst wenn es meinen Tod bedeutete. In meiner Raserei bemerkte ich nicht, dass das Gewehr an seiner Kehle hängen geblieben war.

Trotz meiner festgeklemmten Füße fiel ich fast aus dem Bett, als der Mann plötzlich zusammensackte. Er fiel einfach um und rührte sich nicht mehr. Anscheinend hatte ich das Gewehr oder den Riemen so fest gegen die Kehle gedrückt, dass er keine Luft mehr bekommen hatte. Als Nächstes hörte ich Heinz sagen: »Der ist hin.«

Meine Mutter war da ganz anderer Ansicht: »Red kein dummes Zeug. Der hat einen Vollrausch und ist nur ohnmächtig geworden. Aber bevor er wieder zu sich kommt oder ihn seine Kameraden suchen, müssen wir verschwunden sein.«

Wieder schlichen wir leise zur Treppe, immer an der Wand entlang. Auf jedem Absatz hielten wir inne und lauschten. Hörten wir keine verdächtigen Geräusche, tasteten wir uns zum nächsten Treppenabsatz vor. Frau Drescher musste Willi ständig vor sich herschieben, während sie ihm gleichzeitig den Mund zuhielt. Glücklicherweise übertönten die Musik und das laute Lachen unser Tapsen und Herzrasen.

Erst als wir auf der Straße standen, fühlten wir uns besser, obwohl längst Ausgangssperre war. Zudem war es draußen stockfinster und für Anfang Mai ziemlich kalt. Zum Glück fanden wir ein paar Häuser weiter ein Kellerloch, in dem wir übernachten konnten.

Am nächsten Morgen verabschiedeten sich Frau Drescher und ihre Jungs von uns. Frau Drescher meinte, getrennt würden wir es leichter haben. Aber ich glaubte, dass sie Angst hatte, unsere Tat könne entdeckt werden und wir würden anschließend aufgegriffen.

»Sehen wir uns wieder?«, fragte meine Mutter.

Frau Drescher zuckte mit den Schultern. Wer konnte das schon mit Sicherheit bejahen?

Mit ihrem kleinen Koffer, der einmal meiner gewesen war, zog Familie Drescher los. Traurig schauten wir hinterher. Hatten wir doch in den letzten Tagen so viel zusammen durchgemacht. Wochen später, so erfuhren wir von anderen ehemaligen Nachbarn, hatten die drei in einem halb zerfallenen Eckhaus in der Nähe der Friedrichstraße eine neue Bleibe gefunden. Ein Brand zerstörte jedoch die Wohnung und Willi kam dabei ums Leben. Später ertrank Frau Drescher auf ungeklärte Weise im Müggelsee. Ich frage mich noch heute, was der liebe Gott sich dabei gedacht haben mochte.

Heinz, meine Mutter und ich gingen die Blücherstraße weiter hinauf. Als Rotarmisten vorbeifuhren, konnten wir uns nicht schnell genug verstecken, sodass wir aufgegriffen und zum Flughafen Tempelhof gebracht wurden. Wieder mal Rabotta! Das Flughafengebäude war bis auf einige zerborstene Wände und Fenster so gut wie intakt geblieben. Die meisten der Aufgegriffenen, die sie aus der ganzen Stadt mit LKWs herankarrten, wurden in den Hangars beschäftigt, so auch Heinz und meine Mutter. Ich gehörte zu dem Trupp, der die ehemaligen Büros leer räumen durfte. Möbel, Lampen, Teppiche und ausgehängte Türen mussten hinausgeschafft und auf Lastwagen verladen werden, natürlich auch sämtliche vorhandenen Akten. Oft habe ich mich später gefragt, was wohl die Amerikaner, die erst im Sommer nach Berlin kamen, zu dem komplett leer gefegten Flughafen gesagt haben mögen.

Für einen Tag Arbeit wurden wir geradezu fürstlich belohnt. Einige Zentner Mehl und ein paar Säcke

Dauerbrot durften die Arbeitenden unter sich aufteilen. Da wir nicht wussten, wie wir unsere Schätze anders hätten transportieren sollen, behalfen wir uns mit Schreibtischschubladen. Jeder bekam eine Schublade Mehl und Dauerbrot und so viel, wie in zugebundene Hosenbeine, Jackenärmel, Taschen oder Mützen hineinpasste.

»Die Schublade ergibt prima Feuerholz«, bemerkte Heinz.

Wir schleppten unsere Schätze bis zum Garde-Pionier-Platz, heute Südstern. Unentschlossen standen wir eine Weile herum. Es gab zwei Richtungen, die wir einschlagen konnten. In die Blücherstraße wollten wir aber nicht mehr zurück, also wählten wir die Gneisenaustraße.

»Schaut mal! Da, das Eckhaus!«, rief ich aus, als wir die Nostitzstraße erreicht hatten. »Früher war das sicher einmal eine Kneipe gewesen. Es sieht so leer aus.«

Neugierig näherten wir uns dem baufälligen Haus. Von der Kneipe war nicht mehr viel übrig, die Theke war herausgerissen worden, auch die Regale, und auf dem Boden lagen überall Glassplitter.

»Hier geht's weiter«, sagte Heinz, der den hinteren Bereich inspizierte.

Zwei Stufen stiegen wir hinunter und kamen in einen kleinen dunklen Raum ohne Fenster, der vielleicht einmal ein Lagerraum gewesen war. Anschließend ging es wieder zwei Stufen nach oben, die in einen größeren, hellen Saal führten, der nach einem ehemaligen Speiseraum ausschaute. Noch drei Zimmer folgten, anscheinend war das einmal die zur Kneipe gehörige

Wohnung gewesen. Der letzte Raum ging auf einen Hof hinaus. Niemand schien hier zu wohnen.

»Eine ideale Unterkunft«, sagte meine Mutter. »Eine Parterrewohnung mit Fluchtweg. Kommen nachts die Russen, dann dauert es, bis sie diesen hinteren Bereich entdeckt haben. Derweil können wir aus dem Fenster klettern und uns in den Trümmern verstecken.«

Ich blickte meine Mutter an. Tapfer unterdrückte sie ihre Tränen.

Wir legten unsere Steppdecken aus. Aus losen Mauersteinen baute Heinz draußen vor dem Fenster eine Herdstelle, ich zog mit dem Eimer los, um eine Pumpe zu suchen.

An den Häuserruinen hingen überall Plakate mit der Mitteilung, dass Deutschland kapituliert habe. Es war der 8. Mai. An die Unterschriften von Nikolai Bersarin und Admiral Dönitz kann ich mich nur deshalb erinnern, weil ich mir ein Stück von einem Plakat abgerissen hatte, um darauf etwas zu notieren. Mich verwunderte damals, dass ein Admiral die Kapitulationserklärung unterschrieben hatte. Aber später erfuhr ich, dass er der letzte Reichspräsident gewesen war, der vom 1. bis zum 8. Mai in Flensburg regierte, bis zur bedingungslosen Kapitulation. Später im Jahr 1945 verunglückte der Stadtkommandant Bersarin tödlich mit dem Motorrad. Viele Berliner waren der Meinung, dass es kein Unfall gewesen sei.

Nicht weit von der Kneipe in der Bergmannstraße entdeckte ich eine Menschenschlange, die um Wasser anstand. Inzwischen war auf den Straßen wieder etwas mehr Betrieb als noch vor wenigen Tagen. Während ich mich in die Reihe einordnete, hatte ich Muße, meine Mitmenschen zu betrachten. Alle sahen blass und ausgezehrt aus, doch die meisten von ihnen trugen saubere Kleidung. Nur ich steckte in völlig verdreckten Sachen, so kam es mir jedenfalls vor, in meinem öligen Rock, der jetzt größtenteils steif wie ein Brett war, und in meinen vom Wasser gezeichneten Schnürstiefeln, die zwischenzeitlich Grünspan angesetzt hatten. Ich schämte mich entsetzlich und die Tränen begannen zu fließen.

Ich weinte und schluchzte. Fragen, die man mir stellte, konnte ich nicht beantworten. Übergeschnappt, sagten die umherstehenden Leute und beließen es dabei. Noch beim Pumpen rannen mir die Tränen ungehindert übers Gesicht, den Hals entlang und in den Kragen der Jacke hinein. Ein Taschentuch hatte ich sowieso nicht mehr, und so wischte ich, ehe ich den Eimer aufnahm, mir mit dem Ärmel übers Gesicht und weinte weiter.

In unserer neuen Bleibe stellte ich den Eimer ab und legte mich zu meiner Mutter auf die Steppdecke. Heinz war unterwegs, auf Trebe. Sie weinte mit mir.

»Es kann alles nur noch besser werden, besser als der Bunker, besser als der Treck, besser als …« Meine Mutter stockte, schließlich wischte sie mir mit einem Mantelzipfel übers Gesicht.

»Dein schöner Mantel!«, schluchzte ich.

»Egal. Motte, du musst immer wissen, wenn du mit deiner Antreiberei nicht gewesen wärst, wir wären alle drei ertrunken. Ohne dich hätten wir das nicht geschafft. Du hast immer für mich gesorgt, du bist so stark und tapfer. Eigentlich hätte ich für dich sorgen sollen.«

Unser Weinen wurde ein Wimmern, schließlich verstummte auch dieses. Jede von uns hing ihren eigenen Gedanken nach. Ich träumte von einer Zukunft. Irgendwann würden wir eine leere Wohnung finden, eine richtige Wohnung, nicht so ein fremdes Kneipenloch mit Rissen in den Wänden, durch die ich einen Arm stecken konnte. Wir würden uns mit schönen Möbeln einrichten, einen Lichtschalter anknipsen und einen Gasherd in Betrieb nehmen können. Wir würden kochen und Kuchen backen, einen warmen Ofen und ein sauberes Bett haben. Wir würden einen Wasserhahn aufdrehen und uns waschen können – mit rosafarbener, duftender Seife. Wir würden einkaufen gehen, Ostereier suchen und Weihnachten feiern. Was würden wir nicht alles tun können, wenn richtiger Frieden wäre!

Vielleicht würde ich auch irgendwann aufwachen und feststellen, dass alles nur ein böser Traum gewesen war. Bis dahin würde ich sicherlich auch meine Erkennungsmarken in der Jackentasche losgeworden sein. Und sollte ich jemals heiraten und Kinder haben, würde ich alles tun, damit sie nicht so leben müssten wie ich. Viel Zeit zum Spielen sollten sie haben. Ich würde versuchen alle Sorgen von ihnen fern zu halten und in ihnen und mit ihnen würde ich vielleicht meine verlorene Kindheit wiederfinden. Vielleicht würde ich eine Tochter haben, ich würde ihr von meinem Prinzen und von meinem Schutzengel Ursus erzählen. Und ich würde mit ihr Schlittschuh laufen.

Nachwort

Mein erstes Tagebuch bekam ich an meinem zehnten Geburtstag geschenkt. Anfangs schrieb ich nur Nebensächliches auf: »Johanna hatte heute wieder einen epileptischen Anfall in der Schule. Heinz hat gepetzt, dass ich die Asche nicht aus dem Ofen genommen habe. Morgen schreiben wir ein Diktat. Wenn ich weniger als drei Fehler habe, darf ich mit Ilse ins Kino gehen. Heute Abend gab es noch ein Gewitter …«

Nach kurzer Zeit gab ich auf. Die Eintragungen kamen mir zu unbedeutend vor. Nachdem ich meiner Mutter von meinem Kummer erzählt hatte, riet sie mir, ein paar Monate zurückzugehen und mein Tagebuch damit zu beginnen, wie Heinz und ich nach der Kriegserklärung aus der Pflegschaft entlassen wurden und nach Hause durften.

Das war eine sehr gute Idee. Ich schrieb alle meine Erinnerungen auf, und je mehr ich schrieb, umso mehr fiel mir ein. Manchmal schrieb ich spontan etwas auf einen Schmierzettel, der gerade greifbar war – natürlich ohne Datum. Leider blieb es oft bei dem Vorsatz, diese Aufzeichnungen später sauber ins Tagebuch zu übertragen, weshalb es oftmals ein wüstes Durcheinander gab.

Alle meine Hefte und Notizen bewahrte ich in einer »Briefmappe« auf. Ich hatte sie selbst gefertigt und sie war mein kostbarster Besitz. Die Mappe bestand aus zwei stabilen Kartonseiten, die mit Tusche fantasievoll bemalt waren. An den unteren Rändern hatte Heinz Löcher gestanzt, sodass ich mit Nadel und Stickgarn ein Stück Stoff annähen konnte, das die beiden Seiten miteinander verband. Es sah aus wie ein dickes Buch und wurde oben mit zwei Bändern zusammengehalten.

1949 begann ich meine Erinnerungen, Notizen und Tagebücher zu einer kompletten Lebensgeschichte zusammenzufassen. Das Arbeitsamt hatte mich zur so genannten »Nordseeaktion« für zwei Jahre nach Großbritannien verpflichtet. Wir jungen Mädchen und Frauen wussten nicht, wohin wir kommen würden. Erst vor Ort wurden wir eingeteilt. Ich kam in eine Tbc-Heilstätte nach Bourne in der Grafschaft Lincolnshire.

Damals hatte ich oft Albträume und schrie in der Nacht die halbe Belegschaft des Krankenhauses wach, in dem ich arbeitete. Nichts hatte ich vergessen können, nicht den Hunger, nicht die Toten, nicht die Vergewaltigungen. Tagsüber war ich durch die Arbeit abgelenkt, aber in den Nächten überfielen mich die Träume, und ich erlebte alles immer und immer wieder, als wäre es gerade erst passiert.

Einer der Ärzte im Hospital interessierte sich für mein Problem und hätte gern Einzelheiten darüber gehört. Es war mir jedoch unmöglich, darüber zu reden. Mir kamen schon die Tränen, sobald ich nur versuchte, ein einziges Detail aus meinen Albträumen zu erzählen.

Der Arzt gab mir den Rat, alles aufzuschreiben. Ohne viel zu überlegen oder die richtigen Worte zu suchen, sollte ich einfach alles aufschreiben, die Träume und die dadurch geweckten Erinnerungen. Er meinte, das könne eine Art Therapie sein und mir helfen, das Schlimme zu vergessen. Ich begann also, mithilfe meiner Aufzeichnungen meine Biographie zu schreiben, und je detaillierter ich meine Erinnerungen und Ängste beschrieb, desto seltener wurden die Albträume.

Für viele Jahrzehnte vergaß ich diese Aufzeichnungen. Ich heiratete und bekam drei Söhne, Joachim-Brian und die Zwillinge Reinhard-Roger und Andreas-Roy. Mein Mann, Wolfgang Süßmilch, war als Kriegsgefangener in Amerika gewesen. Er hatte in Oklahoma Erdnüsse gehackt und in Arkansas Baumwolle gepflückt. Nach seiner Entlassung ist Wolfgang nicht, wie von den Amerikanern versprochen, in einem heimatlichen Seehafen gelandet, sondern in Liverpool. Dort musste er in der Landwirtschaft arbeiten. Im Jahr 1948 wurde er aus der Kriegsgefangenschaft entlassen und blieb freiwillig weitere Jahre als Farmarbeiter in England. Mit einigen anderen ehemaligen Kameraden bildete er eine kleine Kapelle und spielte an Wochenenden auf der Klarinette oder dem Saxophon Ragtime-Jazz oder Boogie-Woogie. Auf einer Veranstaltung der Feuerwehrleute lernten wir uns kennen. Es war nicht die berühmte Liebe auf den ersten Blick, aber wir sahen uns in jeder freien Minute und schmiedeten Zukunftspläne. An meinem zwanzigsten Geburtstag heirateten wir. Mir schien, unser beider Leben begann damals erst richtig. Kein Wunder, dass meine Erinnerungen lange Jahre unbeachtet im hintersten Winkel eines Schrankes lagen.

Erst vor fünf Jahren fiel mir der Karton mit den Aufzeichnungen wieder in die Hände. Der Inhalt sah so vernachlässigt und unwichtig aus, dass ich im ersten Impuls alles vernichten wollte, um mit den Erinnerungen Schluss zu machen. Nachdem ich die ersten Seiten schon zerrissen hatte, zögerte ich, las alles noch einmal durch und dachte, warum eigentlich vernichten? Es ist schließlich mein Leben, von dem da die Rede ist. Vielleicht würden meine Aufzeichnungen eines Tages für meine Kinder und Enkelkinder wichtig sein. Schließlich sollen sie wissen, wie kostbar ein Stück Brot sein kann und wie froh man sein kann, wenn man keinen Krieg erleben muss.

Mir erschien es plötzlich als sehr wichtig, meine Erinnerungen als eine gut geordnete Geschichte zu hinterlassen. Ich begann also, die vielen, teilweise schon vergilbten Papierseiten mit den Eselsohren, Tränenspuren, Schreibfehlern, Radierstellen und Korrekturen sauber auf dem Computer abzuschreiben. Meine Kinder machten mir dann ein wunderbares Geschenk und ließen meine Lebensgeschichte in einem Selbstverlag drucken.

Beim Lesen dieser Erinnerungen merkte ich, wie sprunghaft ich noch immer in meinen Gedanken war, was aber auch daran lag, dass ich bestimmte Erlebnisse nach wie vor verdrängte, nicht erzählen wollte. Ich hatte Angst, doch ich wusste nicht genau wovor. Mein Mann und meine Söhne bestärkten mich, die ganze Wahrheit zu sagen. Also setzte ich mich noch einmal an den PC und schrieb nun alles auf – daraus wurde die Fassung, die jetzt hier vorliegt. Ich bin so ins Schreiben gekommen, dass ich inzwischen an einem weiteren Buch arbeite, in dem ich über die ersten Nachkriegsjahre in Berlin, meine Zeit in England, über Wolfgangs Erlebnisse als Kriegsgefangener in den USA, Anekdoten aus der DDR und schließlich über den Verlust meiner Niere berichte.

Meine Mutter war nach dem Krieg eine so genannte Trümmerfrau geworden. Sie ernährte sich und uns damit, dass sie zusätzlich abends putzen ging. Mit den Jahren verschlechterte sich ihr seelischer Zustand. In den fünfziger Jahren konstatierten die Ärzte bei ihr eine Manische Depression. Es dauerte lange, bis ich mir keine Vorwürfe mehr machte, dass ich damals unter der Steppdecke still geblieben war. Ich hätte ihr nicht helfen können.
Heinz machte eine Ausbildung als Feinmechaniker in einem der aus dem Boden gestampften Betriebe. Mein Bruder war sehr menschenscheu geworden und sagte immer, er wolle raus aus diesem Leben und neu anfangen. Ich sah ihn zum letzten Mal 1952 in Berlin, als ich dort Urlaub machte. Meine Mutter meinte, dass er auf der Suche nach seinem Vater sei. Danach haben wir nie wieder von ihm gehört.
Den Kontakt zu meiner Freundin Ilse habe ich verloren. Im Herbst 1945 traf ich auf einem meiner Abstecher in die Saarlandstraße Gertraud, meine andere Schulfreundin. Ich wollte mich wieder einmal nach den Nachbarn erkundigen, Gertraud suchte nach mir. Ich konnte es kaum fassen, sie lebend wiederzusehen. Sie hatte mit ihrer Mutter und den vier Geschwistern nach drei Ausbombungen eine Wohnung in der Sonnenallee gefunden. Da dort gerade eine Nachbarin gestorben war, sollten wir in diese karg möblierte und recht beschädigte Wohnung einziehen. Uns reichte die

Wohnung, sie war im Vergleich zur Kneipe der reinste Luxus.
Anfang August 1946 gab ich bei einer der provisorischen Suchdienststellen für vermisste Angehörige meine Erkennungsmarken ab.

Dank

In erster Linie möchte ich meinem Ehemann Wolfgang danken für seine aufopferungsvolle Geduld, mit der er meine wechselnden Gemütsverfassungen, die mich durch meine Erinnerungen beim Schreiben heimsuchten, ertragen hat. Stets wusste er zu trösten und immer ermunterte er mich zum Weitermachen. Seine Ratschläge und Erklärungen für so manches, das aus meinen Aufzeichnungen nicht klar genug hervorging, sind für mich von großem Nutzen gewesen.

Meinen Söhnen möchte ich danken für ihr Verständnis, das sie als Kinder für ihre Mutter aufbrachten, die in jeder freien Minute schrieb. Ich weiß, nicht immer habe ich so genau hingehört, wenn sie ein Anliegen hatten. Sie ermöglichten mir durch eine finanzielle Unterstützung die Publikation der ersten Zusammenfassung meiner Kriegserlebnisse – sie erschien unter dem Titel *Keine Zeit für Puppen* im Frankfurter Fischer & Fischer Verlag.

Herrn Dietmar Arnold und seinem bewährten Team des Berliner Unterwelten e.V. danke ich, dass sie mir halfen, dieses erste Buch in »Berlins Unterwelten« zu präsentieren. Zahlreiche Führungen und Aufenthalte in den irdischen Bunkeranlagen haben mir zwar einige weitere schlaflose Nächte beschert, aber auch viele Details heraufbeschworen, durch Rückblicke in eine Zeit, die die schlimmste meines Lebens gewesen ist.

Auch Nina Alexander möchte ich danken, die ebenfalls einen Teil ihrer Kindheit in Luftschutzkellern und Bunkern verbracht hat. Wir haben einen Lehrer und viele Erinnerungen gemeinsam. Sie hat unermüdlich Verlage angeschrieben, um auf meine Kriegserinnerungen aufmerksam zu machen. Ihre Beharrlichkeit, mit der sie dieses Ziel verfolgte, war ansteckend, und letztlich ist es ihr Verdienst, dass aus meinen Aufzeichnungen ein Buch geworden ist.

Zuletzt verdanke ich es meiner Lektorin Regina Carstensen, dass das Buch in seiner jetzigen erweiterten Form vorliegt. Sie hat es verstanden, meine Erinnerungen aufzufrischen und sogar Ereignisse in mir wachzurufen, die ich selbst meinen Tagebüchern nur unwillig anvertraut hatte. Sie hat mir klar gemacht, dass auch solche Erlebnisse verarbeitet werden müssen, an die man sich nicht gern erinnert und die man deshalb ein ganzes Leben lang verdrängt hat.

Sie hatte Recht. Durch das Erinnern dieser Erlebnisse sind auch meine letzten Schuldgefühle getilgt, die ich noch in Bezug auf meine Mutter hatte. Ich hätte meine Mutter nicht vor ihren Vergewaltigern retten können. Jetzt fühle ich mich frei. Ich danke allen, die dazu beigetragen haben, auch meinem Schutzengel Ursus. Und wenn ich dereinst aus dem Leben scheide, dann bitte, gebt mir Schreibpapier und Bleistifte mit auf die Reise.

Mai 2004 Waltraud Süßmilch